예비교사와 현직교사를 위한

초등수학교육론

최창우 지음

KM 경문사

머리말

수학이 없다면 우리는 삶을 영위할 수 없을 만큼 우리 생활 곳곳에 수학이 존재한다. 최근의 수학교육의 화두는 서술형 평가, 내신 절대평가, 스토리텔링형 수학, 수학교육 선진화 등으로, 이러한 말들이 요즘 들어 우리나라 수학교육의 변화를 주도하는 키워드라 해도 과언이 아니다. 실제로 최근의 수학교육은 입시 일변도에서 벗어나 창의성·사고력에 기반을 두고 과정을 평가하며 실생활에서 그 의미와 중요성을 일깨우는 방향으로 빠르게 변화하고 있다.

오늘날 세계적인 수학교육에 대한 공통된 흐름은 학습자로 하여금 탐구하고 예측하며 논리적으로 추론하는 능력, 수학에 관한 또는 수학을 통한 의사소통능력, 수학적 개념과 절차에 대한 올바른 이해와 이를 활용할 수 있는 능력, 문제해결능력, 수학적 성향 등 총체적으로 수학적 힘(mathematical power)의 육성에 주안점을 두고 있다.

2013년부터 2009 개정 교육과정에 따른 초등수학 교과서가 단계적으로 보급되었지만 교육과정과 수학교과의 지도내용이 아무리 시대의 요청에 부응하는 훌륭한 것이라도 일선 현장을 책임지고 있는 교사가 적절한 교수 및 학습활동을 설계하여 학생들에게 잘 이해될 수 있는 형태로 변형시켜 지도할 수 있는 능력을 가지지 못한다면 이러한 노력은 소기의 성과를 거둘 수 없을 것이다.

수학을 잘 가르치려면 모름지기 교사의 교과지식(subject matter knowledge)뿐만 아니라 교육과정에 대한 지식, 학생의 수학학습에 관한 심리의 이해, 학습의 평가, 테크놀로지의 활용 등 내용지식을 학생들에게 효율적으로 전달할 수 있는 교수 방법론적 지식, 즉 교수학적 내용지식(pedagogical content knowledge)이 필수적으로 요구된다.

이 책은 이와 같은 요구 및 변화에 부응하여 교육대학교에서 다년간 수학교육을 담당해온 필자의 강의경험을 바탕으로 초등수학에서 기본적으로 필요한 수학교육의 전반적 이론을 다루었다.

제1장에서는 수학교육학의 전반적인 내용, 제2장에서는 수학교육과 수학적 사고, 제3장에서는 수학교육의 발달, 제4장에서는 우리나라 초등수학 교육과정의 변천, 제5장에서는 수학과의 교수·학습 자료, 제6장에서는 수학학습이론, 제7장에서는 수학교육과 문제해결, 제8장에서는 수학과 교수·학습의 설계, 제9장에서는 수학과의 학습평가, 끝으로 제10장에서는 최근의 이슈가 되고 있는 초등수학에서의 STEAM을 다루었다.

그러므로, 이 책은 예비교사, 현직교사는 물론이고 초등학교 교원 양성을 위한 수학교육의 강의 및 임용고사 대비 수험교재로서뿐 아니라 수학교육을 연구하는 모든 분들에게 지침서 역할을 할 수 있을 것으로 기대해본다.

저자로서는 최선을 다하여 집필하였지만, 아직도 미흡한 부분이 많을 것으로 생각된다. 독자 여러분들의 아낌없는 지적과 지도 조언에 따라 부족한 부분은 꾸준히 수정·보완해 나갈 것임을 밝혀둔다.

끝으로 최근 출판업계의 여러 가지 어려움에도 불구하고 이 책의 출판을 위해 물심양면으로 지원을 해주신 경문사의 관계자 여러분과 편집과정에서 많은 도움을 준 동대학 수학교육과 김정경 선생에게 깊은 감사의 뜻을 전하고자 한다.

2015년 8월 상록동산에서 최창우

차례

contens

contens

08 수학과 교수·학습의 설계

09 수학과의 학습평가

10 초등수학에서의 STEAM 교육

01 수학교육학

수학은 기원전부터 오늘날에 이르기까지 몇 천 년 동안의 오랜 역사 속에서, 인간 생활의 필요에 의하여 또는 인간만이 지니는 깊은 사유(思惟)에 의하여 끊임없는 노력의 산물로 만들어왔다. 특히 21세기에 들어서면서부터 과학의 눈부신 발전은 수학의 유용성을 한층 확장시켰으며, 집합을 도구로 한 수학은 더욱 눈부신 발전을 하게 되어 양적인 면에서나 질적인 면에서 가히 수학의 황금기라 해도 과언이 아니다.

이러한 수학을 수학교육을 통하여 올바르게 지도하는 방법을 다룬다는 측면에서 교과를 초월하여 교육대학이나 일반 사범대학에서 흔히 교과교육이란 말을 많이 쓰고 있고 또한 들어왔다. 이는 곧 특정한 과목의 교과에 관한 지식을 어떻게 학생들에게 효율적으로 전달할 수 있겠는가의 문제에 관한 것이라 할 수 있다. 이러한 맥락에서 수학교육도 수학내용에 관한 지식을 어떻게 효율적으로 학습자에게 전달할 수 있는가가 주된 관심사이며 궁극적인 목적은 수학의 교수·학습을 개선하는 데 있다고 보아도 크게 틀리지는 않을 것이다.

최근 들어 수학교육에 관한 연구가 다방면에 걸쳐 이루어지고 있고 많은 연구결과가 쏟아지고 있지만 학문으로서의 수학교육학의 역사는 그리 오래되지 않았을 뿐 아니라 지금도 그 정체성을 뚜렷이 확립하지 못하고 있는, 새로운 학문의 한 분야라고 볼 수 있다. 이 장에서는 수학교육학의 학문적 성격, 수학교육의 필요성, 수학교육의 변천, 수학교육의 구성요소, 수학교육과 다른 과학과의 관계 등을 몇 가지 관점에서 논의할 것이다.

1.1 수학교육학의 학문적 성격

수학교육학은 수학의 교수·학습에 관련되는 것을 연구하는 과학이다. 수학교육학을 이와 같이 생각할 때 그 주된 연구대상은 당연히 수학의 교수·학습이다. 이를 위해서 교사는 교육과정, 전문서적, 교과서나 참고문헌, 각종 지도사례 등에서 얻은 정보를 학생들의 사고수준에 맞게 일정한 수단을 써서 교수·학습활동에 활용하게 된다.

수학교육학은 기초 과학인 수학의 내용을 교수·학습하는 일련의 행위와 관련되는 분야이긴 하지만, 자연과학에 비하여 학문으로서 갖추고 있는 체제나 성격은 물론, 그 연구 방법에 있어서도 많은 차이점을 내포하고 있다. 아울러 수학교육 연구에서 구성된 이론을 실제 교육 현장에 적용하는 데 있어서도 시(時), 공(空)의 제한을 받는 많은 변인들이 서로 복합적으로 영향을 미치기 때문에, 오히려 사회과학과 유사한 점이 많다고 볼 수도 있다. 그 외에도 수학교육학은 실제 현장에서의 수학교육과 밀접한 관계를 유지해야 하는 실천과학이므로, 과학적이고 체계적인 방법을 통하여 구성된 이론이라 할지라도 그 실제적인 결과와 예상되는 결과 사이에 존재할 격차의 발생 가능성을 항상 예상해야 하는 문제점을 갖고 있다(강완·백석윤, 2001).

수학교육학이 학문으로서의 독립된 연구 분야로 자리 잡게 된 것은 약 100년 전으로, 비교적 최근의 일이며 기존의 학문들에 대하여 자신의 정체성을 확인하려는 노력을 계속해왔다. 하지만 수학교육학은 독립적인 학문으로 자리 잡아가면서 자신의 학문적 독자성을 인정하지 않으려는 수학자에 대응하기 위하여 심리학의 도움을 받아 자신의 학문적 정체성을 해명하는 노력을 기울였지만, 다른 한편으로는 수학교육학의 발전을 위해 수학자들의 많은 도움을 받았음을 부정할 수 없다.

그러면 수학자는 어떤 방식으로 수학교육에 기여할 수 있을까? 우선적으로 생각해볼 수 있는 것은 학교수학과 학문으로서의 수학 사이의 연계성을 찾는 작업이다. 수학과 교재론의 주요과제는 교수·학습을 염두에 두고 선정된 수학 내용을 교육적으로 정교화하고, 특정 내용에 대하여 학교수학과 학문으로서의 수학의 연결고리를 찾으며, 이를 통해 해당 내용을 가르치고 배우는 이유를 도출해내는 것이다. 이와 같이 '학문으로서의 수학'과 '학교수학'의 내용상 연계로부터 수학교육의 구체적인 시사점을 찾을 수 있을 것이다.

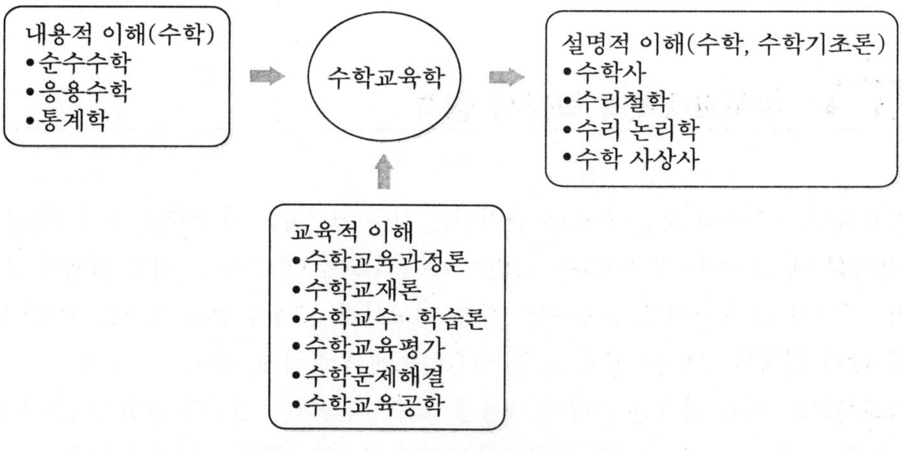

그림 1·1 수학교육학의 구조

최근 학문의 발달로 인하여 연구하는 학문의 분야가 세분화됨으로써 수학교육학은 학교수학을 구심점으로 내용적 이해로서의 수학, 설명적 이해로서의 수학기초론과 수학사, 교육적 이해로서의 수학교육과정론, 수학교재론, 수학교수·학습론, 수학교육평가, 수학문제해결,

수학교육공학 등 많은 관련 과학 분야의 연구결과를 종합해야 하는 일종의 종합과학이며 수학교육 실제에 기여한다는 의미에서 실천과학이라 할 수 있다. 이러한 탐구대상들과 논의를 바탕으로 수학교육학을 구조화한다면 [그림 1·1]과 같다.

1.1.1 수학기초론

수학기초론은 말 그대로 수학의 기초를 이루는 근본에 관한 것으로 과거에는 수리철학, 수리 논리학, 수학 사상사 등 여러 가지 용어를 사용하였으나 20세기 중반부터 고유한 연구방법과 연구성과에 따라 지금은 수학기초론으로 통일하여 하나의 연구영역으로 설정하여 부르고 있다.

수학기초론의 성격은 주로 수학 일반에 관한 인식론적, 존재론적 문제를 다룬다. 이를테면, "수학이란 무엇인가?", "집합이란 무엇인가?", "페아노의 공리계는 과연 완전한가?" 등이다. 많은 사람들은 과연 이러한 의문들이 수학교육과 관련성을 갖고 있는가에 대해서 대체로 회의적이다. 하지만 이러한 의문들이 어떤 의미에서 수학교육의 철학적 토대를 마련해주는 근본 바탕이 될 수 있음을 간과해서는 안 될 것이다.

1.1.2 수학교육과정론

수학교육에 대한 총체적인 이해를 위하여 수학교육과정의 흐름, 수학교육 내용 선정의 준거 및 교육과정 개발 절차 등 학교에서 가르치고 배워야 할 내용의 범위, 계열성 등 수학교육 프로그램의 전체적인 개관을 다룬다. 그러므로 수학교육과정론의 주된 과제는 심리학적, 사회학적, 철학적 측면 및 이들 사이의 관련성을 반영하여, 교육 내용으로서의 수학 주제들을 선정하고 조직하는 것으로 볼 수 있다.

특히 수학이 다른 교과와 어떠한 관련성을 가지고 있는지, 외국의 실상과는 어떠한 차이점이 있는지와 함께 최근 들어 관심이 고조되고 있는 영재 및 부진아에 관련하여서도 다각적인 검토를 할 필요가 있다.

1.1.3 수학교재론

수학적 소재를 교육적인 조건에 맞게 교육학적으로 재구성하는 것은 수학교육학의 주요 관심사이다. 수학교재론은 교수·학습을 염두에 두고 선정된 내용을 교육적으로 좀 더 정교화하는 과정이다. 이를테면, 우리나라 초등학교 수학교육과정의 내용, 즉 수와 연산영역, 도형영역, 측정영역, 규칙성, 확률과 통계영역 등을 외국의 실상과 비교 분석하여 수학교육의 질적 향상을 위한 교재의 재구성 등을 생각해볼 수 있다. 그리하여 어떻게 하면 수학 고유의 정신을 지키면서 내용을 효율적으로 초등화하여 아동들의 이해가 쉽도록 할 것인가에 관한 것이 수학교재론의 핵심 사안이라 할 수 있다.

1.1.4 수학교수·학습론

일상적으로 수학교육이라 할 때 대부분의 사람들은 수학의 교수와 학습을 일컫는 것으로 생각할 만큼 수학교수·학습론은 수학교육에서 중요한 위치를 차지하고 있다. 용어의 의미에서 알 수 있는 것처럼 가르치고 배우는 것과 관련되는 이론이므로 아동들의 학습 과정을 분석하여 그로부터 교수·학습 방법을 제시하는 것이 핵심 사안이다. 이와 관련하여 지금까지는 주로 학습심리에서의 이론, 이를테면 브루너(J. S. Bruner)의 발견학습이론, 가네(R. M. Gagné)의 학습위계이론 등을 가져와서 수학과의 특성에 맞게 사용하여 왔으나 최근에는 폴리아(G. Polya)의 문제해결 학습, 딘즈(Dienes)의 놀이를 통한 활동주의 수학학습이론, 스켐프(Skemp)의 스키마 학습이론, 판 힐러(van Hiele) 부부의 기하학습수준이론, 프로이덴탈(Freudenthal)의 수학화 이론 등 수학에서 출발한 순수 수학교수·학습이론도 있다.

1.1.5 수학교육평가

수학교육의 정상화를 위해 수학과 교수·학습에서 이루어지는 평가의 의미와 목적, 평가의 종류와 시행 시기, 평가 방법, 문항 제작, 평가 결과의 활용 등 수학학습평가에 따르는 본질적인 이론을 다루는 것으로 수학에서 교수·학습이 제대로 진행될 수 있도록 교수·학습의 전 과정을 돕는 것으로 볼 수 있다. 지금까지 대부분의 기성세대들은 평가란 '서열을 매기기 위한 시험'이라는 선입견을 가지고 있는 것이 사실이다. 하지만 수학과의 평가는 종래의 이러한 지필검사 이외에 관찰, 면담, 질의응답, 포트폴리오 등 학생들의 인지능력, 문제해결력, 수학적 성향 등을 평가할 수 있는 다양한 평가방법과 도구를 사용하여야 한다.

이를 위하여 수학교육에 적합한 평가 도구의 개발과 표준화 작업 등에 대한 논의가 계속해서 이루어져야 할 연구 분야이다.

1.1.6 수학 문제해결

수학 문제해결은 1980년대 이래 수학교육에서 가장 활발하게 연구가 이루어진 분야이며 지금도 학교수학에서 문제해결은 그 연장선상에서 중요한 하나의 이슈임이 분명하다. 궁극적으로 생각해볼 때 수학의 교수·학습활동은 수학적 문제해결 상황으로 귀착된다고 보아도 과언이 아니다.

잘 알려진 바와 같이 문제해결 연구의 선구자는 폴리아로서 그는 교육적 측면에서 수학적 발견술의 부흥을 시도하였다. 엄밀히 말하면 문제해결은 수학교수·학습론의 일부분이라고 생각할 수 있지만 수학의 학습과 지도에 대한 연구의 상황이나 혹은 학교수학과 관련한 상황으로 미루어볼 때 앞서 언급한 바와 같이 문제해결이 핵심 사안임은 분명하다. 따라서 수학교육학의 구조에서도 문제해결을 하나의 독립된 영역으로 다루고 있다.

1.1.7 수학교육공학

앞으로의 수학교육은 과학의 성립에 기초가 되는 발전된 형태의 다양한 수학교육행위, 즉 수학교육공학을 상당히 강조하고 있음을 알 수 있다. 2009 개정 교육과정에서도 이를 반영하듯 일선 현장에서도 계산기, 컴퓨터와 같은 공학적 도구를 수업에 적극 활용할 것을 권장하고 있는 추세이다.

1.2 수학교육의 필요성

철학을 전공한 어느 교수가 이런 말을 하는 것을 들은 적이 있다. "누군가 나에게 '철학이란 무엇인가?'라고 물으면 그것이 나에게는 가장 어려운 질문이다." 마찬가지로 누군가 나에게 “수학이란 무엇인가?”, “수학은 왜 가르치는가?” 또는 “학생들이 왜 수학을 알아야 하는가?” 라고 물으면 이러한 질문들에 대한 해답은 한마디로 말하기가 어렵다. 하지만 일선 현장에서 수학을 가르치는 교사들의 대부분은 후자의 두 가지 질문에 대하여 “수학을 학습하면 논리적으로 사고할 수 있고 실생활에서 합리적으로 문제를 해결할 수 있는 능력을 기를 수 있다.”와 같이 주로 답한다. 수학을 가르치는 교사에게 수학의 내용적인 해박한 지식을 갖추는 일도 중요하지만, 수학이 갖는 가치에 대하여 교육적인 입장에서의 가치관을 갖추는 것 또한 전자 못지않게 중요한 일일 것이다.

수학교육에 대한 교사의 확고하면서도 올바른 가치관은 그로 하여금 수학학습지도에 대한 자신감과 열의를 갖게 할 뿐 아니라, 지도 내용이나 방법적인 측면에서 질적 변화 내지 향상을 꾀할 수 있도록 할 것이다. 이는 학생의 입장에서도 마찬가지인데, 가르치는 사람만큼이나 배우는 사람도 그 배움에 대한 의미와 가치를 음미해볼 필요가 있다. 현재 “수학을 왜 공부해야 하는지 모르겠다.”, “대학 입시 준비를 위해 할 수 없이 수학 공부를 한다.”는 학생들의 말이 더 이상 낯설지 않게 받아들여지고 있다. 하지만, 이를 당연하게 받아들이기보다는 그들로 하여금 현재 학습하고 있는 수학이 갖는 가치를 파악하게 함으로써 수학학습은 보다 의미 있게 수용될 것이고, 태도나 흥미 등의 정의적 측면에서도 보다 나은 효과를 거둘 수 있을 것이다(황혜정 외, 2001).

이홍우(1999) 역시 교육자라면 “왜 이것을 가르쳐야 하는가?”라는 가장 근본적인 질문에 대한 해답을 가지고 있어야 한다고 주장하며, 교과서에 제시된 내용을 자신이 가르쳐야 할 전부라 생각하고 단순히 그 내용을 학생들에게 일러주어 알게 하는 일이 교사가 해야 할 일이 아님을 강조하였다. 결국, 교사는 ‘그 내용이 교과서에 있기 때문에 학생들이 그것을 배워야 하는 것’으로 받아들일 것이 아니라, ‘왜 학생들이 교과서에 있는 그 내용을 배워야 하는지’에 대한 정당한 이유를 탐색해야 할 것이다.

학자들이 학문적 활동을 한 결과를 학생들이 받아들이도록 하는 ‘주입식 방법’으로 가르친 지식은 학습자의 ‘바깥’에 머물러 있을 뿐, 학습자의 ‘안’에 들어가지 않는다(이홍우, 1999; 황혜정 외, 2001에서 재인용). 이러한 점에서, 수학을 가르친다는 것은 권위주의적으로 제시된 수학의 기록을 수용하도록 기술을 부리는 것이 아니라, 수학을 하도록 하는 것이다. 궁극적으로 자신의 이성을 사용하도록 가르치고, 지혜의 실재를 가지게 하는 수학교육의 실현을 위해서는 무엇보다도 교사의 교육 태도와 교육 방법의 합리성이 절대적으로 요구된다고 하겠다.

한편, 미국수학교사협의회(National Council of Teachers of Mathematics, NCTM;

1989)는 21세기 자유민주주의 체제하의 정보 산업 사회를 살아갈 학생들에게 수학적 소양과 수학적 힘을 기르기 위해서 수학교육이 필요하다고 하였다. NCTM은 수학의 학습 목표로 수학의 가치를 알고 수학하는 자신의 능력을 확신하며, 수학적으로 문제를 해결하고, 수학적으로 의사소통할 수 있으며, 수학적으로 추론할 수 있어야 한다는 것을 들고 있다. 또한, 초·중등 수학교육을 통해 이러한 목표를 달성하기 위한 다양한 경험을 학생들에게 일관되게 제시할 것을 요구하고 있다.

또한 우리나라의 2009 개정 교육과정에서는 수학과의 목표를 수학의 개념, 원리, 법칙을 이해하고 기능을 습득하여 주변의 여러 가지 현상을 수학적으로 관찰하고 해석하는 능력을 기르며, 수학적 문제 상황을 수리·논리적 사고를 통하여 합리적으로 해결하는 능력과 태도를 기르는 교과로 설정하고 있다(교육인적자원부, 2011).

그러나 수학교육이 왜 필요한가에 대해서 모든 사람이 납득할 만한 주장을 제시하기는 힘들며, 이는 다른 교과목에 대해서도 마찬가지일 것이다. 수학교육의 필요성은 수학교육의 목적과 연계되어 있을 터인데, 수학교육의 목적 또한 명쾌히 드러내기가 쉽지 않다.

예를 들어, 운전 교습이나 수영 등과 같이 당장 사용하기 위해서나 본인이 필요하다고 느껴서 배우는 것과는 달리, 학교 교육은 학습자 본인의 의지와는 상관없이 강제성을 띠면서도 그 교육 목적은 다분히 추상적이기 때문에 모든 사람들의 공감대를 형성하기가 쉽지 않다. 그럼에도 불구하고, 어떤 이유에서든 학교에서 수학교육이 필요하다는 것에 반대할 사람은 없을 것이다. 이는 그리스 시대 이래로 2000년 동안 수학이 어떤 식으로든 지도되었다는 것에서도 입증되며, 현재의 수학교육을 개선하기 위한 연구는 많지만 수학교육의 필요성을 근본적으로 부정하는 연구는 없다는 데서도 입증될 수 있다. 그러므로 수학교육의 필요성에 대해서는 수학교사, 수학 전공자, 수학교육 전공자, 교육과정 및 평가 전공자 등의 의견 수렴을 통하여 최대한의 합의를 이끌어내는 일이 최선일 것이다(황혜정 외, 2001).

1.3 수학의 발달과 학교수학의 방향

수학은 인류문화의 발생과 더불어 우리가 살아가는 일상생활에 꼭 필요하기 때문에 인간에 의하여 만들어지고 발달하게 된 것이다. 그러므로 여기서는 먼저 고대, 중세, 현대수학의 발전 과정을 아주 간략히 알아보고, 나아가 최근 학교수학의 변화와 앞으로의 방향에 대해 알아본다.

1.3.1 수학의 발달

1) 고대수학

지금까지의 알려진 자료에 의하면, 기원전 2000년경의 고대 오리엔트에서는 정수와 분수의 계산, 1·2차 방정식의 해법, 도형의 구적법 등 수학과 관련한 내용이 이미 곳곳에 존재하고 있었음이 밝혀졌다. 이러한 수학은 아마도 그 당시의 일상생활에 반드시 필요한 지식이며 따라서 실용적 성격의 지식으로 볼 수 있다. 이를테면, 농경문화가 정착된 시점에 큰 홍수가 지나가면 뒤이어 필수적으로 수반되는 토지 측량의 필요성에 따르는 수학적 지식이었을 것으로 추측해볼 수 있다.

또한 고대 그리스인들은 이집트와 오리엔트의 수학을 받아들이고, 기원전 600년경에는 탈레스(B.C. 640~546), 피타고라스(B.C. 582~497) 등을 비롯한 뛰어난 학자들에 의하여 기존의 수학적 지식을 이론적으로 체계화하려는 노력이 지속되었다. 수학이 학문으로서 자리를 잡고 꽃을 피우기 시작한 그리스에서는 이집트에서 기하학을, 바빌로니아에서 대수학을 배운 것으로 알려져 있다. 그리스의 탈레스나 피타고라스, 또 플라톤(B.C. 428~347)도 이집트에 유학하여 그 문화를 접하였다. 그리스는 이들 문화를 받아들여 새로운 문명의 한 시기를 형성하였다. 예술과 과학에서도 많은 성과를 보였는데, 특히 수학에서는 불멸의 업적을 남기고 있다. 유클리드(B.C. 330~275)의 《기하학원론(*Stoicheia*)》은 역사상 처음으로 수학을 논리적으로 정리하여 체계화한 것으로서 유럽에서는 19세기 말경까지 교과서로 쓰였다. 이 책은 공리에서 출발하여 차례로 정리를 증명하여 체계화하는 오늘날의 수학 형식에 가까운 것을 이미 기원전 3세기경에 보여주었다. 내용은 피타고라스를 비롯하여 많은 선인들의 업적이 대종을 이루고 있는데 제1권에서 제4권까지가 평면기하학, 제5권이 비례론이고, 제6권의 닮은꼴의 기하학에서는 황금비에 관한 내용이 수록되어 있으며, 제7권에서 제8권의 산술에서는 두 수의 최대공약수를 구하는 유클리드 호제법이 있고, 산술의 내용을 담고 있는 제9권에서는 유클리드의 소수정리라고 불리는 "소수의 개수는 유한이 아니다."가 증명되어 있다. 제10권이 무리수, 제11권에서 제13권은 입체기하학에 관한 것이고 정다면체에 관한 문제가 설명되어 있다. 즉, 정 8, 12, 20면체가 제시되어 있고 이미 잘 알려진 정 4, 6면체를 보태면 정다면체는 다섯 종뿐이라는 것을 알 수 있다. 그러나 이것의 증명은 그 당시 이루어지지 못하였고, 18세기에 가서야 오일러(Euler, 1707~1783)가 해결하였다. 전체 13권 중 8권이 기하학인데, 이는 당시의 수학 전반에 관한 것으로 볼 수 있다. 이 체계에는 오늘날의 수학적 체계에서 바라보면 여러 가지 결점도 있으나 이것이 이후의 수학에 끼친 영향은 헤아릴 수 없을 정도로 크다.

지식의 어떤 부분을 둘러보아도 고대의 저술가 가운데 기하학에 있어서 유클리드만큼 근대 교육에 권위 있는 위치를 차지하고 있는 사람은 없다. 프톨레마이오스 왕은 유클리드에게 "원론에 의하지 않고 기하학을 배울 지름길은 없을까?" 하고 물었다. 그러자 유클리드는 즉석에서 "기하학에는 왕도가 없습니다."라고 대답했다고 한다. 기하학을 배워서 무엇에 쓰느냐고 묻는 청년한테 유클리드가 "돈 3 펜스를 갖다 주라."고 말했다는 일화는 유명하다.

2) 중세수학

시간과 역사는 수학이라는 연속체와 마찬가지로 이음새가 없는 통일체이므로 시대적 구분은 우리가 해야 할 일이다. 좌표계가 기하학에서 유용한 것과 마찬가지로 사건을 시기나 시대로 구분하는 일은 역사에서 필요하다(수학의 역사·상, p. 41). 중세인도의 계산술과 그것을 바탕으로 한 중세 아라비아의 대수는 그리스의 논증수학과는 달리 기교적 수론이라고 할 만한 것을 발전시켰다. 825년경 알콰리즈미(Al-Khwarizmi)가 방정식 $x^2+10x=39$와 동치인 문제를 풀기 위하여 문장으로 기술한 규칙은 $x=\sqrt{\left(\frac{10}{2}\right)^2+39}-\frac{10}{2}$과 동치이며 이는 대수적 규칙에 대한 기하학적 증명의 한 예이다.

1202년 피보나치(Fibonacci, L.P., 1170~1250)는 실용적·상업적 수학의 개론서라고 할 수 있는 《산반서(*Liber Abbaci*)》를 썼다(김성준·김수환·신준식·이대현·이종영·임문규·정은실·최창우, 2014). 하지만 《산반서》는 현대의 독자가 읽을 만한 가치가 있는 책은 아니다. 그것은 근을 구하는 방법을 포함한 보통의 필산, 곧 산술적인 절차를 설명하고 나서, 통화 교환에 복잡한 분수 체계를 이용하는 상거래 문제에 중점을 두고 있기 때문이다. 그러나 피보나치 수열을 포함한 400개 이상의 문제들이 풀이되어 있다.

이처럼 인도·아라비아 수학은 14세기경 유럽에 전파되고 그 실용성의 가치를 인정받아 유럽 사회에 널리 전파되었으며, 16세기에 들어서 유럽인에 의한 3·4차 방정식의 대수적 해법의 성공을 보기에 이르렀다. 17세기에 들어서면서 수학 사상 가장 큰 영향을 끼친 사람 중 한 사람은 단연 데카르트(Rene Descartes, 1596~1650)라 할 수 있다. 데카르트는 이 세상이 신성한 수학적 구조로 만들어졌다고 믿었다. 그의 《방법서설》(1637)에서 자연 법칙은 미리 예정된 수학적 계획의 일부분이기 때문에 변하지 않는다는 입장을 고수했다. 그는 사물의 가장 기본적이고 믿을 수 있는 성질은 그 모양과 물질이 공간을 점유하는 성질 및 시간과 공간에 따른 운동으로 보았으며 이러한 모든 성질을 수학적으로 표현할 수 있다고 주장하였다.

3) 현대수학

20세기 수학연구의 많은 부분은 주제의 논리적 기초와 구조를 검증하는 데 전념했다. 이것은 점차 공준집합과 그것들의 성질에 관한 연구, 즉 공리론(Axiomatics)을 탄생시켰다. 공리론은 기호논리뿐만 아니라 수리철학과도 매우 밀접한 관계가 있다. 이 분야의 대표적인 학자로는 힐베르트(Hilbert), 페아노(Peano), 피에리(Pieri), 베블런(Veblen), 헌팅턴(Huntington), 러셀(Russell), 화이트헤드(Whitehead), 괴델(Godel) 등이 있다. 많은 수학의 기본 개념이 눈부시게 발전되고 일반화되었으며, 집합론, 추상대수, 위상수학 같은 순전히 기본적인 분야가 광범위하게 발달되었다.

20세기 중반 이후로는 수학의 연구대상이 집합과 위상을 토대로 한 이른바 '수학적 구조'의 탐구가 주류를 이루고 있다. 그리고 20세기의 컴퓨터 혁명 또한 수학의 많은 분야에 깊은 영향을 끼쳤다. 그 대표적인 예로 프랙털(fractal), 카오스 이론 등이 있으며 갈루아의 유한체론을 기초로 한 암호학의 등장 등은 응용 대수학의 눈부신 발전으로 꼽힌다.

1.3.2 학교수학의 변화와 앞으로의 방향

시대의 변천에 따라 학교수학도 많은 변화를 거듭하고 있다. 특히 NCTM에서 〈학교수학을 위한 교육과정과 평가규준(*Curriculum and Evaluation Standards for School Mathematics*)〉이 1989년에 출판된 이후 학생들은 어떤 수학을 학교에서 배워야 하는지, 교실 수업은 어떤 모습이어야 하며, 학생들이 수행한 것과 수학프로그램의 효율성을 평가하기 위해서는 어떤 가이드라인이 사용되어야 하는지에 대한 관심이 증대되면서 더욱더 변화가 가속화되고 있다.

최근 들어 점차적으로 증대되고 있는 수학교육의 연구논문이나 각종 출판물, 서적 등에서 우리는 이에 대한 답을 찾을 수 있으나 이와 같이 변화를 요구하는 주된 요인은 대체로 다음과 같이 요약해볼 수 있다.

1) 사회적 요구

주지하다시피 6차 교육과정까지만 해도 학교수학, 특히 초등학교 수학은 교과서의 구성이 지필계산 위주의 기능을 습득하는 데 그 주안점을 두고 있었다 해도 과언이 아니다. 왜냐하면 이 시기까지만 해도 사회의 전반에서 요구하는 수학이 대부분 간단한 계산 기능 중심이었기 때문이다.

그러나 21세기 정보화 시대로 접어들면서 해를 거듭할수록 점점 더 복잡하고 다양한 시대적인 변화 속에서 수학과 수학적인 사고는 없어서는 안 될 필수 불가결한 것이 되어가고 있다. 이를테면, 초등학교 수학에서도 수 감각, 공간 감각, 의사소통 등 총체적인 수학적 힘(mathematical power)의 육성 등이 그 대표적인 사례라 할 수 있다.

2) 교육공학의 영향

컴퓨터로 대표되는 공학적 도구는 오늘날 우리 일상생활의 모든 영역에 막대한 영향을 미치고 있으며, 수학이나 수학교육에서 공학적 도구를 활용해야 한다는 주장은 이제 아무리 강조해도 지나치지 않을 것 같다. 학교수학에서 특히 중요한 계산기와 컴퓨터는 다음과 같은 세 가지 측면에서 학교수학에 영향을 끼쳐왔다.

첫째, 계산기와 컴퓨터의 등장은 단순한 계산 기능의 중요성을 급격하게 감소시키는 요인으로 작용하였다. 그렇다고 해서 아주 간단한 기본구구를 숙달하는 것이 중요하지 않다는 의미는 아니다. 간단한 기본구구들을 숙달해두는 것이 암산, 어림, 그리고 수와 관련한 다양한 추론 활동들에 도움을 주지만, 학습자에게 복잡하고 지루한 계산은 이제 더 이상 그 중요성을 지닐 수 없게 되었다.

둘째, 계산기와 컴퓨터는 중요한 수학적 아이디어에 대해 새로운 교수적인 접근을 제공하는 수단으로 자리매김 하였다. 이를테면, 컴퓨터를 활용하여 과거에는 상상할 수도 없었던 도형의 작도나 3차원 입체의 모양은 물론 다양한 모델과 시뮬레이션을 통해 학습자의 광범한 경험과 형식적인 수학을 연결할 수 있게 한다. 또한 계산기는 수학의 개념발달을 촉진할 수 있을 뿐만 아니라 수학적 기능을 강화하는 데 유용하게 쓰일 수 있다. 아울러 학습자의 고등 사고력을 증진시키는 데 효과적이며 문제해결 학습에서 계산기를 사용하면 학생들은 계산보다 문제의 의미와 구조 등 본질적인 내용에 사고를 집중할 수 있다.

셋째, 공학적 도구의 출현은 수학에서 가르칠 수 있는 내용을 바꾸어놓았는데, 특히 학년이 올라갈수록 이 사실은 더욱 분명해진다. 이를테면, 그래픽 계산기는 거의 모든 방정식의 그래프를 그릴 수 있으며, 주어진 방정식을 바꿀 수 있을 뿐 아니라 바꾼 방정식의 그래프와 결과도 얼마든지 관찰 가능하다. 그러므로 과거처럼 학습자가 직접 그래프를 그리는 번거로움을 덜어줄 뿐 아니라 그래프가 보여주는 관계와 이들의 의미에 보다 더 학습의 관심을 집중시킬 수 있다.

3) NCTM의 방향

NCTM은 1920년에 창설되어 약 11만여 명의 회원을 확보하고 있으며 260여 개 그룹이 가입되어 있는 세계 최대의 수학교육 조직단체이다.

NCTM은 1989년에 앞서 언급한 학교수학의 질적 평가를 위한 기준이 되는 〈학교수학을 위한 교육과정과 평가규준(*Curriculum and Evaluation Standards for School Mathematics*)〉이라는 보고서를 출간하였다. 뒤이어 1991년에 수학지도에 대한 앞으로의 전망과, 수학이 모든 학생들에게 가치 있고 의미 있는 과목이 되어야 한다는 교육과정 규준의 철학을 담은 〈수학교수를 위한 전문성 규준(*Professional Standards for Teaching Mathematics*)〉을 발간하였고, 1995년에는 〈학교수학을 위한 평가규준(*Evaluation Standards for School Mathematics*)〉을, 그리고 가장 최근인 2000년에는 〈학교수학을 위한 원리와 규준(*Principles and Standards for School Mathematics*)〉을 출간함[1]으로써 이 규준 시리즈를 완성하게 되었다. 〈규준(*Standards*)〉으로 불리는 이 4부작 중 세 번째 보고서는 교수와 평가의 통합 필요성과 수학지도의 변화를 실현하는 데 있어 평가의 중요한 역할을 명확히 제시해주고 있다(김양희, 2006).

1) 최근 미국의 교육 개혁 중에서 교육과정 분야의 가장 주목할 만한 변화는 2010년 6월 공표된 공통 핵심 교육과정(Common Core State Standard, CCSS)의 제정이라고 할 수 있다. 영어와 수학 과목의 학업 성취 기준을 제공하는 CCSS는 현재 미국의 주(州)단위 교육과정을 마련하는 데 공통의 틀이 되고 있다. 이 CCSS에서 수학교육과정에 대한 규준을 제시하는 수학 공통 핵심 교육과정(Common Core State Standard for Mathematics)은 NCTM의 규준을 따르는 것으로, 구체적으로 1990년대의 〈학교수학을 위한 교육과정과 평가규준〉(NCTM, 1989), 2000년대의 〈학교수학을 위한 원리와 규준〉(NCTM, 2000)의 연속선상에서 제정된 교육과정이지만, 엄밀하게 살펴보면 NCTM의 규준보다도 좀 더 구조화되고 구체적인 체계로 이루어져 있다. 이 교육과정 규준에 의해서 미국 교육의 질적 향상을 꾀하겠다는 의도를 담고 있으며 현재 미국의 45개 주에서 교육과정으로 채택하고 있다.

1.4 수학교육의 구성 요소

수학교육학의 학문적 성격에서 밝힌 바와 같이 수학교육학은 수학의 교수·학습에 관련되는 것을 연구하는 과학이다. 이는 곧 수학이라는 내용을 학습자에게 가르치는 일련의 실천적 행위와 관련된다고 볼 수 있다. 따라서 그 주변에 순수수학을 비롯하여 응용수학, 통계학, 수학사, 수학 인식론, 학습 심리, 교육학, 사회학 등 많은 학문분야와 관련성을 가지고 있다.

그러므로 수학교육의 구성 요소를 탐색하기 위해서는 수학교육이 가지는 이와 같은 관련성을 고려하면서 일반 교과 교육학이 가지는 공통된 구조에다 수학교육 고유의 구성 작업을 위해 수학교육 나름대로 필요한 구성 요소를 탐색하는 것이 보다 타당한 방법일 것이다.

그런데 일반 교과 교육학이 가지는 공통된 요소는 해당 교과의 교육 목적론, 내용론, 방법론, 평가론 등이 주 대상이므로 다음에서는 이러한 요소들이 수학교육에서 어떤 의미를 가지는지를 살펴본다.

1.4.1 수학교육의 목적

수학은 무엇 때문에 공부하는 것일까? 우리나라의 현실에서 살펴보면 많은 중·고등학교 학생들은 대학에 진학하기 위하여 공부하는 것으로 생각하는가 하면, 상대적으로 나이가 어린 초등학생들은 아무런 목적의식 없이 그저 학교에서 배우는 과목이니까 공부하는 것으로 생각하는 경우가 다반사이다.

학생들이 수학을 공부해야만 하는 이유는 여러 가지가 있겠으나 일반적으로 수학교육에서 이야기하는 목적을 든다면 정신도야성, 실용성, 문화적 가치 및 심미성을 강조하고 있고 이러한 목적들이 학생들에게 잘 실현될 수 있도록 수학교육의 목표 및 내용, 방법 등을 정선하는 일이 무엇보다 중요하다. 다음에서는 이러한 수학교육의 목적들을 하나하나 살펴보기로 한다.

첫째, 정신도야성은 수학의 학습에서는 그 학습과정이나 학습의 결과, 어떤 정신적인 습관이 형성된다든가 어떤 성격의 능력이 육성된다든가 하는 직접적인 것은 아니지만, 어느 정도 밀접한 관련을 가진 정신적인 가능성이 기대된다는 것이다. 궁극적으로 말하면 수학을 배우면 우리의 정신 능력을 신장시킬 수 있다는 것이다. 이를테면, 우리가 수학교육에서 흔히 말하는 논리적인 사고력, 창의적 사고력, 기호화하고 형식화하는 능력, 단순화하고 종합화하는 능력 등은 모두 정신도야성과 관련된다. 이러한 능력은 비록 수학과 관련이 없는 다른 분야에 종사하는 사람에게도 요구되는 정신능력으로서 왜 수학을 배워야 하는가에 대한 하나의 중요한 이유이다. 수학이 지니는 논리성, 형식화하여 생각하는 등의 학습방법을 통하여 논리적으로 사고하는 능력, 형식화하는 능력 등의 전이를 기대할 수 있다.

둘째, 실용성은 수학을 배우면 사회생활을 하는 데나 장차 과학 또는 다른 학문을 공부하는 데 도움이 되며, 국가 발전에도 기여한다는 것이다. 즉, 수학의 실용성 때문이라는 것이다. 실제로 고대수학의 발생 자체가 인류의 필요에서 비롯된 것이므로 실용성을 목적으로 삼는 것은 당연하다. 실용성은 개인이나 직업에 따라 다르며, 또한 일상적으로 필요한 지식, 기능이라도 단순히 형식적인 테두리에서 머물지 않고, 수량적인 사고를 할 수 있는 아이디어나 개념을 잘 활용하여 쓸 수 있어야 한다.

하지만 대부분의 사람들이 생각하기를 사회생활에서 필요한 수학은 단순한 계산과 같은 극히 일부분에 지나지 않으며 수학자나 과학자가 되지 않을 학생도 반드시 수학을 배워야 하는가와 같은 회의적인 시각을 가질 수도 있다. 그러나 현대사회의 다양하고 많은 직업 중 상당수는 수학을 활용할수록 그 생산성과 소득이 높아짐을 알 수 있다. 이를테면 공학이나 의학 등 자연계 계통의 직업분야뿐만 아니라 최근의 과학기술, 특히 컴퓨터의 발달이나 세계적인 추세로 보아 점차적으로 수학을 필요로 하는 분야가 많아지고 있기 때문에 언젠가는 필요할 때 이를 이용할 수 있도록 수학을 배워야 한다는 것이 실용성의 근본 취지라고 할 수 있다.

마지막으로, 수학교육의 목적은 문화적 가치 및 심미성이다. 인류는 역사상 과학기술, 문학, 예술 등 많은 문화를 창조하여 왔다. 이들은 모두 빛나는 문화적 가치를 지니고 있으며, 인류는 이의 전승 및 발전에 기여해야 할 것이다. 특히 수학은 인류의 지적 유산인 학문의 생성 발달에 많은 영향을 끼쳤다. 이를테면 유클리드 기하학이 오랫동안 논증적 학문의 본보기가 된 것이 그 좋은 예라고 할 수 있다. 그러므로 학생들은 학교에서 수학을 배움으로써 다른 교과의 경우와 마찬가지로 인류가 남긴 문화적, 학문적 유산을 계승하여 활용·발전시키는 일에 참여하는 셈이 된다.

수학교육의 목적과 관련하여 수학의 이러한 문화적 가치 외에 수학의 심미성을 들 수 있다. 이를테면 '프랙털'은 어떤 수학 내용보다 응용성이 넓고, 탐구 활동을 통해 수학적 사고력과 수학적 의사소통능력을 향상시킬 수 있도록 내용을 조직하기 쉬울 뿐만 아니라, 컴퓨터의 사용과 밀접히 관련되며, 최근에 각광받는 수학의 한 분야이다. 또 프로그래밍 활동을 통해 컴퓨터 그래픽을 생성하고 조작해봄으로써 수학의 아름다움을 생생하게 느끼게 할 수 있으며 그 결과 학생들로 하여금 바람직한 수학적 성향을 길러줄 수 있다. 이 외에도 수학의 황금분할과 같이 수학을 학습하다 보면 수학의 공식이나 방법이 절묘하고 아름답게 적용되는 경우를 흔히 볼 수 있다.

1.4.2 수학교육의 내용

일선 학교에서 지도되고 있는 수학의 내용은 교육과정의 틀에 따라 전반적인 내용뿐만 아니라 이를 구현하기 위한 학습내용으로 구성되어 있다고 할 수 있다. 따라서, 대부분의 교사들은 수학교과서에 제시된 내용을 아무런 비판 없이 받아들이거나 지나치게 맹신하는 경향이 있다. 하지만, 보다 진일보한 수학교육을 위해서는 현장의 교사들도 이러한 사고에서 벗어나 자기 나름대로의 비판적 시각과 생각을 가질 수 있는 능력을 갖추어야 한다.

이와 관련하여 슐만(Shulman, 1986)은 교수학적 내용지식, 즉 PCK(Pedagogical Content Knowledge) 개념을 주장하며 이를 다른 사람이 이해할 수 있도록 해당 교과목을 가르치는 방법에 대한 지식을 갖추어야 함을 주장하였다. 그리고 교사들이 가져야 할 지식을 교과지식(subject matter knowledge)과 교수학적 내용지식, 교육과정 지식(curricula knowledge)으로 범주화하는데, 수학의 경우 각각 수학에 대한 지식, 학생들이 수학 내용을 이해할 수 있도록 표현하고 구성하는 방법에 대한 지식, 수학 내용을 가르치는 데 유용한 교수 자료와 이러한 자료를 사용하기 위한 지침에 대한 지식을 강조하였다.

이는 수학 교사에게 있어서 수학 내용 및 교수 방법에 대한 깊이 있는 이해가 매우 중요함을 잘 말해주고 있으며, 주어진 수학교육과정이 제시하는 내용적인 면에 대한 비판적인 관점과, 새로운 수학교육과정의 내용을 구성하는 데 필요한 소양과 함께, 학교수학에서 채택된 내용들을 교육적인 관점에서의 교수학적 변환을 꾀할 수 있는 능력을 형성하는 데 필요한 요소들이 수학교육에서 내용과 관계하여 연구되어야 할 중요한 영역이라고 할 수 있다.

1.4.3 수학교육의 방법

우리가 어떤 연구를 수행하고자 할 때 어떠한 연구방법을 사용하여 주어진 연구문제를 해결할 것인가는 상당히 중요한 문제이다. 마찬가지로 수학교육에서도 가르치고자 하는 내용이 일단 선정되면 선정된 내용을 가르치는 목적의 구체화, 상세화 작업이 이루어져야 하고 그 다음으로 그러한 목적의 달성을 위해 어떠한 교수·학습 전략을 사용하여야 할지 정하는 것이 필수적이라 할 수 있다.

수학과 지도의 전략으로 일반적인 교수 방법의 다양한 형태, 이를테면 학습위계에 따르는 기초학습을 중시하는 학습, 인지 경로를 중시하는 학습, 개인차를 중시하는 학습, 귀납적 사고 과정이 중심이 되는 학습, 적절한 범례 제시를 통한 수학학습, 알고리즘을 개발하여 적용하는 수학학습, 다양한 해결 방법을 찾게 하는 수학학습, 학습 과정이 중시되는 수학학습, 상호 협력 소집단 구성에 의한 수학학습, 학습 흥미와 관심을 유발하는 수학학습 등에 대한 분석의 노력과, 가르치고자 하는 각 내용의 외형적인 형태에 따라 적합한 교수 모델의 구성 개발을 위한 연구도 수학교육의 방법론적 측면에서 중요한 문제라 할 수 있다.

이 외에도 가르치고자 하는 수학 내용의 교과서를 재구성한다든지, 교사에 따라 수업에 필요한 각종 교구 또는 학습 자료의 선정과 활용의 문제, 수업 내용에 따라 적절한 암기 위주 혹은 주입식 방법을 택할지의 여부는 전적으로 교사가 수학이나 수학교육에 가지고 있는 기본적인 시각이나 철학에 따라 영향을 미칠 수밖에 없다.

1.4.4 수학교육의 평가

우리는 학습지도의 계획을 수립할 때나 실제 지도에 임했을 때 될 수 있는 한 학습성과를 올리려고 노력하고, 학습지도가 끝난 후에는 지도목표에 비추어 학생들의 행동 변화가 어느 정도 이루어졌는지를 알아보는 평가를 적시에, 적절한 방법으로 행한다.

이러한 평가는 학생 개개인의 학습성과를 알 수 있는 것은 물론 전체 학생들의 일반적 경향성을 알 수 있고, 이것을 근거로 하여 차후 학습의 지도계획을 수립하거나 또는 지도 방법을 개선하는 데 유력한 참고자료로 이용되지 않으면 안 된다.

이와 같은 평가를 적절히 하기 위해서는 교사는 일반적 평가원리를 이해하고 있어야 할 것은 물론, 수학의 특성에 적합한 평가방법을 찾지 않으면 안 된다. 그러한 수학의 특성에 적합한 평가방법은 한마디로 표현하기는 어렵겠지만 학습자의 수학적 사고의 유용성을 진작시키고 학교와 수학 사이의 갈등을 완화시키며, 수학자의 선험 활동과 유사한 과정이나 일상생활에의 수학 적용, 즉 규칙성을 찾고, 일반화하는 과정을 검사하고, 모델을 설정하고, 논의하고, 단순화하고, 확장하는 것 등을 포함해야 할 것이다(황혜정 외, 2001).

일반적인 평가의 방법은 교육학 분야에서 다양한 형태로 개발·시도되고 있지만, 수학이라는 교과가 가지는 특성에 비추어 평가의 목표나 방법을 조절하고, 수학교육에 적합한 타당성과 신뢰성을 갖춘 평가도구의 개발과 표준화 작업 등에 대한 심도 있는 논의가 필요하다.

최근 현장협동 세미나나 각종 연수 또는 워크숍 등에 참석해보면 그 주제가 교실수업개선과 관련한 것임을 종종 보게 된다. 이는 곧 교사이면 누구나 가지고 있는 희망사항 중에 하나는 자신이 지도하는 교과에 대한 훌륭한 수업임을 반증하는 것이라 할 수 있다. 이를 실현하기 위해서는 첨단교수기기나 새로운 교재, 교구의 확충도 중요하지만 무엇보다 일선 선생님들의 수업 방법을 개선해 나아가는 것이 우선 과제일 것이다. 그러나 수업방법을 개선하기 위해서는 자신이 행한 수업에 대한 반성 혹은 확인의 차원에서 이루어지는 평가가 필수적이라 할 수 있다.

수학교육과 관련된 평가는 크게 학습자의 학습활동에 대한 평가, 교사의 학습지도 활동에 대한 평가, 그리고 수학교육의 자료에 대한 평가 등으로 나눌 수 있다(강완·백석윤, 2001). 하지만 일반적으로 수학교육에서의 평가는 주로 학습자의 수학학습활동에 대한 평가가 주를 이루며 이 책의 제8장에서 평가에 대한 보다 자세한 내용을 다룰 것이다.

1.5 수학교육학과 다른 과학과의 관계

수학교육학은 수학의 학습지도 개선을 위해 그와 관련된 분야의 연구를 하는 과학이며, 다루어지고 있는 문제의 성격상 관련 과학의 성격을 종합하지 않으면 안 되는 특성을 지닌 전형적인 경계과학이라 할 수 있다. 수학교육학은 하나의 독자적인 개별학문이라기보다는 수학 교과의 내용과 구성에 관한 이해, 그리고 그러한 내용의 탐구와 학습에 관련된 교육원리 등을 여러 관련 학문으로부터 도출하고 종합한다는 의미에서 하나의 종합 학문으로 볼 수 있다. 따라서 순수수학, 일반 교육학을 위시하여 심리학, 논리학, 수학기초론, 수학사, 사회학, 교사교육, 인류학 등 많은 관련 분야의 연구결과를 종합하면서 일선현장에서 이루어지는 학교수학을 중심으로 관련 연구를 해야 하는 학문의 한 분야이다. 이 절에서는 위에서 언급한 몇 가지 분야와의 관련성을 논의해본다.

1.5.1 수학교육학과 수학

대부분의 사람들이 생각하는 것과 마찬가지로 수학은 교과의 순수 내용적인 측면을 다루는 데 반해 수학교육학은 이러한 수학의 내용을 어떻게 효율적으로 학생들에게 전달하는가에 그 주안점을 두고 있는 것으로 보고 있다. 이렇게 본다면 수학교육학을 하기 위해서는 그 근본 바탕으로 수학의 내용적인 측면의 이해가 반드시 선행되어야 한다고 본다. 이를테면, 장차 수학교사가 되려고 하는 예비 수학교사가 가능한 한 많은 수학에 관한 지식을 학습하는 것이 바람직하다는 데는 많은 사람들이 동의하지만 현실적으로 우리나라의 일반 사범대학의 수학교육과, 이과대학의 수학과, 교육대학[2]의 수학교육과에서 운영되고 있는 교육과정은 학교에 따라 상당한 차이를 보이고 있으며 어떤 학교에서는 수학의 내용적인 측면에 치중하고 있는가 하면 또 어떤 학교에서는 수학교육적인 측면에 치중하는 이중적인 양상을 보이고 있는 것이 우리의 현실이다.

하지만 수학과 수학교육은 상호 간에 영향을 미치면서 공생할 수밖에 없는 공동 운명체임에 틀림없다. 이러한 의미에서 수학교육에서도 가르쳐야 할 내용인 수학이 있고, 그 내용을 가르치는 이유나 목적을 설정하며, 주어진 수학의 내용을 내세운 목적에 부합되게 가르치기 위한 방법을 찾게 마련이다.

이와 같이 수학교육에서 이루어지는 일련의 실행 과정이 효과적으로 이루어지게 하기 위하여, 그리고 이루어진 결과를 파악하기 위한 제반 행위가 수학교육의 연구가 되며, 이러한 연구가 바람직하게 이루어지도록 하기 위하여 일반적으로 과학적인 방법을 도입하게 된다. 이와 같은 연구 방법론이 자리 잡게 하기 위한 노력의 과정이 수학교육을 수학교육학으로, 즉 하나의 자율적인 학문으로 성립시켜가는 과정이라고 할 수 있다.

1.5.2 수학교육학과 교육학

앞서 언급한 바와 같이 수학교육학은 수학의 학습지도 개선을 위해 그와 관련된 분야의 연구를 하는 과학이므로 그 근본적인 이론은 교육학의 교수·학습의 일반적인 이론을 바탕으로 함은 두말할 나위가 없다. 따라서 수학의 교수·학습 방법은 교육학에서의 교수·학습

2) 교육대학교의 수학교육과는 초등이므로 반드시 수학교사가 된다고는 말할 수 없으나 수학교육이라는 측면에서 상호 간의 비교를 위해 언급하였다.

방법의 일반적인 이론에다 수학의 특수성을 반영한 것이라고 할 수 있다.

수학교육학과 관련된 주변 과학이 갖는 학문적 성격이나 연구 방법에 따라, 교육학적, 철학적, 심리학적, 사회과학적인 연구 방법론이 그들 이론의 도입·응용과 함께 수학교육의 연구에 자주 등장하였지만 이러한 연구 방법의 도입·응용이 수학교육 연구에 끼친 영향은 반드시 긍정적인 측면만 있는 것은 아니다. 이에 대한 문제점을 프로이덴탈(1978)은 일반 교육학의 연구자들이 제시해온 일반적인 이론들이 수학교육의 현장에 실천적으로 제대로 옮겨지지 못하고 있음을 지적하고 있다.

특히, 이러한 오류는 일반적인 교육학의 이론을 도입하는 것이 결국은 해당교과인 내용과 그 교육의 외형을 분리시키는 결과가 되는데, 이를 프로이덴탈은 '빈 상자(empty box)'로 표현하고 있다(p. 77). 이와 비슷하게, 헨더슨(Henderson, 1976)도 일반적인 학습이론들이 교실이라는 학습 현장이 아닌 실험실에서 이루어졌다는 점과, 수학이라는 교과의 내용적 특성을 고려치 않은 점 등을 들어, 수학교육 연구에의 도입의 불합리성과 위험성을 지적하고 있다(강완·백석윤, 2001에서 재인용).

그러나 프로이덴탈(1978)은 역설적으로 교육학의 존립이 수학교육학의 성립을 위한 전제조건이 아니라, 오히려 교육학이 각 교과교육학으로부터 출발하지 않으면 안 되며, 각 교과교육학이 성립함으로써 비로소 교육학의 성립을 기대할 수 있다고 주장한다. 그리고 그 첫 번째 가능성이 보이는 곳이 바로 수학교육학이라고 말하고 있다.

실제로 교육은 어떤 특정한 내용의 교육을 의미한다. 따라서 진정한 교육 이론은 특정한 내용을 가르치는 데 대한 특정한 이론으로부터만 생길 수 있다고 생각된다(이용률 외, 1997).

1.5.3 수학교육학과 심리학

수학교육학의 기초를 이루는 또 하나의 과학은 심리학이다. 수학교육학의 여러 문제는 배우는 자의 심리, 그 실제 사고 수준을 고려하지 않고는 해결되지 않는다. 이와 같이 학생들의 사고 과정을 이해하는 것은 수학교실에서 일어나는 교수·학습활동 및 학생들의 학습을 이해하고 적절한 도움을 제공하는 데 있어 필수적인 요인이다.

수학교육학과 관련한 심리학의 이론은 수학교육 이론의 도처에서 발견할 수 있다. 이를테면, 자극-반응이론, 형태심리학, 피아제(Piaget)의 인지발달단계이론, 브루너의 발견을 통한 학습, 딘즈의 활동주의 수학학습이론, 스켐프의 스키마[3] 학습이론, 판 힐러 부부의 기하학습발달수준이론, 프로이덴탈의 수학화 이론, 쉔펠트(Schoenfeld)의 문제해결의 심리학적

이론, 비고츠키(Vygotsky)의 근접발달영역이론 등이다.

수학교육이 이처럼 심리학과 관련성을 가지는 주된 이유는 아마도 수학교육의 연구가 아동 또는 학생에게 수학을 가르치는 일을 핵심 사안으로 하고 있으며, 수학을 아동이나 학생들에게 의미 있게 가르치기 위해서는 그들의 심리발달과 사고 구조에 대해 깊이 있게 파악하는 것이 어쩌면 당연하다는 점에서 수학교육에서 심리학적 연구의 필요성과 중요성이 있다고 생각된다.

한편 베르트하이머(Wertheimer)는 창조와 문제해결에 주목하는 형태주의(Gestalt) 심리학을 성립시키면서 수학에 있어서의 창조적 사고에 관한 책을 저술하였으며, 비고츠키는 사고와 언어와의 관계를 주목하였다. 이와 같이 역사적으로 볼 때, 심리학은 수학교육학의 연구방법론을 제공해주고 학문적 정체성 확보에 도움을 주었으며, 수학교수·학습이론의 형성에 많은 기여를 하였다. 교과의 바탕이 되는 학문과 심리의 관계, 교과의 구조와 심리의 구조를 밝혀내고 그 사이의 관계를 규명하는 것이 교과교육학의 주요 과제라고 할 때, 심리학은 수학교육학을 지탱하는 하나의 축이 되어왔다(황혜정 외, 2001).

또한 최근 들어 수학교육의 문제해결과 관련하여 많이 회자되고 있는 메타인지 역시 1960년대부터 심리학에서 주목받기 시작한 용어로서 이는 곧 학습자로서 자신에 대해 알거나 믿고 있는 것과 자신의 행동을 조절하고 조정하는 방법과 관련이 있다. 메타인지는 자신의 어깨너머로 바라보는 형태인 바, 문제를 해결하고 있는 자신에 대해 관찰하고, 자신이 무엇을 생각하고 있는지에 대하여 생각하는 것이다. 유능한 문제해결자는 그들이 알고 있는 것이 무엇인지와 문제를 해결하기 위한 시도가 어떻게 진행되고 있는지를 효과적으로 파악하고 있다.

3) 스키마는 바틀릿(Bartlett)에 의해 1932년 심리학에 도입된 이래, 피아제를 비롯하여 많은 학자들이 사용해왔는데 통합된 인지적 특성을 강조하고, 서로 다른 요소들이 적절히 관련되었을 때 나타나는 인지 구조가 새로운 특성을 가질 수 있음을 시사하기 때문에 스켐프도 이 용어를 사용하였다.
하워드(Howard)에 의하면, 스키마는 지식을 조직화한 체계, 자극 영역의 한 부분을 나타내는 정신적 구조로 정의할 수 있다. 개념처럼 스키마는 경험으로부터 추상화된 것을 표현하고, 외부 세계를 이해하고 다루는 데 이용된다. 스키마는 외부 세계의 부분이 어떻게 조직되는지에 대한 예상들로 이루어져 있다.

교재연구문제

01 수학교육학의 학문적 특성에 대하여 간단하게 설명해보시오.

02 학교에서 수학교육은 왜 필요하다고 생각하는지 자신의 의견을 말해보시오.

03 수학은 수학교육의 성립에 어떠한 영향을 미쳤으며, 이와 관련된 대표적인 수학자 세 명을 선택하여 각각에 대하여 간략히 언급하시오.

04 수학교육 분야의 발전을 위해서 고려해야 될 사항은 무엇인지 말해보시오.

05 수학을 왜 배우고 가르치는지에 대해서 자신의 견해를 이야기해보시오.

06 심리학은 수학교육의 성립에 어떠한 영향을 미쳤으며, 이와 관련된 대표적인 교육심리학자 두 명을 선택하고 각각에 대하여 간략히 언급하시오.

02 수학교육과 수학적 사고

2.1 직관과 논리

인간의 의식적인 사고의 대부분은 문제와 관련되어 있다. 단순한 명상이나 공상에 빠져 있지 않는 한 인간의 사고는 어떤 목표를 지향하게 된다. 사고가 목표를 향하여 갈 때, 사람들은 그 목표로 가는 길과 수단을 찾고, 그 목표에 도달할 수 있는 어떤 경로를 생각하려고 한다. 즉, 인간의 사고는 수단을 찾고 문제를 해결하고자 하는 것이다.

위와 같은 사고의 정의를 원용한다면 '논리와 직관이 긴밀한 사고 작용을 통해 수학적 문제를 해결해가는 체계적인 정신 활동'을 수학적 사고라고 할 수 있다.

그런데 수학적인 사고를 하는 데 있어서 없어서는 안 될 두 가지 요소가 바로 직관과 논리이다. 이 절에서는 우선 직관과 논리가 서로 어떤 관계에 있는지 살펴보기로 한다.

직관과 논리는 서로 상반되는 듯한 인식이면서 상보적인 역할 관계에 있으며, 두 가지가 동시에 일어나는 것은 아니지만 수학적인 사고에 있어서 양자 간의 긴밀한 연대성이 요구된다. 이를테면, 직관으로 어떤 예상을 세운 후에 논리로 정리하고 확인하게 되며, 또한 논리적으로 정리된 결과를 보고 거기에서 새로운 직관이 생기는 것이다. 수업에서 이러한 논리와 직관의 관계를 적절히 배려할 수 있는 능력은 오랜 경험을 가진 교사만이 할 수 있는 수업의 지혜라고 할 수 있다.

직관적 사고는 사고의 대상을 인지하는 활동으로서 다소 분명하지 않지만 전체를 감지할 수 있는 사고이다. 또한 이론 전개의 방향과 기틀을 마련해주는 직감적 표상(idea)으로서 이론과 구체를 맺어주는 것이고, 또 구체에서 논리의 방향을 시사해주는 것이다. 아동의 직관적 사고는 자기중심적이며 상징적이다. 초기에는 상징적 차원으로 옮겨진 감각운동적 지능의 연장에 불과하므로 합리적 지능보다는 실용적 지능의 특징이 강하게 드러난다(김성준 · 김수환 · 신준식 · 이대현 · 이종영 · 임문규 · 정은실 · 최창우, 2014).

논리적 사고는 모든 사상에 대해서 감정적 또는 정서적인 생각이나 자기중심적인 생각을 떠나, 인과관계라는 입장에서 미지의 사상의 연쇄를 발견하려는 심적인 기능을 말한다. 아동들에 있어서는 직관적 스키마(schema)[1]가 여러 가지의 조직적 구조들로 재조직함에 따라 평형은 보다 안정된 수준으로 상승하고, 동화와 조절은 논리적 사고의 특징을 갖추기 시작한다. 즉, 논리적 사고는 직관적인 판단에 대해서 의문이나 불안감이 생길 때에 일어나는

1) 아동들이 같은 부류 내의 다른 물체들이나 상태들을 하나의 전체로 묶는 틀, 말하자면 전체의 윤곽 또는 도식을 말한다.

것이고, 이 직관적 판단은 논리적 사고를 거쳐야 비로소 그 확실성을 보장받게 된다(김성준 · 김수환 · 신준식 · 이대현 · 이종영 · 임문규 · 정은실 · 최창우, 2014).

논리적 사고를 통해서는 도저히 해결할 수 없거나, 해결된다고 해도 오랜 시간이 걸리는 문제들을, 인간은 직관적 사고를 통하여 해결할 수도 있다. 일단, 직관적 방법으로 해결이 되면 하나의 가치 있는 가설로서 존중됨과 동시에, 되도록 논리적 방법에 의해 검증하여야 한다.

이상과 같은 논의로부터 아동들의 직관력 육성을 위해서는 구체적인 조작활동을 경험시키고, 도적(圖的) 표기를 중시하는 지도가 이루어져야 하며, 논리적인 사고력의 육성을 위해서는 아동 상호 간의 논의나 토론을 교수 · 학습에 도입하는 일과, 표현의 지도를 중시하는 수업이 이루어져야 할 것이다.

2.2 사고와 인지 · 메타인지

2.2.1 사고(思考)

'사고'란 우리가 알고 있는 일상적 의미로는 '생각하는 것', '생각'을 말한다. 철학에서는 우리가 과제해결이 요구되는 상황에 당면하였을 때 그것을 습관적 수단으로 해결할 수 없을 경우에는 수단의 탐구가 행해지고 그 변형이 일어나며, 또는 수단체계의 새로운 구성이 일어난다. 이와 같이 '인간의 지적 작용의 총칭'으로 어떤 과제 상황에 대처하는 정신기능을 말하며, 좁게는 감성의 작용과 구별하여 사고활동이 일어나게 하는 '개념 · 판단 · 추리의 세 가지 요소가 작용하는 것'으로 해석한다. 또한 심리학에서는 '어떤 사상(思想)을 야기하는 심적 과정' 또는 '어떤 과제에 대처하는 심적 조작'으로 설명한다.

위에서 보는 바와 같이 심적 과정으로서의 사고는 학교의 테스트와 같은 문제라든가 일상생활 속에서 해결의 필요를 의식하였을 때 비롯하며, 이미 알고 있는 지식이나 기능을 구사하여 해결하려고 하는 과정이라고 할 수 있다.

그리고 사고를 나타내는 용어로서는 사고의 프로세스를 강조하였을 때는 '사고활동', '사고과정', '사고작용' 등의 표현이 잘 쓰이고, 사고의 결과에 대해서는 '사상(思想)'이나 '사고내용'이란 표현이 쓰인다.

다음에는 사고의 패턴에 대하여 살펴보기로 한다. 사고활동은 사고 주체에 의한 자율성·수의성(隨意性)·능동성의 정도나, 사고의 대상·장면 등에 따라서 몇 개의 유형으로 나눌 수 있다. 수학학습과 관련이 깊은 사고활동에는 다음과 같은 것이 있다(김성준·김수환·신준식·이대현·이종영·임문규·정은실·최창우, 2014).

① 재생적 사고와 생산적 사고(창조적 사고) (베르트하이머)
② 직관적 사고와 논리적 사고 (브루너)
③ 확산적 사고와 수렴적 사고 (길포드)
④ 반성적 사고 (피아제)

재생적 사고는 기존의 개념 등을 구사함으로써 문제에 대처할 때 작용하며, 생산적 사고는 미지의 비정형문제에 대처할 때 작용하는 것이다. 직관적 사고는 사고활동의 방향을 시사하고 즉각 경험적인 해결을 지향하는 것이며, 이 방향의 옳고 그름을 계통적·연역적으로 뒷받침하면서 판정해가는 것이 논리적 사고라고 할 수 있다.

확산적 사고는 당면하는 문제에 대하여 가능한 실마리를 찾고 해결하려 할 때 유효하게 작용하고, 그 뒤에 문제를 어떤 해결을 위하여 결말지어가는 것을 수렴적 사고로 볼 수 있다.

끝으로 일련의 직접적인 사고활동을 대상으로 하여 일단 얻어진 결론에 대하여 보다 좋은 해결이나 해결 가치 등을 문제로 하여 이론적인 결론을 얻을 경우에 작용하는 것이 반성적 사고라고 할 수 있다.

여기서 예를 든 사고활동 이외에 분석적 사고와 종합적 사고, 알고리즘적 사고, 발견적 사고와 같은 것에 주목할 필요가 있다.

2.2.2 인지·메타인지

문제해결은 교과를 초월하여 학습자에게 중요한 이슈임에 틀림없다. 수학교육도 예외는 아니어서 수학교육의 궁극적인 목적이 문제해결이라 해도 과언이 아니다. 문제해결을 하는 데 있어서는 학습자의 사고가 수반되기 마련이며 이러한 사고에는 다음의 두 가지 측면을 생각할 수 있다.

① 문제에 대한 직접적인 해결활동으로서의 사고활동(인지적 활동)
② 위의 직접적인 해결활동을 조정하려고 하는 간접적인 해결활동으로서의 사고활동(메타인지적 활동)

인지는 좁은 의미로 지각과 같은 것으로 보지만 여기서는 계산하고, 측정하고, 작도하고, 그래프를 그리는 수학적 활동에 작용하는 지식이나 기능까지를 포함한 인지작용을 뜻하는 것으로 한다. 이에 대하여 메타인지는 지식이나 기능이 제대로 잘 활용되고 있는가 등, 인지작용을 조정하는 작용으로 '인지에 관한 인지', '사고에 관한 사고', '지식에 관한 지식' 등 여러 가지로 정의하고 있다. 메타인지는 이러한 포괄적인 개념 이외에도 자신의 인지, 사고, 지식을 점검하고, 제어하는 심적 과정(mental process)이란 개념으로 사용되기도 한다. 이와 같이 메타인지의 개념은 학자에 따라 조금씩 달리 표현되고 있는데, [표 2·1]과 같이 크게 세 가지로 나누어 그 역할과 기능을 설명하고 있다(조재영, 1996).

표 2·1 메타인지의 분류

연구자	지식면	기능면	경험면
프래벌(Flavell)	• 메타인지적 지식: 인간, 과제, 전략		• 메타인지적 경험
브라운(Brown)	• 정적인 지식: 인간, 과제, 전략	• 전략적 지식: 계획, 예측, 추측, 감시	
가로팔로(Garofalo) & 레스터(Lester)	• 인지의 지식: 인간, 과제, 전략	• 인지의 조절: 감시, 평가, 제어	
패리스(Paris), 제이콥스(Jacobs) & 크로스(Cross)	• 인지에 관한 의식: 서술적 지식, 절차적 지식, 조건적 지식(심적 상태와 활동에 관한 이차적 지식일 때)	• 자기 감시: 평가, 계획, 조절	
시게마쓰 케이이치(重松敬一)	• 메타인지적 지식: 환경, 과제, 자기, 전략	• 메타인지적 기능: 감시, 자기평가, 제어	
이와고오 카즈오(岩合一男)	• 메타인지적 지식: 인간, 과제, 전략	• 메타인지적 기능: 감시, 자기평가, 제어	

(1) 메타인지적 지식(메타지식)

인지적 사실들과 관련하여 습득한 일상적 지식이며, 자신의 인지작용의 상태를 판단하기 위하여 저장된 지식으로 여기에는 환경, 과제, 자기(自己), 전략에 관한 메타지식이 포함된다.

① 환경에 관한 메타지식: 환경의 상태가 인지에 작용하여 조정하는 지식을 말한다.

보기 '시험이 아니니까 틀려도 괜찮다.'

② 과제에 관한 메타지식: 과제의 본성이 인지에 작용하여 조정하는 지식을 말한다.

보기 '복잡하고 친숙하지 않은 문제는 어렵다.' 또는 '먼저 푼 문제는 쉽다.'

③ 자기에 관한 메타지식: 자신의 기능, 능력이 인지에 작용하여 조정하는 지식을 말한다.

보기 '나는 식만 알면 계산에는 자신이 있다.' 또는 '나는 수학보다 국어를 더 잘할 수 있다.'

④ 전략에 관한 메타지식: 인지작용을 잘하기 위한 전략에 관한 지식으로서, 인지적 행위에 관한 정보를 제공하거나 또는 그 행위의 진전에 관한 정보를 제고하는 것, 문제해결에서 이해, 조직, 계획실행, 검사, 평가하는 데 도움을 주는 의식을 말한다.

보기 '알고 있는 것을 그림으로 그리는 편이 이해하기 쉽다.' 또는 '자세하게 다시 읽어보자.'

(2) 메타인지적 기능(메타기능)

메타인지적 지식과 비교하여 인지작용을 직접적으로 조정하는 것으로, 모니터링, 자기평가, 통제의 기능이 포함된다.

① 모니터링에 관한 메타기능: 인지작용의 진행 상태를 직접적으로 체크하는 기능으로서 메타인지적 지식에 비추어 자신의 인지 활동의 진행을 모니터링하는 기능을 말한다.

보기 '전에 풀어본 문제인가?' 또는 '지금까지의 과정 중 계산은 틀리지 않았는가?'

② 자기평가에 관한 메타기능: 인지작용의 결과를 메타지식과 비교하여 직접적으로 평가하는 기능을 말한다.

보기 '재미있다.' 또는 '이 답은 문제의 뜻에 맞는 것 같다.'

③ 통제에 관한 메타기능: 자기평가에 따라 인지작용을 직접적으로 제어하는 기능으로서

자기의 인지활동에 지시를 하고 그 이후의 활동을 속행, 수정하는 기능을 말한다.

보기 '해본 대로 해라.' 또는 '답을 확인해보자.'

위의 세 가지의 메타기능은 각각이 독립하여 기능하고 있는 것이 아니고 일련의 작용이라고 생각된다.

2.3 수학적 사고의 본질

수학적 사고에 대한 연구는 많이 있으나 수학적 사고를 한마디로 명쾌하게 정의한 것은 찾기 힘들다. 다만 "수학적 사고는 무엇과 무엇으로 이루어진 것이다."라는 식으로 설명하고 있을 뿐이다. 이는 수학적 사고가 복합적이고 포괄적인 것으로서 그 실체를 확인하는 것이 쉽지 않기 때문인 것이다.

박한식은 수학적 사고를 수학내용 그 자체에 대한 사고와 수학의 내용을 매개로 하여 개별적인 내용에 구애받지 않는 사고의 두 가지로 나누고 있다. 전자는 집합·함수·도형·통계 등에 대한 생각이다. 이를테면, 함수의 개념을 이해하고, 함수에 대한 여러 가지 내용을 지식으로서 습득할 뿐 아니라 그것을 바탕으로 하여 그들에 공통적인 흐름으로서의 함수적인 사고란 것이 있다는 뜻이다. 후자는 수학의 내용이 매체가 되는 것은 물론이지만, 사고작용의 측면이 강조되어 있다. 가령 논리적 사고, 추상화의 생각, 귀납적·유비적 사고, 연역적 사고 등이다(김성준·김수환·신준식·이대현·이종영·임문규·정은실·최창우, 2014).

또한 강시중은 수학적 사고를 '대상을 수학적으로 보고 생각하며 수학을 만들고 다듬어가는 데 근원이 되는 생각'이라고 하고, 다음과 같이 세 가지로 분류하고 있다(박성택·신택균·양인환·손용규·이정재, 1993).

① 수학교육의 목적 달성 면에서 생각되는 수학적 사고
  ㉠ 자주적으로 수리화하는 일
  ㉡ 수리화를 통한 수학의 기초적인 개념·원리·법칙을 이해하는 일
  ㉢ 대상을 간결하고 명확하게, 통합적으로 처리하는 일
  ㉣ 논리적으로 사고하는 태도와 기능을 기르는 일
  ㉤ 대상을 합리적으로 처리하는 기능을 기르는 일

② 수학의 특성이나 수학적 방법 면에서 생각되는 수학적 사고

㉠ 수학의 특성 면: 추상화·형식화·일반화·특수화·계통성·직관성·논리성 등

㉡ 수학적 방법 면: 귀납적 사고·연역적 사고·유추적 사고·공리론적 방법·구조화의 방법·확산적 사고 등

③ 수학의 내용 면에서 생각되는 수학적 사고

㉠ 수, 연산 영역에서 본 수학적 사고

㉡ 관계 영역에서 본 수학적 사고

㉢ 도형 영역에서 본 수학적 사고

㉣ 측도 영역에서 본 수학적 사고

그리고 국내외의 선행연구를 바탕으로 수학적인 사고에 대한 연구의 선도적 역할을 한 일본의 나카시마(中島)와 가타기리(片桐)의 수학적인 사고를 개관해보면 다음과 같다(박성택·신택균·양인환·손용규·이정재, 1993).

나카시마(N)는 수학적인 사고를 단적으로

N0: '수학에 알맞은 창조적인 활동을 자주적으로 행하는 능력·태도'라고 규정하고, 수학적인 사고라는 창조적인 활동이 지녀야 할 구조로서 다음을 들고 있다.

N1: 과제를 간결·명확·통합 등의 관점에 입각하여 파악하는 일

N2: 가상적(假想的)인 대상의 설정과 그 실제화를 위한 수법

N3: 해결의 열쇠로서의 '수학적 아이디어'의 존재와 의식화

N4: 구조의 인식과 보존, 특히 확장·일반화에 따른 창조의 수법과 논리

N5: 평가-해결의 확인과 그 음미, 남겨진 문제점과 발전으로의 지향

이것은 주로 수학적인 사고의 내포적(內包的)인 측면에 주목한 연구로 보인다.

한편, 가타기리(K)는 수학적인 사고·태도를 크게 세 가지로 분류하여 다음과 같이 제시하고 있다.

① K1: 수학적인 태도

㉠ 스스로 자기문제나 목적·내용을 명확히 파악하려고 한다.

- 의문을 가지려고 한다.
- 문제의식을 가지려고 한다.
- 사상 중에서 수학적인 문제를 찾으려고 한다.

㉡ 사리에 맞는 행동을 하려고 한다.

- 목적에 맞는 행동을 하려고 한다.
- 예상을 세우려고 한다.
- 쓸 수 있는 자료나 기습사항·가정에 따라 생각하려고 한다.

㉢ 내용을 간결·명확하게 표현하려고 한다.

- 문제나 결과를 간결·명확하게 기록하고 전달하려고 한다.
- 분류·정리하여 나타내려고 한다.

㉣ 보다 좋은 것을 구하려고 한다.

- 사고를 대상적(구체적) 사고에서 조작적(추상적) 사고로 높이려고 한다.
- 자타의 사고와 그 결과를 평가하여 세련되게 하려고 한다.

② K2: 수학의 방법에 관계된 수학적인 사고

㉠ 귀납적인 사고 ㉡ 유추적인 사고 ㉢ 연역적인 사고 ㉣ 종합적인 사고 ㉤ 발전적인 사고 ㉥ 추상화의 사고, 즉 추상화·구체화·이상화·조건의 명확화의 사고 ㉦ 단순화의 사고 ㉧ 일반화의 사고 ㉨ 특수화의 사고 ㉩ 기호화의 사고, 즉 기호화·수량화·도형화의 사고

③ K3: 수학의 내용에 관계된 수학적인 사고

㉠ 구성요소(단위)의 크기나 관계에 유념한다(단위의 생각).

㉡ 표현의 기본적 원리에 따라 생각하려고 한다(표현의 생각).

㉢ 사물이나 조작의 의미를 명확히 한다(조작의 생각).

㉣ 조작의 방법을 형식화하려고 한다(알고리즘의 생각).

㉤ 사물이나 조작의 방법을 대충 파악한다든가, 그 결과를 이용하려고 한다(총괄적 파악의 생각).

㉥ 기본법칙이나 성질에 유념한다(기본적 성질의 생각).

㉦ 무엇을 정하면 무엇이 정해지는가에 유념하거나, 변수 간 대응 규칙을 찾거나, 이용하려고 한다(함수적인 생각).

㉧ 사항이나 관계를 식으로 나타내거나, 식을 읽으려고 한다(식에 대한 생각).

이것은 주로 수학적인 사고의 외연적(外延的)인 측면에 주목한 연구로 보인다.

이들의 연구는 한마디로 '수학적 개념이나 법칙 등이 생성되는 과정에서 작용하는 사고'를 수학적인 사고로 보고 있는 점에서 본질적으로 다름이 없다고 보인다.

2.4 수학적인 사고와 문제해결 전략

지금까지 고찰한 수학적인 사고는 그 내용을 곰곰이 생각해보면 학교수학의 활동 가운데 학습자의 문제해결 전략(strategy)과 깊은 관련을 맺고 있음을 알 수 있다. 문제해결 전략은 당면한 문제를 해결하려고 할 때, 해결의 전반적인 절차나 해결 방법을 얻는 방식 혹은 구체적인 수단을 말한다. 여기서는 이들의 관련에 대하여 살펴보도록 한다.

문제해결 전략[2)]은 여러 가지가 소개되고 있다. 여기서는 폴리아와 쉔펠트가 제시한 전략을 토대로 수학적 사고와의 연관성을 알아보기로 한다(박성택·신택균·양인환·손용규·이정재, 1993).

문제해결 전략

S1: 문제의 이해(understanding the problem)

- 문제를 자세히 읽는다. 핵심 어휘를 찾는다.
- 주어져 있는 것과 구하는 것, 가정과 결론을 구별한다.
- 문제를 교구, 그림, 기호 등으로 나타낸다.
- 구체적인 예를 만든다.

S2: 계획 수립(devising a plan)

- 교구, 그림, 기호 등을 활용하여 계획을 세운다.
- 예상하고 체크한다.
- 주어진 자료, 조건을 모두 써서 확인한다.
- 결론부터 거꾸로 생각한다.
- 이전에 해결한 유사 문제의 해결을 활용한다.

S3: 계획의 실행(carrying out the plan)

- S2에서 세운 계획을 실행한다.

S4: 검토·반성(looking back)

- 해결에 잘못이 없는지, 문제의 뜻에 알맞는지를 검토한다.

---

2) 문제해결 전략은 크게 일반적 전략과 특수 전략으로 나눌 수 있다. 일반적 전략은 위의 폴리아가 제시한 4단계를 말하며 특수 전략은 렌츠너(Lenchner, 1983)가 제시한 폴리아의 문제해결 4단계 중 S2: 계획수립 단계에서 제시하는 12가지, 즉 그림이나 도표, 규칙성, 목록표, 표, 단순화, 시행착오, 실험, 실제로 행하여 보기, 거꾸로 풀기, 식, 연역적으로 추론, 관점을 바꾸기 등이다.

• 보다 간결하고 보다 일반적인 해법은 없는가를 검토한다.

다음에서는 위에서 제시한 문제해결의 전략이 수학적 사고와 어떤 관련성이 있으며, 유사점과 차이점은 무엇인지를 알아본다.

① 유사점은 양쪽 모두 특정의 내용, 영역에 관계되는 것이 아니고 각 내용, 영역에 공통된 것이란 점이다.

② 오늘날엔 지도의 대상을 'knowing-that'과 'knowing-how'로 나누는 경우가 많다. 이 분류에 따르면, 수학적 사고와 전략 모두가 'knowing-how'에 해당되는 점도 유사하다. 더욱이 양쪽 모두가 창조성·발견성 등을 강조할 때에 중시된다는 점도 유사한 것이다.

한편, 양쪽은 크게 상이한 점도 있다. 이것은 각자의 항목을 비교해보면 분명해진다. 곧, 수학적인 사고의 각 항목은 더욱 수학내용과의 관계가 깊지만, 전략은 그다지 깊지 않다고 하는 차이가 있다.

이와 같은 차이가 있는 것은 그 하나의 이유로서, 양쪽의 각 항목이 유도되는 장(situation)이 다르기 때문일 것이다. 수학적인 사고의 각 항목은 수학적 개념, 법칙, 기능 등이 만들어지고 생성되어가는 장에서 주로 유도된다. 한편, 전략의 각 항목은 수학적 개념, 법칙, 기능 등을 구사하는 문제를 해결하는 장, 그것을 응용하는 장에서 주로 유도된 것이다.

또 하나의 이유는 각각의 항목을 유도하는 관점의 차이에서 오는 것으로 볼 수 있다. 곧, 수학적인 사고의 각 항목은 개개의 수학적 내용에 공통된 사고는 무엇인가란 관점에서 유도된 것인 데 대하여, 전략의 각 항목은 수학적 내용, 더욱이 수학적 사고를 어떻게 잘 활용할 것인가란 관점에서 유도된 것이다.

수학적인 사고와 전략 사이에는 이상과 같은 유사점·상이점이 지적된다. 따라서 양쪽은 같은 것이 아니고 서로 고유의 역할을 가지고 있으며, 서로 도와가면서 창조력이 육성된다든가 문제해결이 이루어진다든가 하는 관계에 있으므로, 이 같은 관계를 바탕으로 양쪽을 육성해가는 것이 바람직하다(박성택·신택균·양인환·손용규·이정재, 1993).

교재연구문제

01 수학적 사고의 의미를 설명해보시오.

02 아동의 논리성 신장을 위한 지도방안을 알아보시오.

03 개념적 지식과 절차적 지식에 대하여 알아보고, 수학의 학습과 연계하여 간단히 설명해보시오.

04 수학적 사고력을 중시한 문제해결의 구체적인 예를 들어보시오.

05 메타인지적 지식에 대하여 알아보시오.

03 수학교육의 발달

수학교육의 발달 과정을 살펴보는 것은 수학교육이 지금까지 어떻게 변화해왔으며 그 요인은 무엇인지, 그것에 대한 반성 등을 근거로 하여 현재와 미래의 수학교육이 나아가야 할 방향을 탐색하는 데 도움이 된다. 수학이 인류문화의 발생과 더불어 인간생활에 극히 필요하기 때문에 인간에 의하여 만들어지고 발전하게 된 것이므로 수학교육 현대화의 진정한 의미를 파악하기 위해서는 앞으로 나아갈 현대화에만 눈을 돌려 알아볼 수도 있으나, 또 한편으로 생각해보면 우리가 이미 지나온 수학의 발전 과정을 음미하면서 앞으로 다가올 수학교육 현대화의 방향을 찾는 것도 의미 있는 일이라 생각된다. 사실상 오늘날 우리가 사용하고 있는 수학교육은 그 대부분이 서양으로부터 일본을 거쳐 우리에게 전해진 것이다. 따라서 여기서는 수학교육의 모습이 본격적으로 체계를 갖추기 시작했다고 볼 수 있는 19세기 말 이후의 수학교육의 발달 과정과 함께 20세기 초의 수학교육 근대화 운동, 20세기 중반의 수학교육 현대화 운동을 중심으로 간단히 살펴본다.

3.1 수학교육 근대화 운동

이 운동은 페리(Perry)가 1901년 글래스고(Glasgo)에서 열린 영국 학술협회 총회에서, '수학교육'이란 강연을 통해 그때까지의 형식도야적 관점에서 주로 정신도야의 교재로 생각되어 온 수학을 일상생활이나 과학적 연구에도 유용한 것으로 개혁하고자 한 것이 주된 취지이다. 특히, 페리는 학교수학은 유클리드 기하로부터 탈피하여, 실험 기하학을 강조하여야 하며, 실용상의 측량, 모눈종이의 사용과 입체 기하학을 한층 많이 지도하여야 한다고 주장하였다. 이러한 페리의 주장은 상당한 반향을 불러 일으켰으며 영국의 수학교육 개선에 크게 이바지하였다.

미국에서는 1902년 무어(E. H. Moore, 1862~1932)가 미국 수학회(AMS) 회장에 취임하면서, '수학의 기초에 대하여'라는 주제로 고별강연을 하였는데, 이는 미국의 수학교육 근대화 운동에 큰 영향을 끼쳤다. 미국의 수학교육 상황은 당시 영국과 다른 점이 많이 있어서, 페리의 주장이 그다지 큰 설득력을 발휘하지는 못하였다.

독일에서의 수학교육 개선운동은 당시 최고의 수학자인 클라인(F. Klein, 1849~1925)에서 비롯하였다. 1902년에 〈중등학교의 수학교수에 대하여〉란 논문을 발표하였고, 뒤이어 1904년 괴팅겐 대학에서는 '고등학교에서의 수학교육'이라는 강의를 통해 수학의 중시와 고등학교 및 실업계 학교에서의 수학교육의 특수목적을 논하고, 특히 수학학습에서는 연역적 사고를, 자연과학 학습에서는 귀납적 사고의 중요성을 역설하였다.

프랑스에서는 보렐(E. Borel, 1871~1956)이 1903년에 새로운 방식으로 저술한 대수와 기하 교과서가 출판되어, 실용과 직관을 중시한 수학교육을 주장하였다. 또한, 푸앵카레(H. Poincare, 1854~1912)도 1902년 중학교 교수요목 전면 개정에 관한 강연을 통해, "증명하는 것은 논리에 의한 것이지만, 발견하는 것은 직관에 의한 것이다. 비판할 줄 아는 것은 좋다. 그러나 창조할 줄 아는 것이 더욱 중요하다."고 하며, 수학에서의 직관적 사고를 강조하였다.

20세기 초에 일어난 이와 같은 수학교육 개선 운동은 모두가 그 이전까지는 별로 인식하지 못했던 수학교육의 중요성을 일깨웠다는 점에서 그 의의를 찾을 수 있다고 하겠다. 하지만 수학교육에 있어서의 실용적 원칙과 심리적 원칙에 대한 각성은 유발하였으나 상대적으로 초등수학교육에 대한 관심은 미미하였다.

전반적으로 수학교육 근대화 운동은 수학교육의 중요성을 크게 부각시켰으며, 학교수학의 내용을 충실하게 하기 위한 체계적인 노력을 시작하였다는 점에서 큰 의미를 갖는다. 아울러 수학의 실용적 측면을 부각시켰고 학생들의 심리적 측면을 고려하였다는 점에 있어서도 큰 의미가 있다고 할 수 있다.

페리, 클라인, 무어를 중심으로 영국, 독일, 미국 등에서 시작된 수학교육 개혁 운동은 여러 나라 사이의 협력을 통한 개혁을 추구하는 방향으로 전개되었다. 하지만 이러한 시도는 그 무렵 발발한 제1차 세계대전(1914~1918)으로 인해 별다른 성과를 거두지 못한 채로 그 열기가 수그러들었으며, 제2차 세계대전(1939~1945)이 끝나기까지 수학교육을 개선하려는 노력은 큰 진전을 보지 못하였다.

3.2 수학교육 현대화 운동

제2차 세계대전이 끝난 후, 세계 각국은 수학교육의 중요성에 크게 관심을 갖게 되었는데 그 이유는 크게 네 가지이다. 첫째, 20세기에 들어와서 창조, 발견된 수학의 양은 19세기까지 발견된 수학의 양을 능가한다고 할 수 있을 정도로, 제2차 세계대전 이후로 급격히 발전된 수학 및 과학 기술을 들 수 있다. 둘째, 그에 따른 사회적 변화로서, 전문 기술 인력의 수요가 급증하게 된 것이다. 셋째, 현대수학의 강력한 응용성에 대처할 필요성이 대두되었는데, 확률론, 통계학 등이 물리, 공학, 생물과학, 사회과학 등에 널리 응용되기 시작하였고, 게임이론, 선형계획론 등 새로운 응용수학 이론이 생겨나게 되었다. 특히, 컴퓨터의 발달은 수학의 강력한 응용력을 보여주는 예가 된다. 넷째로는, 결과적으로 종래의 학교수학이 시대의 변화에 뒤떨어져 있었다는 점을 들 수 있다. 따라서 미국과 유럽의 각국에서는 이러한 학교수학의 내용을 보다 현대화하려는 노력을 기울이기 시작하였다. 그리하여 1955년부터 1975년에 이르기까지 세계적으로 수학교육의 광범위하고 획기적인 개혁 운동이 전개되었는데, 이 운동을 '수학교육 현대화 운동' 또는 '새수학 운동'이라고 한다.

수학교육 현대화 운동은 1957년 10월 소련의 인공위성 스푸트니크 1호[1])의 발사 성공에 자극받은 미국과 유럽을 중심으로 활발하게 진행되었으며 세계적인 수학교육 개혁 운동으로 파급되었다. 그러나 일부 학자들은 1930년경부터 비약적으로 발전된 현대수학을 학교수학에 반영시키려고 한 수학자·수학교육자들의 집약된 의지의 결과로 보는 견해도 있다.

특히, 1958년 예일 대학을 중심으로 조직된 미국의 학교수학 연구회(School Mathematics Study Group, SMSG)는 유치원에서부터 고등학교에 이르는 실험교과서를 편찬하여 새로운 수학교과서의 모델을 제시하였는데, 학교수학 내용의 통일성, 엄밀성, 구조성 등을 강조하였다. 그러나 여러 명의 저자가 집필한 것이므로 4~6학년 사이에 통일이 이루어져 있지 않고, K~3학년도 마찬가지였다. 따라서 수학자 클라인과 폴리아 등의 비판이 이어졌고, 학부모와 교사의 호응을 얻지 못하여 여론이 악화되자 1972년에는 사업을 중지하고 붕괴되고 말았다. 하지만 이 교과서는 우리나라 수학교육과정에 많은 영향을 미쳤다.

미국에서의 수학교육 현대화 노력이 한 차례 좌절을 겪고 나서 사회적인 면에서 "기본으로 돌아가자(Back to Basics)!"라는 반등을 낳았으나, 구체적인 대안이 곧바로 제시될 수는 없었다. 미국의 수학교육 지도자들은 새로운 대안 제시를 위해 노력한 결과, NCTM에서는 1980년 4월에 '1980년대의 학교수학을 위한 제안(An Agenda for Action: Recommendations for School Mathematics of the 1980s)'을 결의하였는데, 다음과 같은 구체적인 사항을 권고하고 있다.

- 문제해결의 강조
- 계산 기능보다 폭넓은 기본 기능의 강조
- 컴퓨터와 계산기를 이용한 수학교육
- 효과와 효율을 동시에 고려하는 엄격한 기준 설정
- 다양하고 폭넓은 평가방법의 적용

1) 구 소련에 의해 발사된 세계 최초의 인공위성으로 스푸트니크(Sputnik)는 러시아 어로 '동반자'라는 의미를 가지고 있다. 1957년 10월 4일 금요일 밤, 인류 최초의 인공위성 '스푸트니크 1호'가 발사되었다.

- 학생의 선택권이 다양한, 유연한 교육과정의 구성
- 수학 교사의 전문성 제고
- 수학교육을 위한 공공지원의 확대

이 제안의 핵심은 1980년대의 학교수학은 문제해결을 중심으로 이루어져야 한다는 것인데, 이때 제안된 수학교육에서의 문제해결의 강조는 오늘날까지도 설득력을 지니면서 폭넓은 지지를 받고 있다.

3.3 수학교육 현대화 이후의 세계적 동향

1980년대와 1990년대의 수학교육은 다양한 이론과 모델들이 발전해나가면서 보다 다원화되고 복합적인 양상을 나타낸다. 1980년대를 대표하는 수학교육의 흐름은 '문제해결'이었으며 동시에 여전히 기초 기능을 강조하고 있었다. NCTM에서 1980년대의 학교수학을 위한 행동 강령 권고안의 발표를 계기로 문제해결은 학교수학의 목표로 자리 잡게 되었으며, 1983년에 역시 NCTM에서 발간한 〈행동 강령(*The Agenda in Action*)〉에서 이 문제해결에 대한 폭넓은 논의와 학교수학에서의 지도 방법에 대한 예를 통해서 문제해결은 점차 학교수학의 핵심적인 교수·학습의 초점이 되었다.

한편 이 시기는 행동주의 심리학의 직접적인 영향에서 벗어나 인지심리학, 특히 피아제의 인지발달이론과 정보처리 심리학이 수학의 교수·학습에 많은 영향을 주었다. 피아제의 인지발달이론은 교육과정에서 학생들의 인지발달 정도를 고려하여 그들의 수준에 적절한 내용을 구성하는 데 영향을 주었으며, 정보처리 심리학은 문제해결의 본질과 사고 과정, 기초 기능의 습득 과정에 대한 인지적 측면에서의 이해에 큰 영향을 주었다. 문제해결에 대한 심리학은 형태심리학의 영향을 받았으며, 폴리아의 문제해결 4단계의 발견술에 대한 이론은 학교수학에서의 문제해결에 대한 실천을 더욱 가속화시키는 방법이 되었다.

1990년대에 들어와서도 수학교육에서의 문제해결의 강조는 여전히 학교수학의 초점이 되었다. 전반적으로 볼 때, 1980년대와 1990년대 수학교육의 큰 흐름은 '문제해결', '규준(standard)', '구성주의', '수학학습수준이론', '현실주의적 수학교육(realistic mathematics education)', '수학교육에서의 공학적 도구의 활용', '평가 방법의 개선' 등으로 요약될 수 있으며 총체적으로 '수학적 힘의 신장'을 강조하였다고 볼 수 있다.

3.4 1980년대와 1990년대 수학교육의 흐름

1980년대와 1990년대의 수학교육을 간단히 정리하기란 그리 쉬운 일은 아니다. 그러나 1980년대를 대표하는 수학교육의 흐름은 대체로 '문제해결'과 '수학학습수준이론'으로, 그리고 1990년대를 대표하는 수학교육은 '규준'과 '구성주의(constructivism)'로 요약될 수 있다.

3.4.1 1980년대 수학교육의 흐름

1980년대의 수학교육을 간단히 요약하면, 문제해결을 강조하는 수학교육이었다고 할 수 있다. 그리고 네덜란드의 판 힐러 부부의 수학학습수준이론 역시 이 시기에 주목을 받았다. 따라서 여기서는 이 대표적인 두 가지에 대해서 간략히 언급해본다.

(1) 문제해결

1980년, NCTM이 제시한 행동강령을 통하여 문제해결력을 강조한 이후, 학교수학은 문제해결력 신장에 초점이 맞추어졌다. 수학을 가르치고 배우는 목적 중 하나는 생활에서 일어나는 문제를 해결하는 능력을 배양하는 것이다. 그 방법의 하나로 폴리아는 문제해결의 단계와 전략을 제시하고, 학생은 해결하고자 하는 문제를 이해하고, 해결하기 위한 계획을 세우고, 실행하며, 반성하는 과정을 거쳐야 함을 주장하였다.

폴리아가 제시한 이들 네 단계는 모두 중요하다. 예외적으로 좋은 생각이 떠올라서 준비단계를 모두 뛰어넘어 해답에 이르는 경우도 있을 수 있다. 그러나 이 네 가지 단계 중에서 어느 한 단계를 빠뜨린다면 바람직하지 못한 결과를 초래할 수 있다. 가장 나쁜 경우는 문제를 옳게 이해하지도 못했으면서 계산부터 하려고 하는 일이다. 문제의 핵심을 이해하지 못하거나 그 어떤 계획도 세우지 않고 계산에 착수하는 것은 어리석은 일이다. 자신이 세운 계획을 차근차근 실행하면서 매 단계를 꼼꼼히 점검해보는 일이야말로 문제해결에서 필수적인 일이다. 또한 자기가 바라는 소기의 결과에 이르렀을 때 그 결과를 다시 한번 재검토해보는 일도 잊어서는 안 된다.

우리나라에서도 수학에서 문제해결의 중요성은 인식하고 있으나 일선현장의 교사들은 수업 이외의 여타 잡무 등으로 이에 대한 깊이 있는 연구를 하지 못하고 있으며, 또한 문제해결에 대한 자료 역시 빈약하여 여전히 획일적인 수업이 진행되고 있는 것이 우리의 현실이다. 비록 1980년대의 수학교육의 흐름 중에 하나를 문제해결이라고 하였지만 문제해결은 오늘날에도 그 연장선상에 있다고 해도 과언이 아닐 만큼 수학에서 중요한 이슈임에 틀림없다.

(2) 수학학습수준이론

1980년대에는 네덜란드의 수학교육학자인 판 힐러 부부의 수학학습수준이론이 크게 각광을 받았다. 판 힐러 부부의 수학학습수준이론에 관한 최초의 논문은 1955년에 발표되었다. 그러나 이 이론이 옛 소련과 미국을 거쳐 세계적으로 알려지게 된 것은 1980년대이다. 판 힐러 부부는 특히 도형영역의 학습지도에 있어 아무리 애써서 설명해도, 학생들이 아무리 최선을 다해도 이해하지 못하는 그런 때가 있음을 알았다. 그러나 적당한 때가 오면, 학생들이 쉽게 이해하는 것을 보았다. 판 힐러 부부는 이에 대한 이유를 생각해보는 과정에서, 도형의 학습수준에는 다음과 같이 서로 다른 5개의 수준이 있음을 알았다.

- 1수준
  도형교육의 기초단계로서 생활 주변에 있는 여러 가지 구체물이 고찰의 대상이 되어 시각적으로 '세모', '네모', '동그라미'라는 '형(形)'에 착안하여 분류·표기해나가는 단계이다.
- 2수준
  1수준의 '형(形)'이 고찰의 대상이 되고, '형(形)'의 '성질'이 고찰의 방법이 되는 단계, 즉 삼각형·사각형이 고찰의 대상이 되고, 그들의 변, 각의 개수라는 분석적인 관점이 고찰의 방법이 되는 단계이다.
- 3수준
  이론적 수준으로, 2수준에서의 '성질'이 고찰의 대상이 되고, '명제(命題)'나 '명제의 관계'가 고찰의 방법이 되는 단계이다. 이를테면, 어떤 삼각형에 있어서 "두 변의 길이가 같다."와 "두 각의 크기가 같다."라는 성질이 고찰의 대상이 되고, "삼각형에서 두 변의 길이가 같으면, 두 각의 크기가 같다."라는 '명제'가 고찰의 방법이 되는 단계이다.
- 4수준
  형식적 논리(論理)를 파악하는 수준으로, 3수준의 '명제'가 고찰의 대상이 되고, '명제(성질) 간의 관계', 즉 '논리'가 방법으로 쓰이는 단계이다. 즉, 명제의 증명이 주된 과제가 된다.

- 5수준

'논리', 즉 이론(理論)이 대상이 되어 학문이나 생활에 '적용'해나가는 것이 방법으로 쓰이는 단계이다.

판 힐러 부부가 제시한 이러한 기하학습수준은 다음 표와 같이 나타낼 수 있다.

표 3·1 판 힐러 부부의 기학적 사고 수준

수 준	1수준	2수준	3수준	4수준	5수준
대 상	구체물	형	성질	명제	논리
방 법	형	성질	명제	논리	적용

위의 5개 수준에서 알 수 있는 것처럼 판 힐러 부부는 수학적 사고의 특질을 고찰의 방법에서 고찰의 대상으로 새롭게 했다는 점, 즉 '방법의 대상화'를 주장하였다. 이들 단계들은 '구체물→형→성질→명제→논리'와 같은 4단계 지도를 의미하고 있다.

이 이론에서 도형개념의 학습은 단순한 양적인 증가에 의해서 점점 진행되는 것이 아니고, 질적인 비약을 동반한 불연속적인 것임을 알 수 있다. 이것은 피아제에 의한 도형개념의 발달이론과도 공통적인 것이다.

판 힐러 부부의 수학학습수준이론은 도형영역에서 지도방법·체계 및 교육과정구성에 있어서도 많은 것을 시사해줄 것으로 믿는다. 그러나 이것이 유일한 지도 원리는 아닐 것이다. 이러한 이론은 수업을 통해서 검토함과 동시에 그것의 구체화를 도모하는 것이 바람직하다고 생각된다.

3.4.2 1990년대 수학교육의 흐름

1990년대의 수학교육의 방향을 선도한 것은 NCTM의 규준이라 할 수 있다. 또한 이 시기에는 구성주의라는 수학교육철학이 그에 못지 않게 1990년대에 들어와 큰 이슈로 대두하게 되었다. 여기서는 NCTM의 규준과 구성주의에 대하여 간략하게 언급해본다.

(1) 규준

1980년대 말과 1990년대에 들어서면서 NCTM에서는 〈학교수학을 위한 교육과정과 평가규준〉(1989), 〈수학교수를 위한 전문성 규준〉(1991) 및 〈학교수학을 위한 평가 규준〉(1995) 등 수학교육을 지도하는 데 있어 지침서 역할을 하는 규준집들을 내놓았다. 이들의 핵심 내용은 학생들이 학교에서 어떠한 수학을 학습하여야 하고, 교실 수업은 어떠한 모습이어야 하며, 아울러 학생들이 수행한 것과 수학 프로그램들의 효율적인 평가를 위해서 어떠한 지침들을 사용해야만 하는가에 관한 여러 가지 권고사항들을 담고 있다고 볼 수 있다. 따라서 결과적으로 이러한 규준들은 모든 수학교실에서 모든 아동들을 위한 풍부한 수학적 기회를 제공하고 고도의 학업성취를 이룰 수 있는 내용들에 대한 구상을 밝히고 있는 것으로 볼 수 있다.

또한 이 규준집에서는 향후 10년간의 교육과정에 포함되어야 할 우선적인 내용과 강조점에 대한 비전 및 1990년대의 학교수학이 지향해야 할 새로운 정신의 요지로서 수학학습 목표를 제시하고 있다(구광조 · 오병승 · 류희찬, 1992, pp. 9~11).

(2) 구성주의

구성주의가 수학교육 분야에서 논의의 대상이 된 것은 비교적 최근의 일이다. 전통적으로 일반적인 수학 수업 방식은 학생이 교사의 설명을 듣고 교사로부터 새로운 지식을 전달받는 형태이다. 이러한 수업의 배경에는 지식은 환경으로부터 수동적으로 받아들여질 수 있는 것이라는 생각이 놓여 있으며 대부분의 기성세대들 또한 이러한 사실에 전적으로 동감한다.

하지만 구성주의는 이러한 종래의 지식관이 지식 형성 과정의 본질을 제대로 해명하지 못한다고 본다. 구성주의는 앞서와 같이 학습자가 지식을 수동적으로 수용하는 것이라는 종래의 통념을 부정하고, 학습자는 스스로의 능동적인 구성 활동을 통해 자신에게 의미 있는 지식을 구성해나간다고 본다. 킬패트릭(Kilpatrick)은 구성주의자의 주장을 다음과 같이 두 가지로 요약하여 제시하고 있다.

- 지식은 인식 주체에 의해 능동적으로 구성되는 것이며, 환경으로부터 수동적으로 받아들여지는 것이 아니다.
- 알게 된다는 것은 자신의 경험 세계를 조직하는 조절 과정이다. 즉 그것은 인식 주체의 관념 밖에 독립적으로 이미 존재하는 세계를 발견하는 것이 아니다.

킬패트릭은 이 두 가지를 모두 수용하는 구성주의를 급진적 구성주의(radical constructivism)로, 첫 번째만 수용하는 구성주의를 통속적 구성주의(trivial constructivism), '경험적 구성주의' 또는 '단순 구성주의'로 분류하고 있다. 킬패트릭은, 오늘날 많은 수학교육자들에 의해 첫 번째 주장은 비교적 쉽게 수용되는 경향이 있으나, 두 번째 주장은 상당한 논란이 있다고 보고 있다. 킬패트릭 자신도 두 번째 주장에 대해서는 비판을 하고 있다. 두 번째 주장이 논란이 되는 것은, 그것이 지금까지 많은 수학자들이 신봉해왔던 절대적인 지식관을 부정하고 있기 때문이다(Kilpatrick, 1987).

수학교육의 발달

교재연구문제

01 수학의 발달 과정을 논하시오.

02 수학교육의 동향을 설명해보시오.

03 수학교육 현대화 운동이 발생하게 된 배경에 대해 설명해보시오.

04 20세기 초에 일어난 수학교육 근대화 운동의 발단에 대하여 설명해보시오.

05 수학교육 현대화 운동의 결과로 나타난 현상들에 대하여 설명해보시오.

04 우리나라 초등수학 교육과정의 변천

학교 교육을 가능하게 하는 교사, 학생, 교육 내용의 세 가지 요소는 모두가 중요하지만 그 가운데서도 교육 내용의 중요성은 아무리 강조해도 지나치지 않다. 의도적이고 계획적이며 조직적인 학교 교육에 있어서 학습자에게 "어떠한 교육 목표 아래 어떠한 내용을 어느 수준과 범위, 그리고 어떠한 방법으로 가르치고 평가할 것인가?"라는 교육 의도가 담겨진 교육 설계도가 교육과정이다. 우리나라의 경우는 국가가 교육과정을 제정하여 공포하는 국가수준의 교육과정 체제를 가지고 있으며 광복 이후 지금까지 아홉 차례에 걸쳐 개정 또는 부분개정이 이루어졌다. 이장에서는 8·15 광복 이후부터 2009 개정 교육과정까지의 흐름을 그 특징과 함께 살펴보고자 한다.

표 4·1 우리나라 초등수학 교육과정의 변천과 그 특징

구 분	시 기	교과서명	특 징
교수 요목기	1946~1954	셈본	• 혼미기 • 가르칠 주제를 열거한 교수요목의 형태 • 해방 전의 교육 내용 답습 • 내용이 어렵고 과다
제1차 교육과정	1954~1963	산수	• 생활단원 학습 • 경험중심 교육과정 • 수학용어의 한글화
제2차 교육과정	1963~1973	산수	• 계통학습 • 기초학력 배양 • 교과중심 교육과정
제3차 교육과정	1973~1981	산수	• 수학교육 현대화 • 수학적 구조와 엄밀성 강조 • 학문중심 교육과정
제4차 교육과정	1981~1987	산수	• 1차 수정기 • 수학교육 현대화 운동의 반성 • 학습 부담 경감을 위한 학습 내용 축소
제5차 교육과정	1987~1992	산수	• 2차 수정기 • 기초학력 배양
제6차 교육과정	1992~1997	수학	• 문제해결 학습 • 계산기와 컴퓨터 활용 권장 • 다양한 교수·학습 및 평가방법 권장
제7차 교육과정	1997~2007	수학	• 학생 중심, 단계형 수준별 교육과정 • 실생활 중심, 활동 중심
2007 개정 교육과정	2007~2009	수학	• 수준별 교육과정, 의사소통능력, 심화과정의 삭제 • 이야기 수학의 도입
2009 개정 교육과정	2009~	수학	• 스토리텔링의 도입 • 교과 교육과정의 학년군별 제시 • 학습자 중심 • 수학의 실제 적용능력 강조 • 통합적인 사고능력 요구 • 개념을 활용하도록 강조

4.1 교수요목기

4.1.1 개정의 배경과 기본 방향

1945년 8·15 광복 후 미군정하에서 같은 해 10월 1일 각급 학교가 개교되었는데, 이 시기의 주요 과제는 일제의 제국주의 교육방식을 버리고 민주주의 정신을 기르는 일이었다. 광복 이듬해인 1946년 3월에 군정청 문교부에서 용어에 대한 안이 나오고 학교에서 지도해야 할 수학 내용만을 간추려 교육과정의 성격인 문서를 제정하여 9월 1일부터 시행하였다. 이 시기에는 교육과정을 연구할 여러 가지 여건이 미비하였으므로 광복 전의 산수과 학습 내용을 답습한 교수요목에 의한 교육이 이루어졌다. 하지만 교수요목의 내용과 수준이 학생들의 지적 능력에 비추어 너무 높다는 비판이 제기되었다.

교수요목기와 관련하여 특히 주목할 만한 사실은 초등학교의 교과 명칭이 산수에서 셈본으로 바뀌었다는 점이다.

4.1.2 전반적인 특징

교수요목이라는 용어가 말해주듯이 현재의 교육과정과 같은 체제를 갖추지 못했으며 목표나 지도 및 평가 등에 관한 언급 없이 학생들에게 교수·학습 요목만을 나열하였다. 내용적인 측면에서는 해방 전 교육 내용의 답습이었으며 내용 자체가 어렵고 과다한 측면이 있었다.

4.2 제1차 교육과정

4.2.1 개정의 배경과 기본 방향

제1차 교육과정은 1954년 4월 20일 공포된 문교부령 제35호 '교육과정 시간 배당 기준령'과 1955년 8월 1일 공포된 문교부령 제44호 '국민학교 교육과정'을 말하며 1963년 공포된 제2차 교육과정이 적용될 때까지 시행되었다.

학생들의 필요와 욕구, 사회의 요구를 참작하여 심리적인 배열과 체계적인 면을 적절히 고려함으로써 수학의 기본 개념이나 원리, 사고 능력의 양성, 기초적인 과정과 상호 관계, 문제해결력과 응용 능력, 기능의 숙달 등에 대하여 그 내용을 결정하고 지도 방법을 개선함으로써 교육 목적을 달성하는 데 좋은 효과를 올리도록 하여야 한다고 기술하고 있다.

또, 경제적·문화적 생활을 하는 데 필요한 문제를 수학적인 면에서 보고 해결하려는 이른바 생활 경험 중심을 강조하는 방향으로 구성하려고 노력하였다.

이와 같은 취지에 따라 교수 요목기에 비하여 내용의 수준이나 분량이 학생수준에 맞게 하향 조정되었다.

4.2.2 전반적인 특징

제1차 교육과정은 미국의 진보주의 교육사상의 영향을 받아 경험중심의 생활단원으로 구성되었으며, 생활문제해결을 주제로 한 교육으로서 수학적 체계가 무시되었으며, 내용의 수준이 낮을 뿐만 아니라 생활 문제에 끌려가는 데 따른 문제가 많았다.

이를테면, 초등학교의 경우 산수 교과서에 '즐거운 여름', '전람회', '장사놀이', '어린이 은행', '튼튼한 몸', '추수', '채소밭' 등의 단원명이 등장하는 것을 보더라도 수학적 체계보다는 실제적 상황에 따른 생활 중심 학습으로 흐르는 경향이 있었음을 알 수 있다.

제1차 교육과정의 또 다른 특징 중 하나는 각종 수학용어에 '나란히 꼴(평행사변형)', '나란히금(평행)', '맞모금(대각선)', '맞선꼴(대칭형)', '돌림체(회전체)', '펼친그림(전개도)', '모기둥(각기둥)' 등과 같은 우리말이 사용되었다는 점이다. 이 중에 일부는 적합하지 않은 것도 있어서 지금은 사용되지 않고 있으나, 사다리꼴, 마름모처럼 이미 학교수학의 용어로 자리 잡은 것도 있다.

4.3 제2차 교육과정

4.3.1 개정의 배경과 기본 방향

1955년부터 실시되어오던 교육과정은 생활경험이나 노작교육(勞作教育)이 중시되어 수학으로서의 학력이 저하되는 등, 많은 문제가 수반되어 문교부는 교육과정의 개편에 착수하게 되었고, 1963년 2월 15일자 문교부령 제119호로 새 교육과정을 공포하였다. 이후 1973년 공포된 제3차 교육과정이 적용될 때까지 시행되었다.

제1차 교육과정의 운영에서 드러난 여러 가지 문제점이 새로운 시각에서 검토되기 시작하여 제2차 교육과정은 비교적 시간적 여유를 가지고 만들어진 합리적이고 현대적인 교육과정으로 제1차 교육과정에 비해 체계적인 면모를 갖추었다. 제2차 교육과정을 제정하는데 내세워진 방침은 다음의 네 가지였다(박한식, 1991, pp. 128~129).

① 산수과의 내용을 충실하게 한다.

② 학습지도의 능률을 올리기 위하여 기초적인 개념, 원리에 치중하며 체계적이고 발전적인 학습 전개를 꾀한다.

③ 국민학교 교육을 완성교육으로 하여 사회생활에서 유효하게 사용할 수 있도록 기초적 지식, 기능의 숙달을 도모한다.

④ 아동들의 창의적인 사고 기능을 발휘하여 자주성(自主性)을 십분 발휘할 수 있게 한다.

4.3.2 전반적인 특징

제2차 교육과정의 특징은 학문의 이론적 계열성을 강조하는 교과중심 교육과정으로서, 내용 면에서 자주성(문제를 정선, 자주적인 교육목표), 생산성(생활에 실질적으로 개선할 수 있는 태도), 유용성(자활할 수 있는 사회인)을 강조하고, 조직 면에서는 합리성(역동성 있는 교육 마련)을 강조하였으며, 운영 면에서는 지역성(각 학교 실정에 맞는 교육을 재구성, 융통성, 신축성 부여)을 강조하는 등 제1차 교육과정에 비해 체계적인 면모를 갖추었다.

또한 제1차 교육과정에서의 생활 중심에서 벗어나, 수학의 계통성을 중시하는 것이었다. 그러나 이것이 제2차 교육과정이 수학의 실용성 그 자체를 포기한다는 것을 의미하지는 않는다. 그것은 생활 장면에 바탕을 둔 산수 교수·학습 대신, 수학의 계통성에 바탕을 둔 산수 교수·학습을 전개한다는 것을 의미한다.

제2차 교육과정에서는, 제1차 교육과정에서와는 다르게, 산수과의 내용을 수, 계산, 양과 측정, 도형, 수량관계와 응용의 5개 영역으로 나누었다. 바로 이때부터 초등학교 수학과의 내용을 5개 영역으로 구분하는 것이 일반화되었다. 특히, '수량관계와 응용'이라는 영역에 문장제, 함수, 생활문제, 식, 표와 그래프 등을 포함시켰다.

제2차 교육과정은, 제1차 교육과정과 같이 경험중심 교육과정이라 할 수 있다. 그러나 제1차 교육과정과는 다르게 수학의 계통성을 강조하고 있었기 때문에, 흔히 '계통중심 교육과정'이라고 불리고 있다.

제2차 교육과정은 수학의 계통성을 중시한다는 점에서는 성공했으나, 그 당시 세계적인 수학교육의 조류를 반영하는 데는 실패했다. 이미 세계적으로는 수학교육 현대화 운동이 거세게 일어나고 있었지만, 우리나라에서는 이에 대한 충분한 준비가 없었기 때문에, 과거의 교육과정을 답습하는 데 머물 수밖에 없었다.

4.4 제3차 교육과정

4.4.1 개정의 배경과 기본 방향

1950년대의 여러 선진국에서 시작된 수학교육 현대화 운동이 우리나라에 알려지기 시작한 것은 1960년대 초였으나, 그 구체적인 내용이 파악되지 못한 상태에서 제2차 교육과정기를 맞이하였다. 이런 와중에 1970년대를 전후로 수학교육 현대화의 내용이 우리나라의 수학자들에게도 알려지게 되고 우리나라에서도 수학교육 현대화를 위한 지속적인 노력이 시작되었다. 바로 이러한 노력의 결과, 1973년 2월 14일 문교부령 제310호로 제3차 교육과정이 제정·공포되었다.

범세계적인 수학교육 현대화 운동에 따라 대폭적인 변화를 가져왔던 제3차 교육과정 개정의 기본 방향은 다음과 같이 요약할 수 있다.

① 수학적 구조의 강조
② 집합개념을 토대로 한 수학 내용 전개
③ 수학의 논리적 엄밀성 강조

④ 현대수학의 발전에 따른 교재의 재구성
⑤ 응용면이 넓은 교재의 조기도입

4.4.2 전반적인 특징

제3차 교육과정은 '수학적 구조' 규명과 '논리적 엄밀성'이 강조되면서 수학적 구조 중심의 접근이 강조되어 이전의 생활중심, 계통중심의 교육과정에서 학문중심의 교육과정으로 수학교육의 방향이 바뀌게 되었다.

제3차 교육과정에는 초등학교 수학 내용을 수, 연산, 관계, 도형, 측도의 5개 영역으로 구분하였다. 제2차 교육과정에서 계산, 양과 측정, 수량관계와 응용이라는 영역명이 각각 연산, 측도, 관계로 바뀌었는데 이는 수학적 체계를 중시하는 관점에 따른 것이라고 할 수 있다.

또한 제3차 교육과정은 각 영역에서 학습할 내용을 기술한 뒤에는 그 영역에서 반드시 다루어야 할 용어와 기호를 제시함으로써 교육과정에 제시된 내용의 수준을 분명히 파악할 수 있도록 하였다. 이런 점에서 볼 때, 수학과 교육과정 문서의 체계는 제3차 교육과정에서 어느 정도 정립되었다고 볼 수 있다. 제3차 교육과정의 특징은 다음과 같이 요약할 수 있다.

① 수학적 체계를 강조하고 논리적 엄밀성을 기하였다.
② 발견학습법을 권장하여 창의력 신장을 꾀하였다.
③ 기호, 용어를 이해하여 간결 명확한 표현 능력을 기르도록 하였다.
④ 현대 수학의 몇 가지 개념을 과감히 도입하였다.

4.5 제4차 교육과정

4.5.1 개정의 배경과 기본 방향

현대화 과정을 거치면서 미국에서의 "기본으로 돌아가자!"라는 운동과 같이 우리나라에서도 현대화에 대한 반성론이 대두되었다. 즉, 지나치게 구조 중심적인 접근방식, 기호·내용의 조기도입, 과정 중심 지도에 따른 기초계산 기능의 저하, 집합 등 현대 수학적 개념의 지도에 큰 반성이 일게 되었다. 이리하여 1981년 12월 31일자 문교부고시, 제422호로 제4

차 교육과정을 공고하고, 1982년부터 시행을 하게 되었다. 제4차의 구성에서는 제3차의 여러 가지 문제점을 수정·보완하는 수준에서 지도내용의 양을 축소하고 수준을 적정화하는 전제하에 다음과 같은 기본 방향을 가지고 있다.

① 발달 수준에 따른 기본개념의 습득
② 기초계산 기능의 신장
③ 기본 개념 이해를 위한 시간 배려
④ 문제해결력의 신장
⑤ 발견적 학습방법의 강조

제4차 교육과정은 기본적으로는 제3차의 수학교육현대화의 일환인 새수학(new math)의 정신을 유지하되, 수학적 구조와 논리적 엄밀성의 무리한 강조를 지양하고, 일상생활의 여러 가지 현상을 수리적으로 생각하는 경험을 통하여 문제해결력의 계발에 중점을 두었다.

4.5.2 전반적인 특징

구조주의, 논리주의에 입각한 지나친 학문 위주의 수학교육에서 벗어나 차차로 각 개인의 개성을 중시하는 인본주의 수학교육으로 전환이 시도되었고, 우리 생활주변에서 일어나는 여러 가지 문제를 폭넓게 해결할 수 있는 능력을 개발하기 위하여 문제해결을 강조하게 되었다.

제4차 교육과정은 제3차 교육과정과 마찬가지로 수학내용을 수, 연산, 도형, 측도, 관계의 5개 영역으로 구분하였다. 또 제4차 교육과정기에는 1학년의 경우 산수교과서와 자연교과서를 통합하여 '슬기로운 생활'이라고 하는 하나의 교과서를 만들어 사용하였는데, 이러한 통합은 교육과정 간의 통합이 아닌 교과서 간의 통합이므로 학교에서 실제로 지도하는 데는 어려움이 많았다.

제4차 수학과 교육과정은 수학의 기본 개념과 기본 기능에 중점을 두고 문제해결력을 신장시키는 수학교육을 지향하였으나, 실제적으로는 무엇을 기본 개념과 기능으로 볼 것인가에 대한 분명한 기준이 제시되지 않았다. 또 문제해결력을 강조하였으나, 문제해결에 대한 사전 연구와 문제해결을 교수·학습에 반영하기 위한 구체적인 방안이 마련되지 못하였기 때문에, 교육과정이 의도하는 것만큼 문제해결력 신장을 위한 수업이 적극적으로 이루어지지는 못하였다.

4.6 제5차 교육과정

4.6.1 개정의 배경과 기본 방향

제5차 교육과정에서는 지식의 급격한 팽창과 과학의 발달에서 오는 고도산업화 시대에 능동적으로 대처하기 위하여 제4차에서의 교육과정 운영 실태, 교육과정과 교과서의 분석 및 수학교육의 국제동향 등을 파악하여 새로운 교육과정을 구성하고, 1987년 6월 30일 문교부고시 제87~89호로 공고하였다.

제3차 교육과정과 제4차 교육과정이 학문중심 교육과정이나 "기본으로 돌아가자!"와 같은 대내외적으로 큰 변화의 조류를 반영한 개정이었다면, 제5차 교육과정은 제4차 교육과정의 골격을 그대로 유지하면서 운영에서 나타난 문제점을 수정·보완하고 꼭 개선해야 할 부분만을 개정하는 것을 기본 원칙으로 하였기 때문에 이전의 교육과정 개정과 비교할 때 변화의 폭이 크지 않았다.

제5차 교육과정 제정의 기본 방향은 다음의 다섯 가지로 요약될 수 있다(문교부, 1988, pp. 392~393).

① 기초 학습 능력 및 기초 학력과 관련되는 내용을 강화한다.
② 학생용 보조 교과서의 제공으로 학생들의 학습활동을 늘리고, 자율적인 학습의 기회를 많이 제공한다.
③ 수학적 지식과 기능의 활용을 바탕으로 수학적 사고를 통한 문제해결력을 강조한다.
④ 학습 내용의 양과 수준을 적정화한다.
⑤ 내적인 학습 동기 유발 및 긍정적인 태도 육성을 강조한다.

4.6.2 전반적인 특징

학문 위주의 수학교육에서 벗어나 차차로 각 개성을 중시하여 인본주의 수학교육으로의 전환을 시도하며, 문제해결력의 개발을 강조하고, 수학교육의 세계적인 동향과 제4차 교육과정의 운영에서 나타난 문제점을 수정 보완하는 데 역점을 두었다.

무엇보다 제5차 교육과정의 가장 핵심적인 특징은 문제해결력의 신장을 강조한 것이라고 할 수 있다. 또한 교육과정의 지도상 유의점에서 발문의 역할을 언급한 것이나 평가상의 유의점에서 정의적 목표와 문제해결력의 평가에 대하여 언급한 것도 특징적인 부분이라고 할 수 있다.

제5차 교육과정은 제4차 교육과정과 마찬가지로, 수학 내용을 수, 연산, 관계, 도형, 측도의 5개 영역으로 구분하였다. 또 제5차 교육과정에서 나타난 변화의 하나는 보조 교과서인 '산수 익힘책'을 신설한 것이다. 산수 익힘책은 산수과의 기초 학습 능력을 신장시키고, 수학적 사고력을 육성하는 데 기여하기 위한 교재로, 산수 교과서에 대한 보충과 심화적인 성격을 갖는다. 또한 제4차 교육과정에서 1학년은 산수 교과서와 자연 교과서를 통합하여 '슬기로운 생활'이라는 교과서를 사용하였는데, 제5차 교육과정에서는 1학년에서부터 다시 산수 교과서가 독립적으로 사용되었다.

4.7 제6차 교육과정

4.7.1 개정의 배경과 기본 방향

1991년 11월 1일 문교부는 제6차 수학과 교육과정 개정을 위하여 개정 방향 및 교육과정 시안개발을 한국교육개발원에 위임하고 여러 차례의 심의회와 공청회를 거쳐 1992년 9월 30일에 확정된 교육과정을 문교부고시 1992−16호로 공고하기에 이르렀다.

제6차 교육과정은 제5차 교육과정의 기본구조를 가능한 한 그대로 유지하면서 문제점을 보완한 것이므로, 전면적인 개정이라기보다는 부분적인 개정이라고 할 수 있다. 제6차 교육과정은 제5차 교육과정에서 강조하였던 문제해결력에 대하여 그 전략이나 방법 등을 명시함으로써 보다 구체화하였으며, 교수·학습 및 평가방법을 개선하고 정보화 사회에 적응하기 위한 수학교육을 실시한다는 개정의 필요성을 염두에 두고 제정되었다.

제6차 교육과정 개정의 기본 방향은 다음과 같다.

① 추론력과 문제해결력의 개발을 보다 중시한다.
② 수학의 실용성을 강조한다.
③ 수학적 도구로서 계산기와 컴퓨터의 활용을 권장한다.
④ 진로에 적합한 수학을 학습할 수 있는 기회를 제공한다.
⑤ 정보화 사회와 발전되는 수학을 반영하여 수학의 기본적인 지도내용을 엄선한다.
⑥ 학습목표와 내용에 적합한 보다 다양한 지도방법과 평가방법을 구사한다.

4.7.2 전반적인 특징

제6차 교육과정은 제5차 교육과정 내용의 분량 및 수준, 지도방법, 평가방법 등에 대한 적절한 수정, 보완의 필요성을 충족시키는 방향으로 개정되었다. 따라서 내용상으로는 대폭적인 개정이 아니고 일부만 개정되었다. 그러나 제4차와 제5차에서 수학적 문제해결력에 대하여 목표에서만 강조하던 것을 지도 내용면에서 그 전략이나 내용, 방법 등을 밝힘으로써 문제해결력의 지도에 대하여 보다 적극성을 지니게 되었다.

제6차 교육과정에서 가장 주목되는 특징은 산수라는 교과명을 수학으로 바꾼 점이다. 이것은 세계적인 추세에 따른 것이기도 하고, 또 단순히 문제풀이 위주의 계산 중심 교수·학습이 아니라는 것과 사고력과 응용력을 강조하기 위한 것이기도 하다. 국민학교 수학과의 성격을 한마디로 요약하면, 기초학습능력과 합리적 근거에 의하여 적절한 방법으로 문제를 해결할 수 있는 능력을 기르는 데 강조점을 두었다. 제6차 교육과정에서도 수학과의 내용을 수, 연산, 관계, 도형, 측도의 5개 영역으로 구분하였으며, 특히 관계영역에서 문제해결을 하나의 하위 영역으로 설정함으로써 제4차 교육과정부터 논의되어오던 문제해결력의 신장을 보다 본격적으로 추구하였다.

4.8 제7차 교육과정

4.8.1 개정의 배경과 기본 방향

1993년에 출발한 새 정부는 교육개혁 위원회를 설립하여, 우리나라의 교육에 관한 문제를 근본적으로 분석하고 그 해결 방법을 종합적으로 모색하게 하였다. 교육개혁 위원회는 1996년부터 국민학교의 명칭을 초등학교로 바꾸었고, 학습자 중심교육, 교육의 다양화, 자율과 책무성에 바탕을 둔 학교운영, 자유와 평등이 조화된 교육, 교육의 정보화, 질 높은 교육 등을 기본 특징으로 하는 교육개혁을 위해, 2000년부터 실시할 새로운 교육과정에 국민공통 기본 교육기간과 수준별 교육과정의 개념을 도입하기로 하였다.

국민 공통 기본 교육과정은 초등학교 1학년부터 고등학교 1학년까지 10단계로 정하였으며 수준별 교육과정은 단계형, 심화·보충형, 과목 선택형으로 나누었다. 수학은 단계형(1단계~10단계) 수준별(심화·보충 학습) 교육과정이다.

또한 제7차 교육과정에서는 문제해결력과 더불어 창의적 사고력, 논리적 사고력, 비판적 사고력, 문제해결능력, 추론능력, 의사소통능력 등 제반 고등사고능력의 신장을 도모하고 있으며 수학에 대한 자신감과 긍정적인 태도, 수학과 인접 학문 간의 관련성 및 수학의 유용성 인식과 같이 정의적인 목표도 추구하고 있다. 즉 지식 기반 정보화 사회의 도래에 따라 단편적인 지식의 습득이나 알고리즘적인 연습을 위주로 하는 수학보다는 고등 사고 능력을 신장시키고 수학에 대한 긍정적인 태도를 고무시키기 위한 수학이 필요하며, 이 점이 제7차 교육과정 개정의 중요한 배경 및 기본 방향이라 할 수 있다.

4.8.2 전반적인 특징

제7차 교육과정의 전반적인 특징은 국민 공통 기본 교육기간과 학습량을 경감시켜 학생의 학습 부담을 줄이고, 학생의 인지발달 수준을 고려하여 학습의 위계와 난이도에 따른 단계형 수준별 교육과정의 도입이라 할 수 있다. 아울러 문제해결력 신장을 위하여 각 단원의 끝에 '문제를 해결하여 봅시다' 코너를 제시하고 있고 다양하고 재미있는 활동을 통하여 수학적 사고력과 창의력을 배양하고 있다는 점이다.

국민 공통 기본 교육기간은 초등학교 6년, 중학교 3년인 총 9년으로 되어 있는 기본교육과정을 고등학교 1학년까지 10년으로 연장하고, 이 기간 중 교과별 학습 내용은 학교 급별이 아닌 학년제 개념에 기초하여, 1학년에서 10학년까지 일관성 있게 가르치기 위한 것이다.

수준별 교육과정은 학습 능력과 교육내용 간에 상승적인 상호 작용이 일어날 수 있도록 교육과정을 구성하자는 취지로 학습자의 학습 능력 수준과 요구에 대응하는 차별적, 선택적 교육을 제공한다는 데 근본적인 의의를 두고 있다.

초등학교의 수준별 교육과정 운영을 위해, 학습 집단은 학급 내 집단 편성을 원칙으로 하되, 학교 여건이나 교사, 학생의 특성에 따라 다양한 방법을 활용할 수 있도록 하였으며, 복식 학급을 편성, 운영하는 경우에는 교육 내용의 학년별 순서를 조정하거나 공통 주제를 중심으로 교재를 재구성해서 활용할 수 있도록 하였다.

특히, 교과별로 '절대평가 기준'을 개발·보급하여, 학교가 교과 교육과정의 목표에 부합되는 평가를 실시할 수 있도록 하였다. 이를 위하여 국가수준의 평가 문제 은행을 구축하고 에듀넷(Edunet) 등 컴퓨터 통신망을 통해 교과별 평가 활동에 활용할 수 있는 다양한 평가 방법, 절차, 도구 등을 개발해서 학교에 제공하도록 하고 있다.

4.9 2007 개정 교육과정

4.9.1 개정의 배경과 기본 방향

사회 구조적 측면에서 살펴보면, 정보화의 시대라고 일컫는 오늘날의 사회에서 학교수학에 대하여 단순히 문제를 푸는 기능과 그 기능의 숙달보다 수학적으로 사고할 수 있는 수학적 소양을 갖추도록 요구하고 있다. 교수·학습의 이론적 측면에서는 교육의 개별성과 능동성을 강조하고 있고 교육활동의 경제적인 측면에서는 교육활동을 지원하고 최소한의 노력으로 최대한의 교육적 효과를 높일 수 있는 새로운 교구의 개발이 절실히 요구된다고 할 수 있다.

이러한 점들을 고려하여 2007 개정 교육과정에서는 단계형 수준별 교육과정을 '수준별 수업'으로 전환하고, 심화학습의 내용을 삭제하여 학습량의 적정화를 통한 학생의 학습 부담을 줄이고자 하였다. 또한 학습 개별화를 추구하기 위하여 학습내용의 난이도에 따라 수준별 수업을 강조하고 있으며, 다양하고 재미있는 활동을 통하여 문제해결력, 추론력, 의사소통능력 등 수학적 사고력과 창의력을 배양하려고 하였다.

4.9.2 전반적인 특징

(1) 2007 개정 교육과정에서는 단계형 수준별 교육과정을 '수준별 수업'으로 전환하고, 수준별 수업 내용은 교사들이 자율적으로 결정하도록 하였다. 수업 운영적인 측면에서 교수·학습의 개별화를 추구하기 위하여 학생 개인의 학습 능력과 수준, 적성, 희망 등을 고려하여 학교 상황에 맞게 수준별 집단을 편성하여 운영할 수 있도록 하였으며, 학습 내용 요소를 차별화하기보다는 내용의 깊이나 접근 방법에 차이를 두어 운영하도록 하였고 심화과정을 삭제하였다.

(2) 학습내용을 적정화하였다. 학습내용 요소 사이의 연계성과 위계성 및 타 교과 학습 내용과의 연계성을 강화하고, 학습 내용의 수준을 고려하여 학습량을 조정하였다.

(3) 수학적 사고력을 더욱 강조하였다. 귀납적 추론 및 논리적 추론 등 수학적 사고력 신장과 수학적 문제해결 능력 및 의사소통능력의 신장을 강조하였다. 이를 위하여 교육

과정의 '목표'에 수학적 의사소통능력 신장을 추가하였으며, '교수·학습 방법'에 수학적 사고와 추론능력, 수학적 의사소통능력, 수학적 문제해결력 신장을 위한 구체적인 사항을 제시하였다.

(4) 수학의 가치 재고와 정의적 측면을 강조하였다. 실제 교수·학습 세계에서의 수학의 역할과 유용성 인식을 강조하였으며 수학학습에 대한 즐거움, 자신감, 흥미 등 긍정적인 수학적 태도 배양을 강조하였다. 이를 위하여 '목표'에 수학의 가치 이해 및 수학에 대한 긍정적 태도 신장을 추가하였다.

(5) 교육과정 내용 영역을 수정하였다. 제7차 수학과 교육과정에서는 수와 연산, 도형, 측정, 확률과 통계, 문자와 식, 규칙성과 함수의 6개 내용 영역으로 구분하였으나, 개정 교육과정에서는 수와 연산, 도형, 측정, 확률과 통계, 규칙성과 문제해결의 5개 내용 영역을 설정하였다.

(6) 이야기 수학과 놀이수학을 도입하였다.

4.10 2009 개정 교육과정

4.10.1 개정의 배경과 기본 방향

2009 개정 교육과정은 학교 교육의 새로운 비전을 제시하기 위해 학습의 효율성 제고, 배려와 나눔을 실천하는 인성교육 추구, 학생의 핵심역량 강화, 학교의 다양화 유도 등을 통해 미래 사회가 요구하는 창의적인 인재양성을 목표로 하고 있다. 그 기본적인 방향은 학습자의 학습 부담은 줄이고 학습효과는 높이고자 하였으며 배려와 나눔을 실천하는 창의인재를 키우며 기초교육에 충실하고 핵심역량을 강화하고 특성화된 교육과정으로 학교 교육의 다양화를 이끌어내고자 하였다.

4.10.2 전반적인 특징

(1) 학생이 한 학기에 배우는 과목 수를 줄여 학습부담은 덜어주고 학습 효과는 높여주

고자 하였다. 이를 위하여 '학년군'과 '교과군'[1]을 도입하여 여러 학년과 학기에 나누어 배우던 과목을 한 학년, 또는 한 학기에 집중해서 배우게 하여 학기당 배우는 과목 수를 10~13과목에서 8과목 이내로 줄였다.

(2) 교과교육 외에도 다양하고 실질적인 창의적 재량활동을 전개하여 배려와 나눔을 실천하는 창의 인재로 키우고자 하였다. 이를 위하여 기존의 창의적 재량활동과 특별활동 5개 영역을 '창의적 체험활동'으로 통합하여 자율 활동, 동아리 활동, 봉사 활동, 진로 활동으로 운영하고자 하였다. 또한 학교 안과 밖에서 이루어진 학생들의 다양한 창의적 체험활동 결과는 상급학교 진학에 입학사정관제 등을 통해 반영하고자 하였다.

(3) 고교생의 기초교육을 강화하여 진로·적성에 적합한 핵심역량을 키울 수 있도록 개선하였다. 이를 위하여 고교 전 과정을 선택교육과정으로 바꾸고, '학교자율과정'을 통해 학생들의 진로에 맞는 진로집중과정을 운영하며 기초교과는 모든 학생들이 반드시 이수하고, 세분화된 선택과목은 수준별·영역별로 재구조화하여 '하고 싶은 공부를 깊고 넓게' 할 수 있도록 하였다.

(4) 학교가 과목을 가르치는 시기와 시간을 결정하게 하여 학교별로 특색 있고 다양한 교육과정이 운영될 수 있도록 하였다. 이를 위하여 학교 여건과 특성에 맞춰 교과목을 가르치는 시기를 정하고, 각 교과에 제시된 수업시간도 20% 범위 내에서 증감하여 운영할 수 있게 하였다.

1) 초등교과군을 기존 10개 과목에서 7개로, 즉 국어, 사회/도덕, 수학, 과학/실과, 체육, 예술(음악, 미술), 영어로 축소하였다.

교재연구문제

01 다른 교과와 비교해서 수학 교과의 교육과정 변천이 나타내는 특징을 말해보시오.

02 우리나라 초등수학 교육과정의 변천과정을 설명하시오.

03 지금까지 있었던 교육과정의 각 시기별 개정의 배경과 전반적인 특징을 비교해보시오.

04 제7차 교육과정을 흔히 '수준별 교육과정'으로 부르고 있다. 수준별 교육과정에 대하여 약술해보시오.

05 수학과 교육과정 개정에 따라 초등학교 수학 교과의 명칭은 어떻게 변해왔는지 말해보시오.

06 2009 개정 교육과정이 2007 개정 교육과정과 어떤 점에서 달라졌는지를 비교해보시오.

05 수학과의 교수·학습 자료

오늘날의 학교 교실은 과거에 비해 커다란 변화를 가져왔다고 할 수 있다. 특히, 수학 교과의 수업과 관련하여 지금까지 칠판과 분필만 있으면 수학 수업은 가능하다고 보았던 생각은 크게 바뀌었음은 자타가 인정할 것이다. 이러한 변화를 가능하게 했던 배경에는 급속도로 발전을 거듭하고 있는 정보통신기술, 이를테면 계산기, 컴퓨터, 프로젝터, OHP, VTR, 각종 CD-ROM, 다양한 컴퓨터 소프트웨어 및 교구의 발달 등 총체적인 첨단 교육매체 장비의 대량 보급과 설치에 기인한다고 볼 수 있다.

특히 최근에 소개되고 있는 몇 가지 교구 중에는 놀이 같으면서 서서히 질 높은 수 개념을 형성시켜주는 것, 도형개념의 형성에 효과적인 것, 집합의 개념을 형성시켜주는 것 등 우수한 교구가 많이 개발되어 있다. 이러한 교구 역시 수학과 교수·학습 자료의 하나로 간주된다.

일반적으로 수학과 교수·학습 자료란, 수학학습의 내용을 풍부히 하고 그 효과를 극대화하기 위해 사용하는 모든 대상, 장치, 모형, 도구, 고안, 출판물, 그림, 표, 시설 등을 말한다. 다시 말해 학습자를 둘러싸고 있는 환경에 속한 것은 어느 것이나 교수·학습 자료로 활용될 수 있다. 여기서는 간단한 수학과의 몇 가지 교구에 관해 취급 시 유의점 및 특징을 알아본다.

5.1 수학학습에서 교구의 활용

수학학습이론이 우리에게 주는 시사점 중에 "학생들을 활동적으로 참여하도록 하라."는 말이 있다. 이 원리는 학생들의 활동적인 참여가 그들이 행한 것을 바탕으로 이해하게 되어, 결국에는 수학을 더 잘 알 수 있도록 할 것이라는 확신에 근거한다고 해석할 수 있다. 또한 고대 중국의 격언에는 다음과 같은 말이 있다.

듣기만 한 것은 잊어버리고(I hear and I forget)
본 것은 기억하지만(I see and I remember)
직접 해본 것은 이해가 된다(I do and I understand).

이것은 학생이 자신의 수학적 의미를 구성하는 데 초석이 되는 활동적인 참여의 중요성을 나타내고 있다. 아울러 언어나 문자에 의존하여 기성의 수학적 지식을 학생들에게 전수

하는 지금까지의 전통적인 학습보다는 각종 교구를 활용한 학습자 중심의 능동적인 학습이 더 효과적이라는 의미로도 해석할 수 있다. 학습을 위한 행위로서의 활동은 목적이 아니라 수단이다. 따라서 외적인 행위가 내적인 개념 형성으로 전환되기 위해서는 구체와 추상의 틈새를 연결해주는 다리 역할을 하는 교구의 활용이 필요하다.

대체적으로 초등수학을 지도함에 있어 구체물(교구)의 사용을 강조하는 이면에는 다음과 같은 장점이 있기 때문이다.

① 학생들의 흥미, 관심을 불러일으킬 수 있다.
② 이해의 기초가 되는 경험을 풍부하게 할 수 있다.
③ 보는 방법이나 생각하는 방법의 이해를 깊게 한다.
④ 답이 맞는지를 알고 싶을 때마다 확신을 갖는 데 사용할 수 있다.
⑤ 학생들의 기억에 오래 남을 수 있다.

이와 같은 점을 감안하여 초등수학에서는 새로운 개념이나 내용의 학습·지도 과정에 가능한 구체적 조작활동이나 사고를 실험해볼 수 있는 교구를 활용하는 것은 매우 바람직하며 적극 권장할 필요가 있다고 생각된다.

5.2 수학교육용 교구 탐색

① 기하판

기하판(geoboard)은 영국의 수학교육자 가테노(C. Gattegno)가 개발한 것으로 [그림 5·1]과 같이 판자 위에 일정한 간격으로 격자점에 못을 박아놓은 것인데, 거기에 고무줄 등을 걸어서 다양한 도형을 구성하거나 도형의 성질을 탐구하는 데 사용된다.

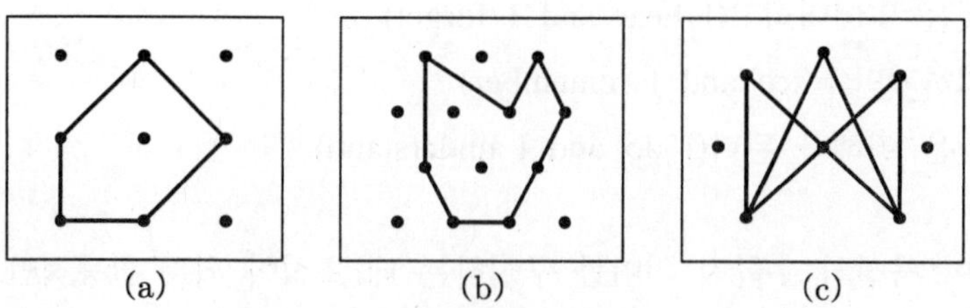

그림 5·1

기하판 위에 여러 가지 도형을 구성함으로써 도형에 대한 흥미와 관심, 친숙감을 갖게 하며, 도형의 성질에 대한 후속 학습의 바탕이 되는 경험을 얻을 수 있게 한다. 다양한 도형을 구성할 수 있다는 장점 외에도 넓이, 둘레, 길이, 각, 좌표기하, 대칭성, 도형의 이동뿐만 아니라 수 감각이나 문제해결에 이르기까지 폭넓은 영역의 수학학습에 도움을 줄 수 있다.

기하판은 특히 저학년에서 사용하기에 매우 좋은 교구이다. 왜냐하면 잘못은 쉽게 수정할 수 있고 자신이 만든 모양의 증거가 남아 있지 않기 때문에 학생들이 탐구심을 발휘할 수 있기 때문이다.

대체적으로 기하판은 다음과 같은 내용의 학습에 사용되지만 이 밖에도 여러 가지 수학적 개념이나 원리·법칙 및 공간 감각과 사고력을 기르는 데 사용된다.

㉠ 못에 고무 밴드를 걸어서 여러 가지 도형, 이를테면 삼각형, 사각형, 오각형 등 다각형 만들기와 그 성질 탐구하기, 다각형의 개념 지도, 도형의 합동과 닮음 및 그 성질 등을 지도할 수 있다.

㉡ 기하판 위에서 모눈 한 칸으로 이루어진 정사각형을 단위로 해서 자신이 만든 도형의 넓이를 구할 수 있다.

㉢ 도형의 경계선 위의 점과 도형 내부의 점의 수를 알아봄으로써 도형의 넓이를 구할 수 있다. 이를테면, 도형의 넓이를 S, 도형의 경계선 위의 점의 수를 B, 도형내부의 점의 수를 I라 하면, $S = \left(\frac{1}{2}\right)B + (I - 1)$이 성립함을 발견할 수 있으며 이것은 픽(Pick)의 정리로 알려져 있다.

② 퀴즈네어의 색막대

색막대(colored rods)는 벨기에의 수학교육자 퀴즈네어(G. Cuisenaire)가 악보에서 음의 높낮이를 나타내는 방법에서 착안하여 수들의 관계를 서로 다른 높낮이와 길이, 색깔로 나타낸 수학학습 교구로서 현재 세계적으로 널리 사용되고 있다. 이것은 한 변이 1cm인 정사각형이고 길이가 1cm에서 10cm까지의 10종류의 직육면체 막대로서 그 구성은 주황색, 파란색, 갈색, 검은색, 진한 녹색, 노란색이 각각 4개씩 있고, 보라색 6개, 밝은 녹색이 10개, 빨간색 12개, 흰색 22개 등 모두 74개로 구성되어 있다.

이 색막대는 길이별로 배열했을 때 다음 [그림 5·2(a)]처럼 '계단' 모양으로 만들어지며 이와 같이 늘어놓는 활동을 통해서 수의 구성을 실감적으로 파악할 수 있다. 또 같은 배열을 하나 더 만들어서 서로 역순이 되게 하여 이들을 이어 붙이면 다음 [그림 5·2(b)]와 같이 직사각형이 된다. 이와 같은 직사각형 만들기는 수의 합성을 지도하는 데 자연스럽게 활용할 수 있다.

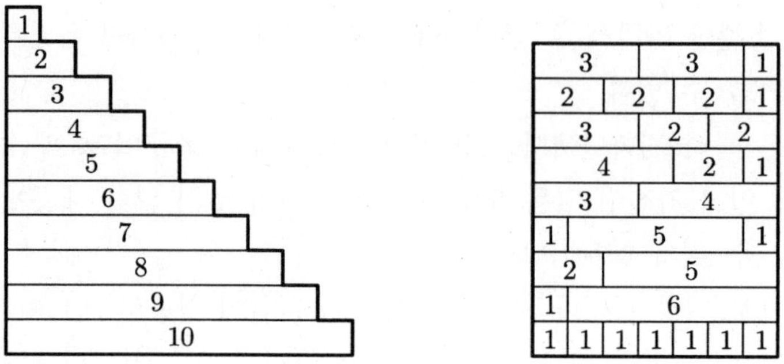

(a) (b)

그림 5·2

이를테면, 흰색 막대의 길이가 1이라면 빨간색 막대는 흰색 막대 2개를 연결한 것과 같으므로 그 길이는 2이고, 연두색 막대는 흰색 막대 3개를 연결한 것과 같으므로 그 길이는 3이 된다. 이와 같은 방법으로 수 사이의 관계를 알 수 있다. 퀴즈네어 색막대는 자연수의 사칙연산뿐 아니라, 약수와 배수의 지도, 분수의 덧셈과 뺄셈을 지도하는 데 활용할 수 있으며 또한 길이, 넓이, 부피의 측정 및 논리적인 추론능력을 형성시키는 데에도 활용할 수 있다. 결과적으로 볼 때, 퀴즈네어 색막대의 수학교구로서의 우수성은 수 계산의 기본적인 개념이 시각과 촉각을 통해서 충분히 감성적으로 지도될 수 있다는 데 있다고 하겠다.

③ 도미노

도미노(domino)는 18세기 이탈리아에서 유래한 놀이의 일종이다. 오늘날 흔히 말하는 조그만 조각들을 연달아 늘어놓았다 한 번에 넘어뜨리는 놀이는 이 도미노 놀이의 변형이다. 도미노는 작은 직육면체 조각 위에 정사각형 2개가 그려져 있고, 그 위에 주사위처럼 점이 그려져 있다. 그 점의 모양에 따라 6-6 도미노, 9-9 도미노, 그림-그림 도미노 등 여러 가지가 있으나 일반적으로는 주사위처럼 생긴 6-6 도미노가 가장 많이 이용된다. 단, 주사위와 다른 점은 눈금이 없는 경우(0)도 생각한다는 것이다.

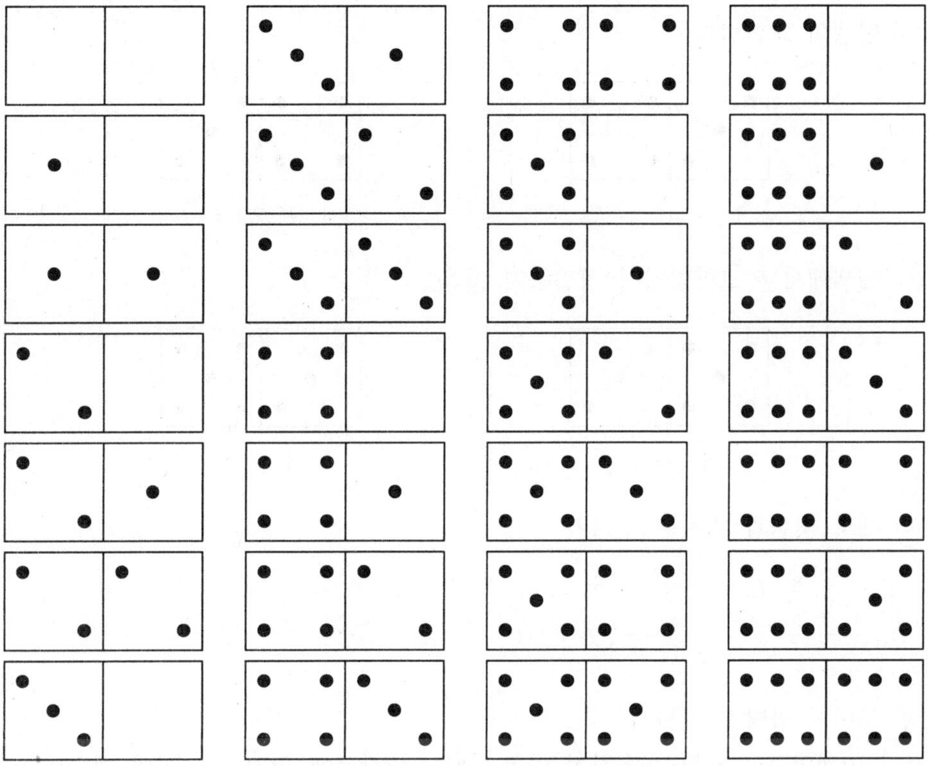

그림 5·3 도미노의 구성

위의 [그림 5·3]에서 알 수 있는 것처럼 예를 들어 2–6 도미노와 6–2 도미노는 같은 모양으로 취급하여 중복되는 도미노가 없도록 하면 총 28개의 6–6 도미노를 찾을 수 있음을 알 수 있다.

수학학습에서 도미노는 덧셈과 뺄셈, 자릿값과 순서, 분수의 기본 개념, 자연수와 분수의 사칙연산, 확률의 개념 등을 지도하는 데 이용할 수 있으며 기호를 직접적으로 사용하여 수학적 개념을 표현하기보다는 시각적으로 표현된 점의 개수로 표현된다는 점에서 아이들에게 상당히 효과적이라 할 수 있다.

도미노를 활용할 시에는 사전에 아이들에게 0–0(합 0)부터 6–6(합 12)의 순서로 도미노를 배열하는 활동을 먼저 하게 하면 도미노를 활용한 각 활동에서 특정한 도미노를 빠르고 쉽게 찾을 수 있게 된다. 도미노는 수학학습에서 다음과 같이 활용될 수 있다.

㉠ 덧셈의 교환법칙

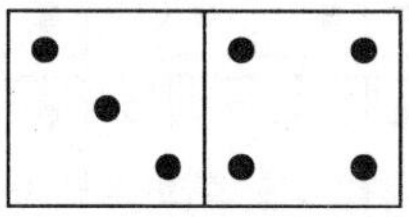

$3 + 4 = 7$

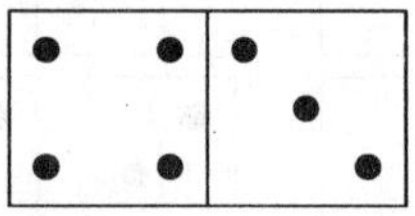

$4 + 3 = 7$

㉡ 뺄셈에서는 교환법칙이 성립하지 않음

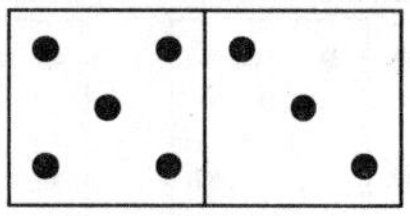

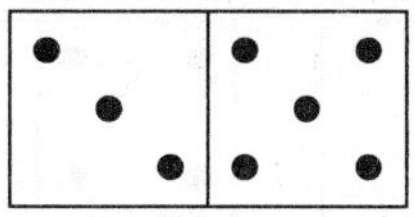

$5 - 3 \quad \neq \quad 3 - 5$

㉢ 세로 덧셈과 미지수 구하기

$$\begin{array}{r} 8 \\ +\ 5 \\ \hline \end{array} \qquad \begin{array}{r} 8 \\ +\ \square \\ \hline 14 \end{array}$$

㉣ 도미노 마방진 만들기

9개의 도미노를 사용하여 가로, 세로, 대각선에 위치하는 점의 개수의 합이 15가 되는 3차(3×3)마방진을 만들어보아라. 단, 도미노 1개를 하나의 숫자로 계산한다.

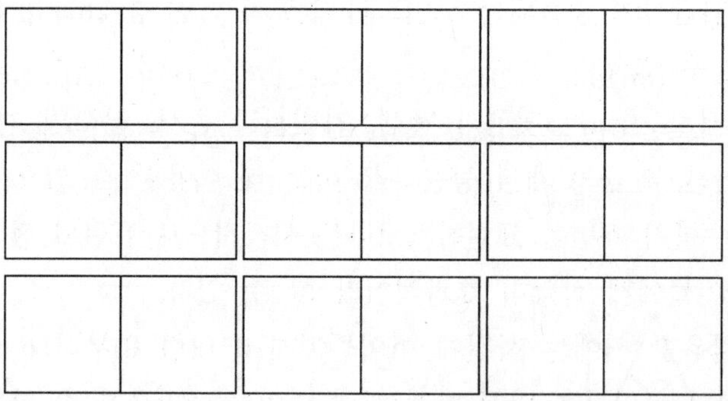

㉤ 자릿값과 연산

도미노를 수평으로 놓고 왼쪽을 십의 자리, 오른쪽을 일의 자리로 약속한 다음 두 자릿수끼리의 덧셈과 뺄셈 문제를 해결하는 데 이용할 수 있다. 이때 6-6 도미노의 경우는 십의 자리와 일의 자리에 올 수 있는 최대의 점의 개수가 6개이므로 7, 8, 9는 허용되지 않는다.

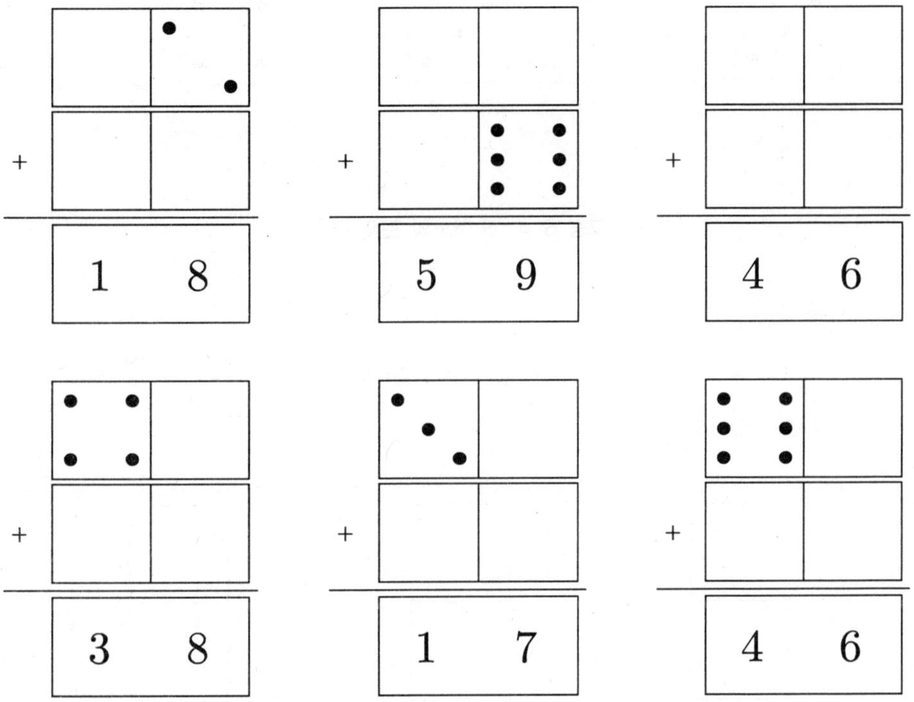

ⓑ 분수에 활용

도미노를 이용하여 분수 읽기, 분수의 크기 비교, 분수의 사칙연산을 할 수도 있다. 이 경우 도미노를 이용하여 어떻게 분수를 나타낼 것인가가 문제이다. 도미노를 가지고 분수를 표현하는 방법은 여러 가지로 생각할 수 있는데 도미노를 세로로 놓고 아래 부분이 분모, 윗부분이 분자가 되게 읽을 수 있다[그림 5·4(a)]. 또한 도미노를 아래위로 가로로 2개를 놓고 그 합을 구하여 아래의 합을 분모로 위의 합을 분자로 하여 분수를 표현할 수도 있다[그림 5·4(b)]. 그리고 도미노 하나를 두 자릿수로 보고 분수를 표현할 수도 있다[그림 5·4(c)].

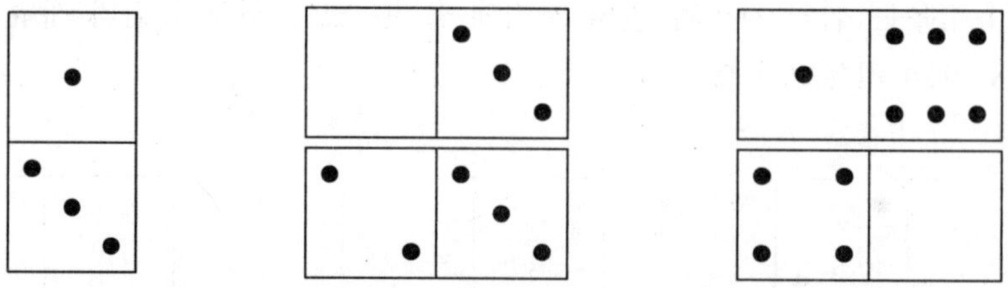

$\frac{1}{3}$ (a) $\frac{3}{5}$ (b) $\frac{16}{40}$ (c)

그림 5·4 도미노의 분수 표현

• 동치분수 찾기

$\frac{1}{3}$과 크기가 같은 분수를 나타내는 도미노를 3개 찾고 그 도미노가 나타내는 분수를 쓰시오.

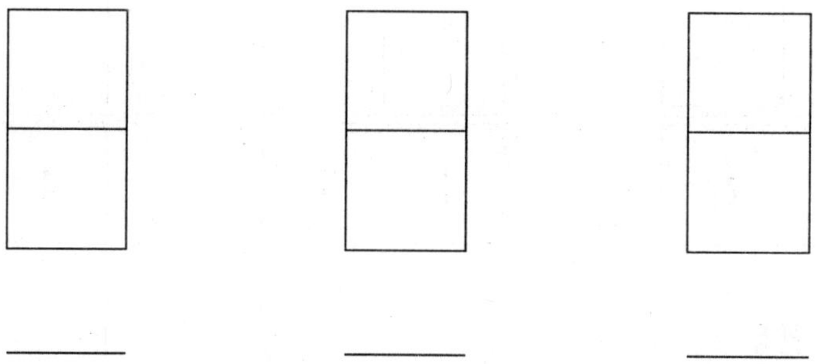

• 분수의 크기비교

$\frac{1}{4}$과 같거나 크고 $\frac{3}{4}$보다 작은 분수를 나타내는 도미노 6개를 찾아보시오.

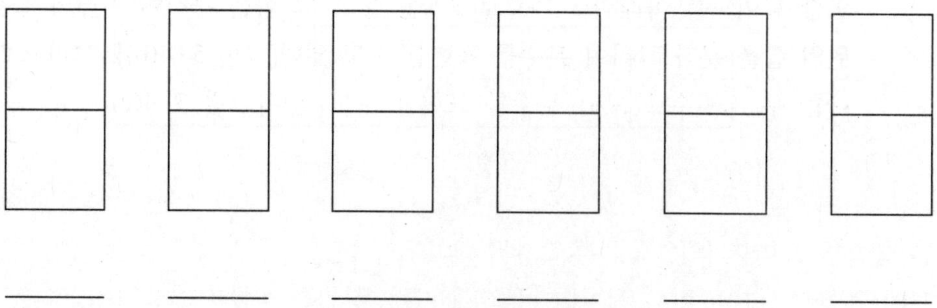

• 분수의 사칙연산

도미노를 이용한 분수의 사칙연산은 아이들이 분수의 덧셈, 뺄셈, 곱셈, 나눗셈 알고리즘을 학습한 후에 가능하다. 이를테면, 도미노를 3개 주고 아이들에게 이 3개의 도미노로 문제와 계산결과가 나올 수 있는 분수의 덧셈, 뺄셈, 곱셈, 나눗셈을 만들고 식을 세우게 한다. 이때 도미노를 이용하여 계산결과를 나타내는 경우에는 가분수가 나오는 경우도 있음을 사전에 알려준다.

예 [그림 5·5]의 도미노 3개를 사용하여 등식이 성립하도록 해보시오.

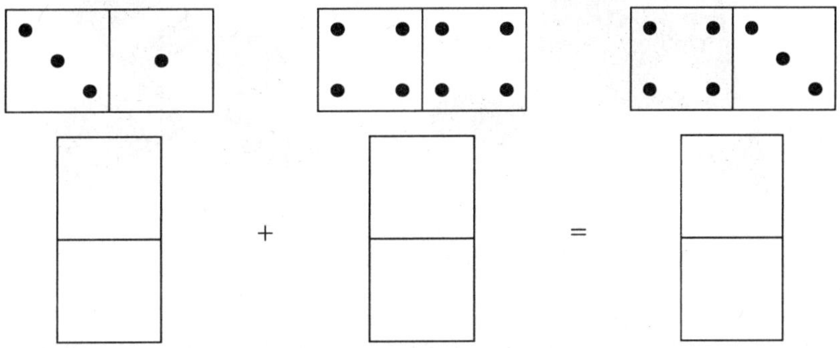

그림 5·5

㉦ 탐구학습과제

탐구학습과제를 제시하여 조별학습을 통한 학생들 상호 간에 정보를 공유하게 하고, 다양한 해결방법을 찾게 할 수 있다.

④ 산가지

산가지(counter)는 분류, 개수 세기 등 초기의 수 개념 발달을 위한 교수·학습 자료로서, 작은 막대기, 얼음과자 손잡이, 나무젓가락, 타일, 큐브, 구슬, 클립, 쐐기, 단추, 조개껍질, 또는 각종 동물, 과일 등의 작은 플라스틱 모형 등을 사용할 수 있다. 이 중에서 클립은 서로 길게 연결할 수 있어서 색깔까지 이용하면, 분류, 측도, 집합의 지도에 유용하다. 또, 플라스틱으로 만든 쐐기는 이것들을 꽂는 쐐기판과 함께 사용할 때 여러 가지 수학적 개념의 지도에 사용될 수 있다.

⑤ 속성블록(논리블록)

헝가리의 수학교육자 딘즈에 의해 고안된 것으로 [그림 5·6]과 같이 원, 정사각형, 직사각형, 정삼각형, 정육각형의 다섯 종류로 구성되어 있으며 각 모양마다 색깔이 빨강, 노랑, 파랑의 세 종류, 크기가 대, 소 두 종류, 두께가 두껍고 얇은 두 종류인 합계 60매의 색판으로 구성되어 있다. 이것을 딘즈의 속성판(attribute block) 또는 속성블록이라고 한다.

그림 5·6

속성블록은 논리블록(logical block)이라고도 하며, 논리적 사고의 발달뿐 아니라, 분류 활동에 대한 훌륭한 모델을 제공한다. 속성블록은 대부분의 학생 참여를 보장하지만, 또한 교사에게 능동적인 역할을 요구한다. 아동이 속성블록을 가지고 활동할 때, 직접적인 질문과 탐구는 사고과정에 대한 단서를 제공할 수 있다. 아동의 행동을 관찰하면 그들의 성장에 대해 많은 것을 알 수 있다. 이를테면, 파란 삼각형을 하나 고르도록 요구할 때, 어떤 아동은 파랗지만 삼각형이 아닌 조각을 고를 수도 있다. 다른 아동은 삼각형이지만 파란색이 아닌 조각을 고를 수도 있다. 이러한 반응은 단지 그가 듣기를 소홀히 하였다는 것을 반영할 수도 있다.

궁극적으로 아동이 이러한 자료를 사용할 때 주의 깊게 관찰하고 질문하는 것은 그들이 사고하는 것을 더 잘 이해할 수 있게 도와주고, 결국 더 적절한 학습활동을 고안하도록 도와줄 수 있을 것이다.

그림 5·7 색이라는 속성에 따른 분류

그림 5·8 모양이라는 속성에 따른 분류

딘즈의 속성블록을 이용한 놀이는 여러 방법으로 활용할 수 있다. 이를테면, 같은 종류의 것 모으기(집합 만들기), 두 가지 종류에 공통되는 것 모으기(교집합 만들기), 또는 한 가지 성질만을 바꾸어 늘어놓기(계열 만들기) 등은 수나 도형개념, 그리고 논리성의 육성에 대단히 적합한 놀이라고 할 수 있다. 또, 1장의 블록을 감추어놓고 그것이 어떤 판인가를 말하게 하는 놀이 등은 아동들의 관심을 집중시킬 수 있고, 또한 조리 있는 생각이나 전체의 구조에 착안하는 생각 등의 육성을 기대할 수 있다.

5.3 수학교육에서 공학적 도구의 활용

프로이덴탈(1981)은 수학교육에서 공학적 도구의 활용을 강조하였으며 "수학적 이해를 유발하고 증진시키기 위해 계산기와 컴퓨터를 어떻게 이용할 것인가?"를 수학교육의 주요 문제 중 하나로 설정하였다. 아울러 그는 교육공학이나 기술 교육의 측면에서 공학적 도구를 고려하는 것은 수학교육에서 그리 중요한 문제가 아니며, 수학적 사고력의 증진이라는 수학교육의 목적 추구를 위한 강력한 수단으로서 공학적 도구를 이용할 것을 주장하였다.

최근 일선 현장의 교실은 프로이덴탈이 언급한 계산기와 컴퓨터는 물론이고 실물환등기, OHP, 오디오, 비디오 등 다양한 공학적 도구의 활용이 가능하게 되고 있다. 따라서 이에 알맞은 교수·학습활동의 실천이 무엇보다 절실히 요구되는 시점에 와 있다.

(1) 수학교육에서 컴퓨터의 활용

오늘날 사회 각 분야에서 개혁과 혁신의 추세가 날로 가속화되고 있다. 이는 고도의 산업사회 및 정보사회를 특징으로 하고 있는 현대 사회의 변동 추세에 비추어볼 때 당연한 현상으로서 받아들여질 수밖에 없다. 이러한 현대 사회의 변동 속에서 '보다 많은 학생에게 보다 질 높고 효과적인 교육'을 실시해야만 하는 교육적 요구 역시 학교교육이 당면하고 있는 시대적 요청이라 할 수 있다.

이러한 시점에서, 컴퓨터의 교육적 활용에 대한 관심은 점차 높아져 가고 있다. 왜냐하면 수업개혁 또는 교육적 활용을 위한 컴퓨터의 잠재력이 대단히 높기 때문이다. 이를테면 컴퓨터는 학교교육이나 교실 수업에서 이루어지는 대부분의 교육적 활동을 수행해낼 수 있는 능력과 기능을 가지고 있고 교사나 인간이 도저히 수행할 수 없는 일도 처리할 수 있기 때문이다.

컴퓨터는 대단히 많은 정보를 신속, 정확하게 처리해낼 수 있고, 계산해낼 수 있으며, 쌍방의 대화가 가능할 뿐만 아니라 교사나 학생들에게 필요한 정보를 제공해줄 수도 있다. 또한 컴퓨터는 인간의 기억 능력을 초월하는 대단히 많은 양의 정보를 기억할 수 있고, 기억된 정보는 언제든지 재생할 수 있다. 이러한 장점을 가진 컴퓨터는 모든 학교 교육과정에 커다란 비약적 발전의 계기를 제공하고 있으며, 특히 컴퓨터와 수학 사이에는 특별한 관계가 있는데, 그 이유는 현대의 컴퓨터가 빠른 산술과 논리적 연산을 수행하는 도구로서 탐색되고 있기 때문이다.

교단의 선진화를 위하여 컴퓨터를 교육의 장에 효율적으로 활용하려면, 컴퓨터의 교육적 기능에 관한 기본적인 이해와 컴퓨터 활용전략을 수립하기 위한 이론적 기초를 깊이 있게 파악하고 있어야만 한다.

컴퓨터의 교육적 활용을 개념화한 경우를 테일러(Taylor)에서 찾아볼 수 있다. 테일러에 의하면 컴퓨터는 세 가지 교육적 기능, 즉 개인교사(tutor)로서, 도구(tool)로서, 그리고 피교육자(tutee)로서의 기능을 갖고 있다는 것이다. 다음에서는 수학교육에 이용될 수 있는 컴퓨터의 몇 가지 활용방안에 대해 알아본다.

① 그래픽과 애니메이션

컴퓨터의 그래픽과 애니메이션 효과가 학습에서 차지하는 위치는 대단히 크다. 이는 종래의 교과서나 TV 등의 다른 매체가 가지는 시각화 방법과 비교할 때, 학생들이 시각화를 통제하고 조절한다는 점에서 그 차원을 달리한다. 그래픽과 애니메이션의 효과는 학습의 내용을 쉽게 시각화하여 전달할 수 있으며 학생들에게 동기 유발의 수단으로 작용할 수 있다는 점을 들 수 있다. 수학교육에서 추상적인 수학 내용을 시각화하여 지도할 수 있을 뿐만 아니라 그 시각화가 학생들의 직접적인 경험이나 통제를 통해 이루어질 수 있다는 점에서 그래픽과 애니메이션은 수학학습의 어려움을 완화해 줄 수 있다. 특히 형식적인 증명이나 개념학습의 전 단계로서 그래픽이나 애니메이션을 통한 직관적인 지도는 대단히 효과적이다.

② 시뮬레이션

컴퓨터에서 시뮬레이션은 시각적·공간적인 이유로 실제 조작할 수 없는 경우 실제와 유사한 상황을 제시함으로써 학생들로 하여금 직접적인 참여자로서의 역할을 수행하도록 하는 것을 의미한다.

시뮬레이션 기능은 수학의 연역적인 성질을 귀납적인 성질로 바뀌게 한다는 점에서, 다시 말해 수학의 역동적이고 발생적인 측면을 부각시킬 수 있다는 점에서 수학교육에서 중요한 위치를 차지한다.

③ 컴퓨터를 활용한 프랙털(fractal) 기하의 탐구

프랙털은 자기닮음과 소수차원을 그 특성으로 갖는, 1975년 망델브로(Mandelbrot)가 소개한 기하학이다. 자연을 모델링하는 데 점, 선, 삼각형, 평면, 원 등의 도형을 사용하는 고전적인 유클리드 기하학이 규칙적, 불규칙적인 자연현상을 설명하는 데에는 한계가 있다는 것을 인식한 그는 자연을 모델링하는 새로운 도구로서 프랙털을 소개하였다.

그는 자연의 많은 패턴은 매우 불규칙적이고, 고도로 복잡하며, 그 복잡한 정도는 모두 다르다고 주장하였다. 프랙털이 고전적인 유클리드 기하보다 자연현상을 더 잘 표현할 수 있는 이유는 자기닮음이라는 성질 때문이다. 자연에도 자기닮음 성질이 많이 있다. 이를테면, 한 지역의 날씨 패턴은 긴 주기의 날씨 패턴과 닮았고, 나뭇가지는 나무와 닮았으며, 바위는 산과 닮았다. 자연에서는 규칙성뿐만 아니라 불규칙성도 여러 가지 다른 스케일로 반복된다.

수학이라면 누구나 딱딱하고 골치 아프며 어렵고 재미없는 교과라고 생각하기 쉽고, 따라서 의식적으로 수학적인 활동을 회피하는 사례들이 많은 것도 사실이다. 수학적 활동 자체가 흥미롭고 도전감을 불러일으킬 수 있는 정의적 요인을 고려한 탐구활

동 자료의 개발과 보급이 절실히 요망되는 시점에 와 있다고 생각된다. 교사는 소위 말하는 지필 위주의 문제해결 과제의 제시뿐 아니라 부단한 자기개발을 하여 학습자에게 동기부여가 될 수 있는 과제를 끊임없이 제시할 수 있어야 할 것이다.

최근 들어 각종 소프트웨어의 발달, 이를테면 LOGO나 BASIC 등의 프로그램을 활용하여 프랙털 기하의 단계별 분열과정을 컴퓨터를 사용하여 실제로 관찰할 수 있는 소프트웨어들도 많이 소개되고 있다. 따라서 컴퓨터의 기본적인 소양만 조금 익힌다면 누구든지 쉽게 접근할 수 있을 것으로 생각된다.

지금까지 잘 알려진 프랙털 기하의 예로는 코흐 곡선, 칸토어 집합, 시어핀스키 삼각형, 시어핀스키 카펫, 파스칼의 삼각형 등을 들 수 있는데, 이들의 특징은 모두가 자기닮음을 갖는다는 것이다.

(2) 수학교육에서 계산기의 활용

① 수학교육에서 계산기 사용의 필요성

우리 사회가 정보 산업 사회로 급변하면서 학생들이 갖추어야 할 수학적 소양도 달라졌고, 따라서 지금까지 계산 중심의 교육이 사고력 중심의 교육으로 바뀌어야 할 때가 되었다. 미래의 사회는 폭넓은 수학적 소양과 그것을 능동적으로 수행할 수 있는 능력을 갖출 수 있도록 하는 학습 방법의 모색이 필요하고, 수학학습의 내용이 미래를 대비할 수 있는 내용으로 바뀌어야 한다. 그러나 현재 초등학교 수학교육에서 계산이 차지하는 비중이 높아 많은 학생들이 계산 능력의 부족으로 문제해결력이 떨어지고 있다는 것은 누구나 인정하는 사실이다. 수학교육의 강조점이 문제해결과 사고력 신장에 있는데 계산력의 부족으로 이러한 활동이 제약받게 된다면 진정한 수학교육이 행해졌다고 볼 수 없을 것이다. 계산력이 뒤떨어지는 학생들은 언제 계산력을 향상시켜 문제해결 학습을 성공적으로 수행할 수 있을 것인가? 계산력이 완성될 때까지 그러한 학습을 유보해야 하는가?

여러 연구 결과들은 계산기를 수업에 사용함으로써 이러한 문제점을 해결할 수 있다고 보고 있으며 대체로 교실에서 계산기를 사용하는 목적을 다음과 같이 밝히고 있다.

첫째, 다양한 계산 방법을 가르칠 수 있다. 앞으로의 계산 지도는 계산하는 속도에 초점을 둘 것이 아니라, 언제 어떤 계산을 해야 하는지와 지필 알고리즘에 있어서 각 단계와 그 각각의 단계를 거치는 이유를 아는 데 초점을 두어야 한다. 계산기의 사용은 지필 계산뿐만 아니라 암산, 어림셈의 기능을 강화시킬 수 있다. 예컨대 지필 계산을 한 결과를 계산기를 이용하면 빠른 시간 내에 암산이나 어림한 해답의 타당성을 확인할 수 있어서 즉각적인 해답을 운용할 수 있으며, 나아가 계산기의 버튼을 조작하는 데 따르는 시간적, 육체적 낭비를 줄이기 위한 정신적 활동으로 암산 능력을 기를 수 있다.

둘째, 학습자들이 문제해결에 초점을 맞추는 시간을 더 많이 확보할 수 있다. 계산기가 학습에 사용되면 계산은 문제해결에서 별 문제가 되지 않는다. 계산기를 사용함으로써 양적인 언어에 집중시킬 정신적 부담을 줄일 수 있으며 빠른 시간에 계산의 결과를 처리함으로써 문제의 분석이나 해결 전략의 탐구 등 문제해결 과정에 초점을 맞출 수 있고, 또 다른 다양한 장면의 문제를 해결할 수 있는 기회를 더 많이 가질 수 있다.

셋째, 수학학습의 동기를 높이고 수학에 대한 태도를 개선할 수 있다. 학습뿐만 아니라 실생활에서 모든 활동은 주체자의 능동적인 참여가 수반되어야 활동 자체가 유효하다. 아동들은 계산기에 부착되어 있는 여러 가지 키들의 기능에 대해서 매우 흥미를 느끼고 있다. 따라서 학교에서 아동들이 계산기를 접촉할 수 있는 기회가 제공된다면 친근감 및 흥미와 학습의 동기 유발을 촉진시킬 수 있다.

넷째, 계산 기능 이외 다른 내용을 배울 기회를 많이 가질 수 있다. 오늘날 사람들의 계산 능력은 계산기가 사용되지 않았던 과거 30여 년 전보다 더 발달했다고 볼 수 없다. 또한 과거에 사용했던 각종 산술 계산법이 오늘날에는 유용하게 활용되지 않는 경우가 많을 뿐만 아니라 전통적인 계산 기능을 중요하게 다룸으로써 평면과 공간, 통계와 확률, 자료의 수집과 처리 등 사회적 요구에 부응할 수 있는 내용을 다룰 기회를 상실할 수도 있다. 따라서 더 많은 수학을 배우기 위해서는 계산 그 자체에 투입되는 시간을 절약해야 하며, 계산기는 이를 보완할 수 있는 유용한 도구이다.

다섯째, 계산교육의 목적이 변하고 있다. 최근 계산 교육의 방향은 계산기능 그 자체보다는 언제 어떤 계산을 해야 하는지를 판단하는 능력과 계산의 목적에 따라 수행하는 도구를 선택하는 능력이 더 강조되고 있다.

② 교육과정에서의 계산기 사용

계산기가 수학교실에서 널리 사용되려면 교육과정 안에 계산기 사용에 대한 지침이 마련되어야 한다. 제7차 수학과 교육과정에서는 계산기의 사용에 대해 교수·학습방법에서 좀 더 구체적으로 권장하고 있다. 교수·학습방법 기자재의 활용부문에서는 "계산능력 배양이 목표인 영역을 제외하고는 복잡한 계산, 수학적 개념·원리·법칙의 이해, 문제해결력 향상 등을 위하여 가능하면 계산기나 컴퓨터를 적극 활용하도록 한다."고 하였다.

그래서 앞으로 적용하게 될 차세대 수학교육 내용 중에서 수학교실에서 계산기의 사용을 상용화하게 됨으로써 계산기 사용의 구체적인 장면과 어떤 교육내용에 적용할 것인지의 연구가 필요한 과제가 되었다.

특히 초등학교 수학교육에서 계산이 차지하는 비중은 매우 높은데 수학교육의 강조점이 문제해결과 사고력 신장에 있음을 비추어볼 때, 계산력(신속성과 정확성)의 부족으로 이러한 활동이 제약받게 된다면, 진정한 수학교육이 행해졌다고 볼 수 없을 것이다. 따라서 계산력이 뒤떨어지는 학생들에게 계산력을 향상시켜 문제해결 학습을 성공적으로 수행했던 여러 연구 결과에서 보듯이 계산기를 수업에 사용함으로써 이를 해결할 수 있다.

③ 학습도구로서 계산기 사용의 실례

학습도구로서의 계산기 사용에 대해 김진수(1994)는 학생들이 개념적 이해와 비판적 사고에 전념할 수 있도록 필요한 시간을 주는 도구로서 계산기가 사용되어야 한다고 지적하였으며, 코번(Coburn, 1989)은 기본전제를 들어 계산기를 계산도구로서, 교수방법으로서 사용해야 함을 시사하며 계산기의 유용성을 다음과 같이 설명하였다.

첫째, 개념적 이해와 비판적 사고에 초점을 둘 수 있다. '평균'의 개념을 지도한다고 할 때 지필 계산은 학습자로 하여금 많은 시간을 더하고 나누는 데 소요하게 된다. 이는 아동들에게 학습 주제를 빗나가게 할 수 있다. 반면에 계산기를 사용한다면 간단히 계산해낼 수 있으므로 더 많은 시간을 개념학습에 투자할 수 있으며 실제적인 자료로 학습하게 되므로 흥미 있는 학습이 될 수 있다.

둘째, 새로운 방법의 모색을 들 수 있다. 계산기의 계산능력은 새로운 방법으로 주제를 다룰 수 있게 한다. 예를 들어 삼각형의 넓이를 구한다고 할 때 공식을 가르치고 간단히 길이가 제시된 다양한 형태의 삼각형을 보여주어 연습하게 할 것이다. 만일 계산기를 사용하여 지도한다면 하나의 삼각형이 그려진 용지를 배부하고 넓이를 구하도록 한다. 아동은 세 가지 방법으로 밑변을 정하여 직접 측정한 값으로 삼각형의 넓이를 계산해봄으로써 더욱 주의 깊은 측정을 하도록 조장할 것이며 삼각형의 넓이를 더욱 잘 이해할 것이고 그 전이효과도 클 것이다. 이처럼 계산기의 사용은 탐구하고, 비교하고, 경험하는 자유를 준다.

셋째, 문제해결전략을 탐구할 수 있다. 계산기는 문제해결전략을 탐구하고 직관적인 과정의 적용을 촉진시킨다.

이를테면, "지금 6,300원을 가지고 있다. 일주일에 700원씩 저축을 하기로 하였다. 롤러스케이트를 사려면 17,500원이 필요하다고 한다. 몇 주 동안 돈을 모아야 하는가?"라는 문제를 학생이 접했다면 기본적으로 우리는 '(17500 − 6300) ÷ 700 = '으로 계산할 수 있다. 그러나 학생들이 토론을 통하여 계산기로 [6][3][0][0] + [7][0][0] =, =, = … 과 같이 = 키를 여러 번 눌러 17,500원을 얻어낼 수도 있다. 이처럼 계산기는 직관적이고 명백한 접근을 사용할 수 있게 한다.

넷째, 다양한 자료를 산출해낼 수 있다. 계산기의 많은 해를 빠르게 산출해내는 능력은 학생들의 개념적 이해를 돕는다. 저학년에서 자연수를 다룰 때 다양한 셈 활동으로 이해를 도울 수 있고, 중학년에서 소수를 다룰 때도 효과적으로 사용될 수 있다. 이를테면, 소수의 지도에서, 0 + .1 = 을 누르게 한 후 화면에 나온 수를 읽게 한다. 계속해서 + .1 = 을 하여 수를 읽게 한다. 0.9에서 + .1 = 1.0이 되었을 때 아동들은 기수법에 대해 이해하게 되고, 교사는 읽기 쓰기 등의 지도를 쉽게 할 수 있다. 나아가 0.1에서 1.0이 될 때까지 + .1을 한 횟수와 0.01에서 0.1이 되기까지 +0.01을 한 횟비교해봄으로써 기수법과 수의 크기, 관계성 등을 발달시킬 수 있다.

이상에서와 같이 계산기는 풍부한 학습도구로 또한 새롭고 흥미 있는 방법으로 더욱 수학학습에 쉽고 논제에 따라 다양하게 효과적으로 사용될 수 있다.

5.4 수학과 교수·학습 자료 사용 시 유의점

대부분의 사람들은 수학 수업에서 교수·학습 자료를 사용하기만 하면 좋은 수업이 될 것이라 생각하기 쉽다. 하지만 인식론적 관점에서 보아 교사가 유의하여야 할 몇 가지 점이 있으며 그것은 교수학적 현상[1]에 관한 것이다. 그 대표적인 몇 가지는 다음과 같다.

1) 교수학적 현상이란 지식을 가르치고 배우는 과정에서 교사와 학생 사이의 상호작용에 의해 지식의 표현 형태나 의미가 변형되거나 왜곡되는 상황을 말한다(강완·백석윤, 2001).

5.4.1 실세계 모델에 의한 교수학적 전도 현상

교수·학습 자료로 사용되는 여러 가지 조작 도구나 모형들은, 거의 모두가 수학적 개념에 의한 실세계에 있는 모델들이다. 이들은 추상적인 수학적 내용에 대한 이해를 쉽게 하고, 그 응용의 가능성을 제시해주는 긍정적 효과를 갖는다.

한편, 수학적 개념 그 자체는 바로 실세계의 여러 가지 대상으로부터 추출된 것이다. 따라서, 수학화 과정의 방향은 일단 실세계에서 시작하여 수학적 개념 쪽으로 진행되는 것으로 보아야 한다. 그러나 대부분의 수학학습은 이와는 반대 방향으로 사고가 진행되기 마련이다. 이러한 현상을 교수학적 전도 현상이라고 부르기도 한다.

이를테면, 십진블록을 사용하여 458을 나타낼 경우, 수학적으로 458=4×100+5×10+8이 되므로, 100모형 4개, 10모형 5개, 낱개모형 8개가 필요하다. 이 경우 학생들의 사고 방향은 이미 완성된 수학적 개념에서 시작하여 실세계 모델의 조작으로 향한다. 그러나, 수학화 방향은 이와 반대이다. 즉, 블록의 수 458을 표현하기 위해 이들을 10씩 묶고 남은 것의 수가 1의 자리의 수, 10씩 묶은 것을 다시 10씩 묶고 남은 것의 수가 10의 자리의 수, 그리고 나머지 묶음의 수는 100의 자리의 수가 되므로, 그러한 모형들의 모양과 수가 필요한 것이다.

십진블록은 이러한 방향의 수학화 과정을 지도하기 위한 것이 아니다. 비록, 수학적 개념으로부터 시작하여 실세계의 장면으로 사고의 방향이 움직이더라도, 십진블록의 사용이 수학적 개념의 형성에 긍정적으로 작용하므로, 유익한 교수·학습 자료임에는 틀림없다. 다만, 어떠한 교수·학습 자료의 사용에 있어서도 이러한 교수학적 전도 현상에 대한 충분한 고려가 선행되어야 가르치고자 하는 지식의 의미가 왜곡되는 일을 막을 수 있다(강완·백석윤, 2001).

5.4.2 메타인지적 이동

메타인지적 이동이란, 교사의 교수학적 노력의 초점이 수학적 지식 그 자체로부터 그가 만든 교수학적 고안으로 이동한 것을 말한다. 이를테면, LOGO 프로그래밍을 사용하여 원이나 간단한 도형의 성질을 지도하려고 할 때, 교사는 도형에 관한 내용에 앞서 LOGO 언어의 사용법부터 가르쳐야 한다. 그러나 때로는 LOGO 언어의 사용법이 가르치고자 하는 원의 성질보다 학습하기 어려울 수도 있다. 이러한 경우 메타인지적 이동은 긍정적인 효과를 기대하기 어렵다.

상당수의 교수·학습 자료는 이 점을 고려해서 제작되지만, 교수·학습 자료의 사용에 익숙해지기까지 많은 노력이 필요한 경우도 있다. 이때, 필연적인 과도한 메타인지적 이동에 대해, 교사는 미리 적절한 대비를 해두어야 할 것이다(강완·백석윤, 2001).

5.4.3 국소화

학교수학은 학문적 수학과 밀접한 관련이 있다. 그러나, 학문적 수학의 대상은 일반적인데 비해 학교수학의 대상은 학생들의 지적 수준의 발달에 맞추어 여러 가지 제한이 가해진다. 이러한 현상을 학교수학에 있어서 수학적 대상의 국소화(localization)라고 한다. 이를테면, 초등학교에서 유리수를 지도할 때 크게 분수와 소수로 나누어 지도한다. 즉, 유리수의 개념이 분수와 소수의 개념으로 국소화되는 것이다.

분수의 개념은 보다 국소적인 양의 분수, 몫의 분수, 비율의 분수, 분할 조작의 분수 등으로 세분화되기도 한다. 그런가 하면, 학교수학에서 다루는 소위 응용문제의 경우, 실세계에서 관측될 수 있는 자연스러운 수치보다는 계산이 간단하게 요구되거나 지나치게 크거나 복잡하지 않은 수치를 사용하게 된다. 이러한 것도 일종의 국소화 현상이라고 볼 수 있다.

교수·학습 자료를 사용할 경우, 이러한 국소화 현상은 보다 심화될 수도 있는가 하면, 오히려 교수·학습 자료의 사용으로 해소될 수도 있다. 이를테면, 패턴 블록을 사용하여 분수의 개념을 지도할 때 양으로서의 분수, 그것도 등분할 분수의 개념만 강조되어 국소화 현상이 두드러지게 된다. 또한, 계산기나 컴퓨터를 사용할 경우 특수한 프로그램을 사용하지 않으면 계산기의 정보 처리 방식에 따른 제약으로 인해 분수를 직접 다룰 수가 없으므로, 유리수란 곧 소수, 그것도 유한소수를 주로 의미하는 듯한 인상을 심어줄 수 있다.

그러나, 위에서 언급한 응용문제의 경우 복잡한 계산이나 수치를 다루는 부담을 기계에 맡길 수 있으므로, 작고 간단한 수치에 의해 제한되는 응용문제의 국소화가 다소 해결되는데 도움을 얻을 수도 있다. 국소화 현상은 수학학습지도에 있어서 불가피한 과정이지만, 교사는 수학적 개념의 국소화가 폭넓은 수학적 사고를 제약하는 일이 없도록 유의하여야 할 것이다(강완·백석윤, 2001).

수학과의 교수·학습 자료

교재연구문제

01 현재 초등학교에서 사용되고 있는 교수·학습 자료 외에 미래에 개발될 교수·학습 자료에는 어떤 것이 있을 수 있는지 말해보시오.

02 지금까지 알려진 것 이외에 초등수학의 실제 한 장면을 가져와서 퀴즈네어 색막대를 활용하여 지도할 수 있는 예를 들어보시오.

03 초등수학에서 유용하게 쓸 수 있는 학습 자료 하나를 고안해서 만들어보시오.

04 일선 현장에서 공학적 도구를 수학수업에 활용함에 있어서 당면한 문제점은 어떤 것이 있는지를 교사의 입장에서 약술해보시오.

06 수학학습이론

대부분의 사람들은 심리학이란 학습자가 어떻게 학습하고, 어떻게 주어진 과제를 해결해 나가며 어떻게 발달해 나아가는가에 관심을 두고 연구하는 학문으로 이해하고 있다. 이를 일선 현장의 수학교실에서 생각해본다면 교사가 보기에는 단순한 수학공식이나 계산 원리에 의해 해결될 수 있는 문제를 학생들이 어려워하는 것을 보며 왜 그런지 의문을 가질 때가 종종 있다. 이처럼 학생들이 어떠한 사고를 가지고 있는가를 이해하는 것은 교사에게 중요하며 적절한 도움을 제공하는 데 있어 필수적이라 할 수 있다. 이러한 이해의 핵심을 이루는 것이 수학학습과 관련한 여러 가지 심리학적 배경이다.

따라서 이 장에서는 초등학교 수학교실에서 수학교수·학습에 유용하다고 생각되는 심리학적 연구를 개관해봄으로써, 효율적인 수학교수·학습지도에 관한 다양한 이론들을 살펴보고 이러한 이론들이 수학교수·학습지도에 주는 몇 가지 시사점을 찾아보고자 한다.

6.1 자극-반응이론과 수학학습

심리학에서는 학습을 경험(활동·훈련·관찰 등)에 의해서 행동이 비교적 영속적으로 변화하는 것이라고 보는데, 이러한 학습을 설명하는 주된 이론에는 결합이론과 인지이론이 있다.

6.1.1 손다이크의 결합이론과 쾰러의 인지이론

(1) 결합이론

많은 수학 교과서나 학습지에서 계산 공식, 규칙, 문제를 해결하는 데 필요한 절차 등의 훈련(drill)과 연습(practice)을 위한 문제들을 흔히 볼 수 있다. 이러한 훈련과 연습의 반복적인 효과에 대한 이론은 행동주의 심리학자인 미국의 손다이크(E. L. Thorndike, 1874~1949)가 주장한 학습이론이다. 그는 발판(pedal)을 밟으면 문이 열려 밖으로 나올 수 있게 장치된 상자에 허기진 고양이를 가두어두고 그 바깥에 먹이를 놓아, 고양이가 어떻게 해서 먹이를 먹게 되는가를 실험하였다. 이 실험을 여러 번 되풀이하였더니 처음에 보이던 시행착오는 점차 감소하고, 결국 상자에 들어가자마자 발판을 밟고 밖으로 나와 먹이를 먹는 것을 관찰하였다. 이들 실험 결과로부터 그는 학습이란 상자에 넣는다는 자극(stimulus)

과 장치를 밟는다는 반응(response)의 결합에 의해서 생기는 것이고, 그 결합은 시행에서 실패를 되풀이하는 과정, 즉 시행착오 중에 생기는 것이라고 하였다. 이와 같은 이유 때문에 그의 이론은 결합설, S−R설, 혹은 시행착오설 등으로 불리고 있다.

초등학교 저학년에서 다루는 3+4=7이라는 덧셈의 예를 들어보자. 이것은 구체물의 세어보기를 통하여 해결할 수 있다. 이를테면 다음과 같다.

3개 + 4개 = 7개, 3자루 + 4자루 = 7자루, 3마리 + 4마리 = 7마리,

⋮

(자극) → (반응)

이와 같이 학습자는 왼쪽의 자극을 받아 오른쪽의 반응을 한다.

심리학자로서의 손다이크는 엄격하게 심리학적 실험주의의 전통에 뿌리를 두고 있으나, 동시에 실험실의 결과를 교실 수업을 위한 안내 역할을 하도록 전환시키는 일도 하였다. 결합주의자 또는 연합주의자라고 하는 그 당시의 많은 다른 심리학자들과 마찬가지로, 손다이크는 모든 인간의 행동뿐만 아니라 사고도 두 가지의 간단한 요소, 즉 인간에게 외적인 사건인 자극과 그러한 외적인 사건에 대해 인간이 대응하는 반응으로 분석될 수 있음을 주장하였다.

손다이크는 이런 실험을 거듭하여 학습을 보다 효율적으로 이루게 하는 원리로 다음 세 가지 법칙을 제시하였다.

① 효과의 법칙(law of effect): 유기체에 만족을 주는 반응은 남고, 만족을 주지 않는 반응은 없어진다.

② 연습의 법칙(law of exercise): 옳은 반응이 되풀이됨에 따라 자극과 반응의 결합은 강해지고, 틀린 반응은 사용하지 않게 되어 약해진다.

③ 준비의 법칙(law of readiness): 학습에 대한 심신의 준비가 되어 있을 때 학습은 더욱 효과적으로 이루어진다.

손다이크의 이론은 고양이의 학습에 대한 것이고, 또 이미 고전적인 이론에 속하기도 하여 오늘날 수학학습에 그대로 적용할 수 있는 것은 아니라고도 한다. 그러나 수학학습 중에서도 계산과 같은 기능적인 면의 학습에 대해서는 기본적으로 손다이크의 이론이 아직도 강한 설득력을 가지고 있다고 볼 수 있다.

(2) 인지이론

이 이론은 게슈탈트 학파의 쾰러(Köhler. W. 1887~1913)의 유인원에 대한 지혜실험을 그 출발점으로 볼 수 있다. 쾰러가 행한 실험 가운데 '도구 사용의 실험'이라는 것이 있다. 그것은 우리(cage)의 천장 높은 곳에 먹이를 매달아두고 바닥에는 상자 몇 개를 무질서하게 늘어놓은 후, 유인원을 가두고 문제를 어떻게 해결하는지를 관찰하는 것이다. 그 결과 유인원은 처음에는 직접 먹이를 손으로 잡으려 했으나 여의치 않자 한참 주위를 살펴보며 무엇인가 생각하는 듯하더니 갑자기 상자 몇 개를 포개놓고 올라가 먹이를 따 먹었다. 이러한 결과에 대하여 쾰러는 학습은 시행착오적으로 성립하는 것이 아니라, 지금까지는 목적-수단의 의미 관계가 있는 것으로 알지 못했던 장면의 구조가 지금까지와 다른 새로운 인지구조로 의미전환 함으로써 성립한다고 설명하고, 이러한 인지구조의 변화는 장(場)의 통찰에 의하여 일어난다고 하였다. 이 이론은 그래서 통찰설, 또는 장이론 등으로 불리고 있다.

인지이론은 유인원의 학습으로부터 얻어진 것이지만, 인간의 학습, 특히 사고가 수반되는 학습, 즉 이해가 수반되는 학습을 설명해주는 이론이라고 할 수 있다. 실제 이 이론은 지금까지 크게 발전하여 인간의 인지 양상이나 이해의 메커니즘 등을 직접 연구 대상으로 하게 되었다.

6.1.2 스키너

(1) 스키너의 학습이론

스키너의 심리학은 현대 행동주의 심리학의 주도적인 역할을 담당하고 있으며 손다이크의 연구에 비해 훨씬 과학적이었고 현대 심리학자들에게 가장 많은 영향을 준 인물로 평가된다. 특히 그의 심리학은 프로그램 학습(programmed instruction)[1]이나 개별학습(individualized learning), 또는 최근의 컴퓨터 보조수업(computer-assisted instruction)에 적용되

1) 프로그램 학습이라는 용어는 강화 도구(teaching machine) 프로그램에서 생긴 것으로, 스키너는 프로그램 학습과 강화 도구는 자신의 학습 강화 이론의 연구 결과로 제안된 것이지, 단순히 교수행위의 노력을 절감하기 위한 교육제도의 기계화를 의미하는 것이 아님을 강조한다.
일반적으로 프로그램 학습은 학습행동을 정확하게 통제하여 목표로의 도달을 효과적으로 하도록 합리적으로 구성된 학습으로서 체계적으로 조직된 자율적 교수·학습 방식이기 때문에 학습 내용이나 정보가 교사의 도움 없이 학습자 단독으로 습득할 수 있도록 제시되는 교수 방안을 의미한다. 즉, 학습자로 하여금 일련의 경험을 통해 프로그램 작성자가 의도하는 학습 목표에 점차적으로 도달하도록 하는 교육 방안을 말한다.

는 학습심리이론의 기초를 제공하고 있다.

프로그램 학습은 먼저 학생이 작은 조각의 정보를 제시받아 학습한 뒤에 교사의 질문에 답하고, 그 다음 학생의 답에 대하여 교사의 즉각적인 피드백이 이루어진다. 다음의 보기는 소수(prime number)에 대한 프로그램 학습의 일부분이다(김양희, 2006).

보기 소수는 1과 자기 자신만을 인수로 갖는 수이다. 예를 들면, 7은 1과 7로만 나누어지기 때문에 소수이다.
질문 1. 29는 소수인가?
질문 2. 소수의 인수는 무엇인가?
질문 1과 질문 2에 정확하게 답했으면 다음 문항으로 가시오. 두 질문 중 하나라도 틀렸으면 이전 문항으로 가시오.

자극-반응이론의 핵심은 자극과 반응의 결합에 관한 것으로, 스키너는 이 결합을 특별히 상정하지는 않는다. 즉, 스키너에게 있어서 자극은 조작적 행동 형성의 필요조건은 되나 원칙적인 조건은 아니다. 따라서 그의 학습이론은 학습자의 내면적인 세계에서 일어나는 인과적인 부분에 연구관심을 갖고 있는 것이 아니라, 학습자의 행동 변화를 어떻게 통제할 것인가를 훈련을 통해 이루려고 하였다.

스키너는 이전의 학습심리학들이 평균적인 결과에만 관심을 가지고, 학습자의 개인적인 차는 충분히 고려하지 않았다고 비평하면서 평균적인 자극의 조건은 추상적이고 모호하며, 그보다는 학습자 개인의 자극 조건을 세부적으로 통제하여 개인의 학습 현상에 있어서 법칙성이 나타나도록 해야 된다고 주장하였다. 즉, 스키너는 학습자마다의 개인차는 중시하면서 단지 이 개인차는 조건의 통제가 개별적으로 엄밀하게 실행될 때 학습 속도의 차이로 나타날 것이며, 학습 단계나 과정에 본질적인 개인차가 없다는 것이다.

20세기 중반에 접어들면서 스키너를 중심으로 학습활동을 통제하는 요인의 규명을 위한 연구가 이루어졌으며 핵심적인 사안은 조건형성(conditioning)[2]과 강화(reinforcement)[3] 두 가지였다. 전자는 비둘기를 훈련시키는 것과 같이 학습자를 조건화함으로써 잘 형성된 반

2) 쥐가 상자 위의 전구에 불이 켜져 있을 때 지렛대를 누르면 먹이를 떨어뜨리고, 불이 꺼져 있을 때 누르면 먹이를 주지 않는다. 이렇게 선택적으로 자극과 반응을 연합시키면 쥐가 불이 켜져 있을 때만 지렛대를 누르도록 조건형성이 된다. 이와 같은 조건형성을 조작적 조건화라고 한다.

3) 스키너는 상자에 쥐를 넣어 실험하였다. 상자 안에는 지렛대와 접시가 있고, 지렛대 위에는 작은 전구가 달려 있어 실험자가 임의로 조작할 수 있게 되었다. 스키너는 이 상자 속에 배고픈 쥐를 넣고 쥐의 행동을 관찰·실험하였다. 이때 쥐는 지렛대를 누르면 접시 위에 먹이가 떨어짐을 알게 되므로 쥐의 행동은 먹이를 얻기 위하여 계속되고 자연히 지렛대를 누르는 비율이 증가하게 된다. 이때 먹이가 주어지는 것을 강화라고 한다.

응을 기대할 수 있으며 이와 같은 조건형성의 연계적 단계를 거쳐서 복잡한 행동도 학습시킬 수 있다는 것이다. 후자는 일단 형성된 행동을 유지시켜주는 강화의 과정으로, 학습자에게 기대하는 행동을 형성시키고, 일단 형성된 행동을 유지시키고자 하는 것으로 이 두 가지 측면에 대한 연구가 스키너 학습이론의 주요한 핵심요소라 할 수 있다.

교육적인 측면에서 볼 때 스키너는 비둘기나 쥐와 같은 동물을 대상으로 행동을 실험적이고 과학적으로 분석했으며, 이 연구결과를 교수·학습에 적용하였다는 데 그 시사점을 찾을 수 있다.

6.1.3 브라우넬의 유의미한 수학학습

훈련과 연습을 주된 학습 방법으로 강조하는 연합주의와 이로부터 개선된 행동주의가 학습이론의 핵심이었던 1930년에서 1950년 사이 미국에서는 진보주의 교육운동이 영향력을 발휘하고 있었는데, 이때에는 생활을 위한 학습이 주로 강조되었다. 수학교육에서의 주된 변화는 연습 그 자체를 위한 반복연습에서 보다 유의미한 방법으로 산술적 개념을 개발시키려는 데 초점을 두는 쪽으로 변화가 시도되었다. 즉, 연합주의와 이로부터 개선된 행동주의가 주된 학습이론으로 각광받고 있던 1930년대에 브라우넬(Brownell)은 유의미한 방법으로 수학을 가르친다면 학생들이 수학을 훨씬 더 잘 이해할 것이라는 주장을 하였다. 하지만 이 시기에는 브라우넬의 이 막연한 개념을 교육자마다 서로 다르게 해석하고 있었다.

일부 학자들은 산수란 실용적인 활동이 배경을 이룰 때 의미 있는 것이라고 주장하였고 또 다른 학자들은 체계적 교육보다는 우발적 경험[4]을 통해 아동이 필요로 하는 수학을 배워야 하며, 그래야 더 잘 배울 수 있다고 주장하였다. 그러나 브라우넬은 그러한 환경에서 학습된 산수는 단편적이고 피상적이며 기계적이기 쉽다고 했다(Brownell 1935, p. 18; 강완·백석윤 2001, p. 106에서 재인용). 아동을 그들이 하고 싶은 대로 놓아두면, 그들의 경험은 너무 확산적이고 비구조적이어서 아동 스스로 서로 다른 것들 사이의 관련성을 연결 지을 능력이 없다는 것이다.

따라서 당시의 많은 수학교육자들 사이에는 의미 충실한 수학학습을 위한 우발적 학습의 장단점에 대해 논쟁이 벌어지게 되었다. 즉, 의미 충실한 수학, 달리 말하면 산수를 의미 있

4) 보다 넓은 관심 또는 의식되지 않은 목표와 관련된 개별적 주제, 이를테면 시계 보기 또는 잔돈 거스르기 등과 관련한 수 관계의 학습, 야구 리그에 대한 순수한 관심을 통해 승률에 대한(별로 힘 안 들이고 하는) 학습 등이다.

게 학습하기 위해서는 체계적인 이해가 필수적이라는 주장이 나왔기 때문이다(McConnell 1941, p. 281; 강완·백석윤 2001, p. 107에서 재인용).

브라우넬은 만약 아동들이 다양한 수학적 내용 사이의 관계와 패턴을 안다면 결국 반복 연습에 의해서 숙달시키려고 하는 수학적 개념을 더 잘 기억하게 될 것이라고 주장하였다. 이를테면, 초등학교에서 학습하고 있는 구구단을 무작정 외우기보다는 이와 같은 구구단이 덧셈의 동수누가의 간편셈이라는 이해의 바탕 위에서 암기한다면 혹 결과를 잊어버린 경우에도 동수누가의 개념으로부터 그 답을 찾을 수 있을 뿐 아니라 이 개념의 이해에 훨씬 도움이 된다고 보았으며 이러한 것이 아동들이 배워야 할 수학적 구조라고 하였다.

대부분의 형태주의 심리학자들에게 있어서 학습이란, 관계성을 인식하고 통찰을 계발하는 과정을 의미한다고 보고 있다. 그들은 어떤 부분적 상황이 전체 상황에 대해 갖는 관계성이 인식될 때에만 통찰이 일어나며, 문제의 해결이 이루어진다고 믿었다. 연합주의자들은 문제의 해결로 이끌기 위해 후에 종합되어야 할 개개의 기능에 대한 반복 연습이 필요하다고 주장하지만, 통찰론자들은 그보다는 처음부터 문제 상황의 모든 요소를 함께 고려하여야 한다고 주장한다.

6.2 통찰론과 수학학습

6.2.1 형태심리학

형태심리학파의 '장이론', '인지이론'은 손다이크의 결합이론에 배치되는 것으로 알려져 있다. 형태심리학은 '의식의 요소'보다는 '의식의 전체성'을 중시하는 심리학으로 패턴 혹은 전체라는 의미의 독일어를 붙여 게슈탈트 심리학으로 많은 책에서 소개되고 있다. 형태란 인간이 자기를 둘러싼 세계를 의미화하기 위해, 자기가 지각한 것을 패턴이나 관계성으로 조직화하거나 구조화하려는 경향성을 의미한다. 형태심리학에 따르면 지각하는 사람은 지각의 경험에 따라 독특하게 지각하며, 어떤 환경에서 전체적인 모양이나 형태를 찾으려는 경향이 있으며, 이것은 지각의 특별한 법칙에 의하여 영향을 받는다.

앞서 살펴본 바와 같이 행동주의 심리학자들은 학습을 자극-반응 결합의 연쇄적 강화현상으로 설명하고 있지만 이러한 시각으로 학습의 모든 경우를 설명하기는 어렵다. 학습은 자극-반응 경험의 단순한 축적만이 아니라, 문제 상황에 대처하는 효율적 능력의 성장을 의미하기도 한다.

문제해결에 대한 형태심리학자들의 주된 연구 중의 하나는 통찰이라는 현상이었다. 문제해결에서 통찰의 역할은 베르트하이머와 같이 연구한 쾰러의 연구로 알려지게 되었다. 쾰러는 가두어놓은 원숭이의 행동을 오랫동안 관찰하여 동물도 통찰을 통하여 지능적 행동을 보일 수 있는지를 알아보고, 이를 통해 손다이크와 같은 연합심리학의 요소설에 대한 반증을 드는 것이었다. 그의 실험에 따르면 원숭이들은 먹이와 자신을 가로막는 여러 가지 장애물을 우회로, 도구의 사용이나 도구의 제작 등 고도의 지능적 방법으로 극복하여 먹이를 차지하는 데 성공하였다. 이와 같은 현상은 자극-반응의 연쇄적 결합의 결과로 설명할 수는 없는 것이었다. 쾰러는 관찰을 통하여 그들의 문제해결은 보다 전체적인 조직 과정에서 이루어진다고 확신하였다.

이와 같은 실험의 결과로부터 많은 심리학자들은 인간이 지적 활동을 학습할 때 영향을 미치는 요인으로서, 환경에 대한 강조점에서 인간의 내적 구조에 대한 강조점으로 관심을 옮기게 되었다.

6.2.2 베르트하이머

학습이 통찰에 의해 이루어질 수 있다는 형태심리학의 관점은 수학교육에 많은 시사점을 던져주고 있다. 수학적 활동은 체계적으로 연결된 수많은 수학적 사실과 기능에 의존하기도 하지만 흥미로운 수학문제 중 많은 것은 때로는 의외적이고 직관적인 착상에 의해 해결되는 경우가 많기 때문이다. 베르트하이머는 이러한 수학적 사고와 아이디어가 어떻게 효율적으로 학습될 수 있을 것인가에 관한 문제를 연구하였다.

베르트하이머는 지각 현상에 대한 연구를 실험실에서 시작했지만, 아동들의 사고 과정을 연구하기 위하여 평행사변형의 넓이를 구하는 방법을 지도하고 있는 한 교실의 수업을 관찰하였다. 교사는 전시학습에서 직사각형의 넓이를 구하는 공식을 아이들에게 상기시킨 후, 평행사변형의 넓이를 구하는 공식을 지도하였다.

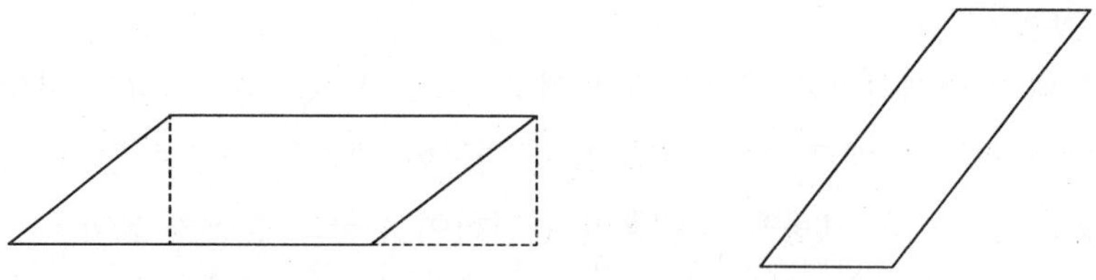

(a) (b)

그림 6·1 베르트하이머의 평행사변형 문제

교사는 아동들에게 [그림 6·1(a)]와 같이 윗변의 두 꼭짓점에서 밑변에 각각 수선을 내리고, 오른쪽 아래 꼭짓점에서 오른쪽으로 선분을 연장하여 합동인 두 삼각형을 만들어 보이며 평행사변형의 넓이는 직사각형의 넓이와 마찬가지로 밑변의 길이와 높이를 곱하면 된다고 설명했다. 이와 같은 알고리즘을 사용하여 아동들은 평행사변형의 넓이를 구하는 연습문제들을 쉽게 계산하였다. 그러나 다음날 베르트하이머가 [그림 6·1(b)]와 같은 그림을 아동들에게 제시하고는 이와 같은 평행사변형의 넓이를 구해보라고 하자, 어떤 아동들은 배우지 않은 문제라고 했고 어떤 아동들은 심지어 틀린 문제라는 반응을 보였는가 하면 또 다른 아동들은 포기해버리는 등 여러 가지 반응들을 보이며 당황하였다.

베르트하이머는 이런 반응이 나타난 이유는 아동들이 평행사변형의 넓이를 구하는 공식의 구조적 원리, 즉 관계적 이해를 하지 않고 교사가 제시한 공식의 형태에 맹목적으로 따라 학습한 도구적 이해를 하였기 때문이라고 보았다. 베르트하이머는 구조적 원리를 이해하려는 이와 같은 사고를 '생산적 사고(productive thinking)'라고 불렀으며 구조의 이해에 기초한 사고를 입증하는 데 연구의 초점을 두었다.

6.3 피아제의 인지발달단계이론

20세기 후반에 들어서 학습자가 어떻게 사고하는가를 이해하려는 노력이 늘어나면서 사람은 점차 나이가 들어감에 따라 일정한 사고 단계를 거치게 된다는 피아제의 인지발달이론은 많은 주목을 받게 되었다.

피아제는 지식의 발달을 태아 발생의 전 과정에 결합되어 있는 자율적 과정으로 설명하고 있으며, 학습은 그 반대의 경우를 나타내는 것으로, 하나의 심리적 경험자가 만들어내는 상황에 의해서 일어나는 것으로 설명한다. 피아제는 지식의 발달을 설명하기 위한 핵심 개념으로 '조작'이라는 용어를 사용하였다.

피아제는 조작이 지식의 발달에 중심적 역할을 하는 것으로서, 대상에 대하여 행해지는 일종의 내면화된 행위로, 또한 가역성이 있는 것으로서 논리적 구조를 구축하는 특별한 형태의 행위로 보았다. 이러한 조작은 고립된 것이 아니며, 그것은 항상 다른 조작과 연결되어 있어서, 결과적으로는 항상 전체적 구조의 한 부분이 된다. 그리고 이러한 구조가 지식의 기초를 이루게 된다. 따라서 피아제에 따르면, 발달의 중심 문제는 이러한 구조의 형성, 조직과정 및 기능을 이해하는 것이라 할 수 있다. 그는 이러한 이해를 위해 다음과 같은 발달의 4단계를 제시하고 있다.

6.3.1 피아제의 인지발달의 4단계

(1) 감각운동기

아동이 태어나서부터 대략 2년 정도 경과할 때까지의 지적 발달 시기를 가리킨다. 이 시기의 유아는 자신의 육체적, 정신적 행동을 도식(쉠, schème)이라고 하는 일련의 분명한 행위 단위로 발전, 조직한다.

감각운동기(sensorimotor stage)의 출발점은 삼키기, 빨기, 혀 움직이기, 울기와 같은 타고난 생물학적인 반사작용과 순환반응이며, 순환반응이란 우연히 획득된 어떤 새로운 결과의 능동적인 재생행위를 말한다. 이 시기의 유아는 자신의 감각과 육체적인 움직임을 조정할 수 있게 되고. 시야에서 사라진 물체는 다시 나타날 수 있음을 알 수 있을 뿐만 아니라 물리적인 대상에 이름을 붙일 수 있게 된다.

(2) 전조작기

대략 2세에서 7세 정도 아동들의 지적 발달 단계를 전조작기(preoperational stage)라고 한다. 이 시기 아동들의 가장 중요한 특징 중 하나는 자기중심적[5]이어서 자신의 마음속으로 한 일련의 행동을 반대로 진행하는 데 곤란을 느끼며, 일단 실행된 행동에 집착하고 앞에서 행한 다른 행동이나 가능한 행동과 조정하지 못한다.

사고방식에 있어서 전조작기에 속한 아동들이 필요로 하는 능력을 피아제는 조작 또는

5) 자기중심적이란 세상을 자신만의 단일한 관점에서 보는 것을 의미하는 것으로, 여러 가지 시각이나 관점이 존재한다는 것을 알지 못하고, 스스로에게 사로잡혀 있다는 자각조차 없는 상태를 의미한다.

행위라고 했는데, 감각운동기와 같이 육체의 움직임에 의한 수행이 아니라 정신에 의해서 행동을 하는 것을 말한다. 따라서 이러한 정신에 의한 활동을 막 습득하기 시작하는 시기이기 때문에 전조작기라는 용어를 사용하였다.

이 시기의 아동들은 자신의 모든 생각이나 경험을 다른 사람들도 공감할 수 있는 것으로 믿고 있으며, 무생물체도 생물체적인 성향을 갖고 있는 것으로 생각하고, 개체가 1개인 경우와 많은 경우의 차이를 대수롭지 않게 여긴다. 또한, 어떤 사고의 대상이나 상황에 대하여 두 가지 측면을 동시에 고려할 수 없으며, 연역적이거나 귀납적인 추론을 하는 데 어려움을 갖고 있다.

(3) 구체적 조작기

구체적 조작기(concrete operational stage)란 조작이란 용어가 의미하듯이 '손을 사용한 사물의 조작을 통한 사고'라는 특징을 기술하기 위해 피아제가 붙인 이름이다. 대략 7세에서 12세 정도의 시기를 말한다. 이 기간의 초기에는 전조작기에서 나타났던 아동의 자기중심적 현상이 현저히 감소하고, 혼자서 하던 놀이를 친구들이 보는 앞에서도 할 수 있게 된다. 구체적 조작기의 아동은 여러 가지 성질을 갖는 대상들을 특정 성질에 따라 분류하여 집합과 부분집합의 개념을 적용할 수 있게 되고, 동시에 어떤 대상이 갖고 있는 여러 가지 성질을 고려할 수 있게 된다. 이 시기의 아동들은 분류된 각 집단들 사이의 복잡한 관계를 다룰 수 있게 되고, 연산이나 어떤 행위의 과정을 역방향으로 거슬러 올라갈 수 있게 된다.

또한 이 시기의 아동들은 사물을 실제적으로 다루지 않고 개념 사이의 관계를 내면적으로 취급할 수 있다. 즉 개념적 표상과 그 관계를 다룰 수 있어 내면적으로 시행착오를 겪거나 가설의 검증을 통하여 문제를 해결할 수 있으며 새로운 아이디어를 이해하고 이미 획득된 개념과 관련지을 수 있다. 하지만 이러한 조작은 당시의, 혹은 전에 행하여진 구체적인 대상의 취급과 직접 관련되며, 구체적 대상 없이 언어적 명제만을 다루는 형식적 수준에는 이르지 못한다는 점에서 형식적 조작기와는 구분된다.

(4) 형식적 조작기

대략 11~12세 정도의 시기에 시작되는 형식적 조작기(formal operational stage)에서는 정신의 추상적인 활동을 표현하고 예시하는 데 더 이상 구체적인 조작 활동에 의존할 필요가 없게 된다. 그들은 동시에 여러 가지 다양한 관점을 통해 생각할 수 있게 되고, 자신의 행동을 객관적 입장에서 바라볼 수 있으며, 자신의 사고 과정을 반영시켜 볼 수 있게 된다. 또한 이 시기의 학생들은 이론을 구성하거나 가설을 세울 줄 알게 되며 다양한 가설들을 시험해볼 줄 알게 된다. 이 시기의 학생들은 정의, 규칙, 법칙 등을 상황에 맞게 이해할 수 있다. 또한 그들은 귀납적이거나 연역적 방법으로 추론할 수 있으며, " ~이면, ~이다." 식의 논리를 펼 수 있다. 또한, 순열이나 조합, 비율, 상관관계, 확률과 같은 복잡한 개념을 이해하고 적용할 수 있게 되며 무한히 큰 수와 작은 수에 대한 인식이 가능해진다.

6.3.2 구체적 조작기의 보존성 개념

피아제에 의하면, 학습을 인지발달에 종속되는 것으로 보고, 보존개념의 발달수준에 적절한 학습이 이루어져야만 일반화 가치가 있고 전이효과가 있으며 파지력이 생긴다고 하였다.

보존(conservation)이란 어떤 사물의 특징이 그 형태변화에 관계없이 일정하다는 것을 인식하는 능력을 말한다. 이러한 보존개념은 나이가 어릴수록 형태나 위치 등과 같은 지각적 속성에 주로 의존하지만 나이가 많아짐에 따라 수량, 무게, 부피 등과 같은 추상적 개념에 의존함으로써 사물, 현상 및 사태를 논리적으로 판단하는 경향을 보이게 된다. 피아제는 이와 같은 보존실험을 통해 초기 유아기부터 청소년기까지 연령이 증가함에 따라 발달해가는 인지단계를 설명하고 있다.

하지만 피아제의 보존개념에 대한 연구는 어디까지나 보존개념형성 시기를 판단하는 실험을 한 것이며, 이와 같은 보존개념을 더 앞당겨 형성하게 하려는 연구는 아니었다.

피아제와 그의 동료들이 연구한 수 개념의 보존성은, 다음과 같이 생각해볼 수 있다.

아동들은 수 세기를 통하여 수를 배운다. 수를 센다는 것은 [그림 6·2]와 같이 구체물이 있을 때 구체물 각각에 순서대로 1, 2, 3, 4, … 등의 번호나 이름을 붙이는 것과 같다.

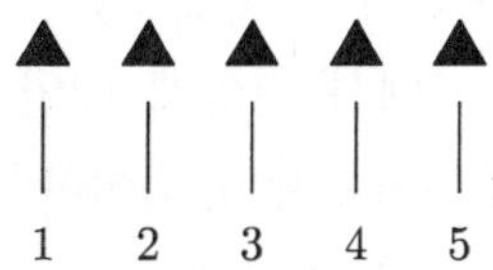

그림 6·2

수량의 보존개념이 형성되는 시기인 6~7세쯤 되어야 수 개념을 파악할 수 있다고 한다. 아동이 주어진 대상의 수를 정확하게 세고, 1대 1 대응에 의해서 수를 이해했다고 해서 수의 보존개념이 형성되는 것이 아니다.

보통 6~7세가 되면 수를 학습하는데, 교사는 말로만 해서 가르칠 수 없고 구체적인 자료와 적절한 질문기술을 연구하여, 아동들이 학습하려고 하는 욕망을 불러일으킬 수 있는 환경을 조성해주어야 한다.

수의 보존성에 대한 실험으로, 먼저 아동들에게 [그림 6·3]과 같은 두 구슬의 집합을 보여준다.

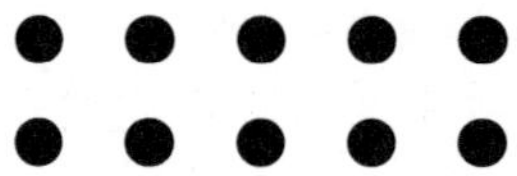

그림 6·3

아동들은 이들 두 집합의 구슬의 수가 같다고 말한다. 그러나 한 집합의 구슬을 [그림 6·4]와 같이 간격을 달리하여 놓으면 어떠한 반응을 보일까?

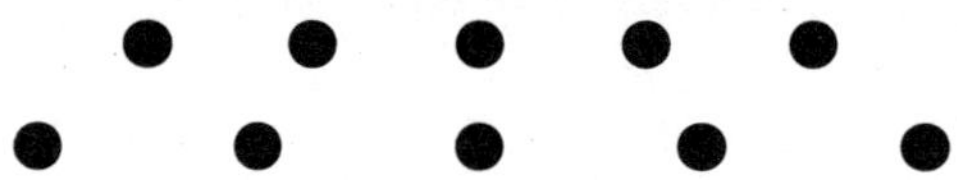

그림 6·4

이 실험의 결과 5~6세 아동의 대부분은 모양을 달리하여 벌려놓은 쪽의 구슬이 더 많다고 답한다. 이 실험결과로부터 아동들은 구슬의 수보다도 구슬이 차지하고 있는 공간의 크기나 조밀 정도와 같은 속성에 의해 수량의 대소를 판단한다는 것을 알 수 있다. 이러한 아동들은 수 개념의 보존성 단계에 도달하지 못했다고 말할 수 있다.

수 개념의 보존성은 원소들이 공간에서 어떻게 배열되어 있는가에 관계없이 두 집합이 동치임을 파악할 수 있는 성질로 보통 6~7세가 되어야 가능하다고 한다. 여기에서 두 집합이 동치라고 하는 것은 두 집합의 원소의 배열의 길이나 공간의 간격 등과 같은 지각적 속성은 전혀 상관하지 않고 그 사물의 개수가 꼭 같다는 것을 의미한다. 나이가 어릴수록 1대 1 대응의 개념이 성립되지 않기 때문에 주어진 집합의 원소의 수보다는 원소를 배열한 길이나 그 집합이 차지한 공간에 기반을 둔 개념을 갖게 된다.

이와 같은 수 보존개념의 이해는 논리적 사고력의 중요한 형태이며 다른 인지활동을 위해 필수적인 것으로 알려지고 있다.

양의 보존성을 이해하는지의 여부는 찰흙을 가지고 시험해볼 수 있다. 이를테면, 똑같은 두 찰흙을 똑같은 모양으로 만들어 양이 서로 같음을 확인시킨 후, [그림 6·5]와 같이 한쪽을 타원형으로 변형시켰을 때 두 찰흙의 양이 처음과 같다고 생각하지 못하는 아동은 아직 양의 보존성을 이해할 수 있는 단계에 도달하지 못한 것이다(Copeland, pp. 95~96).

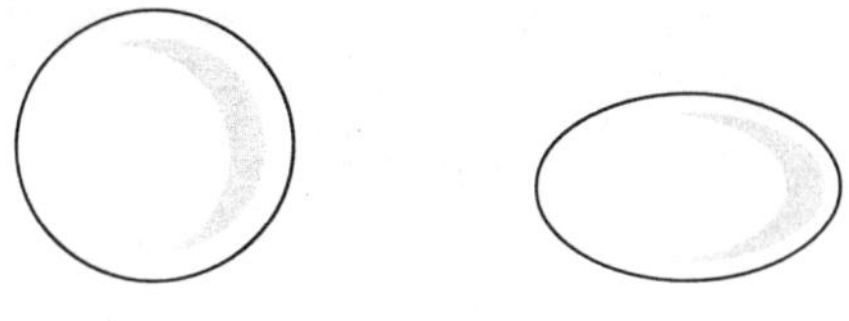

그림 6·5

넓이의 측정과 보존성 개념의 관계를 알아보기 위해서는 [그림 6·6(a)]와 같이 6개의 정사각형으로 이루어진 직사각형 2개를 제시한 후, 그중 하나를 [그림 6·6(b)]와 같이 모양을 변형시킨 다음에 넓이가 아직도 서로 같은지를 물어본다.

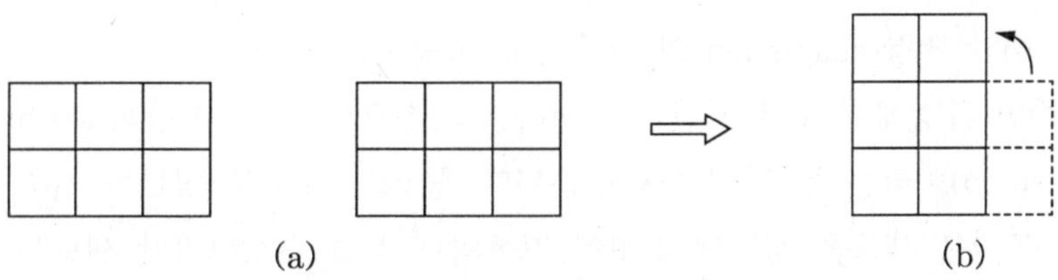

그림 6·6

다른 한 가지 방법은 [그림 6·7]과 같이 합동인 두 직사각형을 제시한 후, 한 직사각형을 대각선 방향으로 잘라서 전체 모양을 삼각형으로 변형시킨 다음, 넓이가 아직도 같은지를 물어본다.

대부분의 5~6세 아동들은 모양이 달라졌기 때문에 당연히 넓이도 달라졌다고 생각한다. 그 이유는 다른 한 도형이 더 크게 보이기 때문에 더 크다거나, 한 도형이 잘렸기 때문에 작아졌다고 생각하는 것이다(Copeland, pp. 292~293).

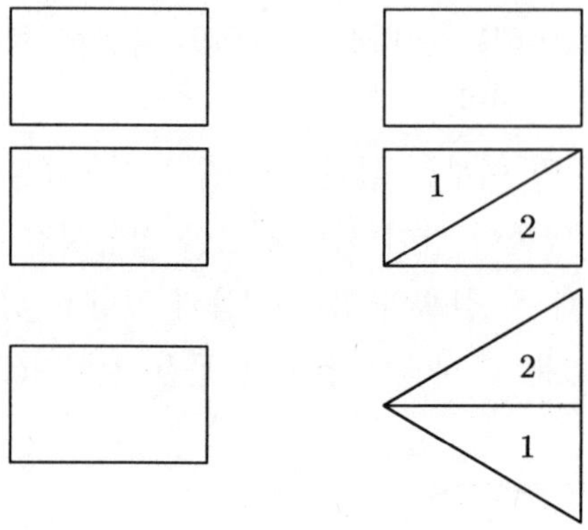

그림 6·7

6.3.3 인지발달의 요인

20세기 후반에 접어들어 학습자의 사고과정을 이해하려는 노력이 늘어나면서 인간은 나이에 따라 일정한 사고 단계를 거치게 된다는 피아제의 인지발달이론은 상당한 주목을 받았고 또한 교육과정의 변화에 많은 영향을 주었다.

인간은 성장하면서 자신의 고유한 도식[6]들을 갖추어나간다. 이러한 과정을 피아제는 조직(organization)과 적응(adaptation)의 개념으로 설명하고 있다.

적응이란 주변 환경에 맞도록 자신을 조정하는 과정으로서, 다시 동화(assimilation)와 조절(accommodation)이라는 두 과정으로 구분된다. 동화는 새로운 정보를 기준 도식에 맞추는 과정이고, 조절은 새로운 정보에 맞추어 기존의 도식을 수정하거나 새로운 도식을 만드는 과정이다.

동화는 새로운 정보나 경험을 자신의 지적 구조에 합치시키는 과정이라고 할 수 있고, 조절은 새로운 정보나 경험에 의해 발생되는 지적 구조의 재구성이라고 할 수 있다.

피아제의 인식론에 대한 견해는 경험론에서 말하는 개인의 감각기관을 통하여 외부에서 내부로 들어오는 감각적인 정보에 의한 것이라는 주장과, 이성론에서 말하는 진리는 단순한 이성에 의하여 가장 명확하게 보증된다는 주장을 종합한 입장을 지지하였다. 즉, 감각적 경험과 이성과의 밀접한 상호 작용에 의하여 지식이 만들어진다는 생각을 하였다. 그래서

6) 피아제는 사람들이 세상을 이해하고 상호 작용하기 위하여 보다 뛰어난 체계로 계속해서 재조직하는 인지구조에 특별한 이름을 붙였는데, 이처럼 변화하는 인지구조를 도식 또는 쉠이라고 하였다.

피아제는 "경험은 이성을 만들고, 이성은 경험을 만든다."라는 말을 하면서 인지발달 과정에서 경험과 이성은 분리될 수 없고 서로 융합되어 하나의 전체를 이룬다고 주장하였다.

피아제의 상호 작용설의 독특한 점은 그의 발달이론의 기본이 되는 평형(equilibrium) 개념을 도입한 점이다. 내적요인과 외적요인 간의 근본적인 상호작용을 고려한다면 모든 행동은 동화와 조절 간의 평형을 이루는 방법으로 나아가기 때문에 발달이론은 이러한 평형의 개념을 꼭 필요로 한다. 다시 말해서, 외부세계와의 인지적 만남은 언제나 동화와 조절의 두 상보적인 측면을 지닌다. 따라서 인지체계는 현실을 자신의 구조에 동화시키는 동시에 자신을 환경의 구조에 조절시킨다. 새로운 환경요소들은 자신에게 동화시키고 이들에 맞추어 스스로 조절하려는 반복적인 시도를 통해 인지체계의 내부적 구조는 점차 변화하면서 인지발달이 이루어지는 것이다. 이상의 내용을 그림으로 나타내면 다음과 같다.

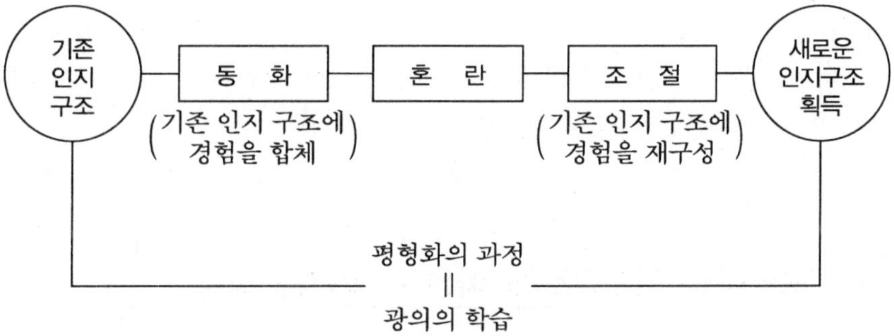

그림 6·8 평형화의 과정

동화와 조절 기능의 어느 하나만 작용한다면 인지작용은 제대로 일어날 수 없다. 이들 간에는 상보적인 작용에 의해 동시에 일어나게 하는 역동적인 평형화 과정이 꼭 필요한 것이다.

여기서 평형화란 개념은 인지구조가 한 상태에서 다른 상태로 변화하는 과정이고 그 과정의 결과가 바로 평형상태인 것이다. 다시 말해서, 평형화는 아동의 자율조정 과정(self-regulatory process)을 말하며 이러한 자율조정 과정의 결과로 각 발달단계에서 점차 고도의 평형을 이루게 된다. 이러한 관점에서 본다면, 수학적 개념형성은 아동의 인지발달 과정을 중시한 동화와 조절이라는 두 가지의 상보적인 평형화 과정을 통해서 이루어지는 것이 바람직하다고 보겠다.

이상과 같이 피아제의 이론에 따르면, 인지발달에 영향을 주는 요인은 다음과 같이 요약할 수 있다.

첫째는 일반적인 지적 발전의 중요한 요인으로 뇌와 신경계통의 생리적 성장을 들 수 있다. 이와 같은 성장을 생물학적 성장이라고 한다.

둘째는 경험이다. 피아제는 경험의 중요성을 인식하고, 이를 육체적 경험과 논리·수학적 경험의 두 가지로 분류한다. 먼저, 육체적 경험은 인간의 주변 환경에 존재하는 대상들과 인간 사이의 교류 행위이고, 논리·수학적 경험은 자신의 경험에 비추어 정신적 도식이 재구성됨에 따라 수반되는 정신적 행위를 의미한다.

셋째는 사회적 전달자로서, 다른 사람과의 대안적 교류와 협조 체제를 말하며, 이는 아동의 마음속에 논리를 발전시키는 중요한 역할을 담당한다. 피아제에 의하면 형식적인 조작의 기능은 사람 사이의 견해 교류나 조정 행위 없이는 지적 발달이 있을 수 없다고 한다.

넷째는 평형으로서, 이는 새로운 경험의 결과로 기존의 지적 구조가 안정성을 잃었다가 동화와 조절의 과정을 통해 안정을 되찾게 되는 것을 말한다. 이와 같은 평형으로 인하여 지적 구조는 발전되고 성숙하는 것이다. 피아제는 이와 같은 네 가지 요인이 인지발달의 원인적 역할을 하며, 아동이 인지발달의 4단계를 성공적으로 거치기 위해 이와 같은 각 요인들의 존재가 필수적인 것으로 생각하였다.

6.4 브루너의 인지경로에 따른 수학학습 과정

추상적인 수학학습을 쉽게 이해하기 위해서는 인지발달의 경로에 따라 학습해야 한다. 브루너는 지식의 구조라는 개념을 통해 수학교육 현대화 운동의 이론적 배경을 제공하였으며, 피아제의 인지발달단계이론에 기초하여 EIS 이론을 제안하였다. 이 절에서는 이 두 가지 이론을 중심으로 인지경로에 관한 브루너의 학습이론을 알아보기로 한다.

6.4.1 지식의 구조

브루너는 1963년에 《교육의 과정(*The Process of Education*)》[7], 1966년에 《교수이론

7) 1957년 소련의 스푸트니크 인공위성 발사 후, 미국은 과학교육 중심의 개혁을 서두르게 된다. 우즈홀(Woods Hole)에서 수학자, 과학자, 심리학자, 교육학자들이 과학교육의 개선을 위한 장기간에 걸친 회의를 하였고, 브루너가 회의를 주관하면서 회의 내용을 정리한 책이 《교육의 과정》이다.

서설(*Toward Theory of Instruction*)》이라는 자신의 저서를 출판하였다. 《교육의 과정》이 일반적이라면 《교수이론 서설》은 그 일반론의 구체적인 실험수단을 보여주고 있다. 브루너는 《교육의 과정》을 통하여 학교에서 지식의 구조를 지도할 것을 주장하고 있다. 브루너가 말하는 지식의 구조란 '각 학문의 기저를 이루고 있는 핵심적인 개념과 원리', 즉 단순한 사실들이나 잡다한 현상에 대한 정보가 아니라 이러한 사실이나 현상을 서로 관련짓고 체계화하는 주요 개념이나 원리이다. 따라서 지식의 구조를 지도하게 되면 다음과 같은 네 가지 이점이 있다고 주장하였다(Bruner, 1960).

① 기본적 사항을 이해하면 내용을 훨씬 쉽게 파악할 수 있다.
② 세세한 사항은 구조화된 패턴 안에 들어 있지 않으면 쉽게 잊어버린다.
③ 기본적인 원리나 아이디어를 이해하는 것은 적절한 훈련의 전이를 가능하게 하는 가장 주된 방법이다.
④ 초등학교와 중·고등학교에서 가르치는 학습 자료가 어떤 기본적인 성격을 나타내고 있는가를 끊임없이 재조사함으로써 고등지식과 초보적인 지식 사이의 간격을 좁힐 수 있다.

위의 네 가지 이점 중에서 처음의 세 가지는 각각 구조를 통하여 그 지식을 이해하고, 기억하고, 적용할 수 있도록 가르친다는 것을 의미하는데, 이는 지금까지 전통적으로 우리가 학교에서 해왔던 교육이 '일반적 개념과 원리'를 가르쳐왔다는 관점에서 보면 유사한 맥락이라 할 수 있다. 다만 브루너가 주장하고 있는 네 번째의 것은 "지식의 최전선에서 새로운 지식을 만들어내는 학자들이 하는 일이나 초등학교 학생이 하는 지적 활동은 근본적으로 큰 차이가 없다."는 것이며, 지식의 구조를 가르친다는 것은 곧 지식을 가르치되, 학생들로 하여금 그 지식 분야에 종사하고 있는 학자들이 하는 일과 근본적으로 동일한 일을 하도록 하는 것을 의미한다.

이상과 같은 지식의 구조에 대한 특별한 논의는 1960년대 미국의 교육과정 개혁에 기초적 근거를 제공하였다. 그러나 10여 년 뒤인 1971년 브루너는 "교육의 과정에 대한 재음미"라는 글에서, 10여 년 전에 자신이 주장했던 교육에 대한 개념이 적절하지 않았던 것으로 평가하고 있기도 하다.

6.4.2 EIS 이론

브루너에 의하면 아이들은 성장을 하면서 그들을 둘러싼 세상에 대한 이해를 표현하는 적절한 표상형태를 습득해야 한다고 주장하였다. 아울러 피아제의 발생적 인식론을 바탕으로 하여 브루너는 지식의 구조이론에서 어떤 영역의 지식도 다음과 같은 세 가지 과정으로 표현해낼 수 있다고 하였다.

① 활동적 표현(enactive representation): 학습자에게 제시하는 개념적 지식 구조를 이해하는 데는 실물 그대로의 제시를 통해서 행동화, 조작화의 신체적 동작으로 표현함
② 영상적 표현(iconic representation): 개념을 충분히 정의하지 않고도 영상을 통해서 그림이나 모형으로 지식을 이해함
③ 기호적 표현(symbolic representation): 법칙과 원리에 의해 지배되는 상징적 체재에서 배출된 논리적 명제에 의한 기호나 문자식으로 지식을 이해함

활동적 표현은 과거의 사건을 적절한 운동적 반응을 통해 표현하는 것이다. 활동적 표현 양식은 인지발달에 기본이 되는 것으로, 구체적 조작기까지의 행동 발달에 지배적인 역할을 하며, 발달과 더불어 점차 내면화된다. 이를테면, 7개의 검은 바둑알에 대하여 동일한 개수의 흰 바둑알을 제시하거나, 사물의 개수를 나타내기 위하여 색칠을 하거나 스티커를 붙이는 행동은 모두 자연수에 대한 활동적 표현이며, 구체물을 합치거나 분리하는 행동은 자연수의 덧셈과 뺄셈에 대한 활동적 표현으로 생각할 수 있다.

영상적 표현은 내적인 심상에 근거를 두고 시각적 또는 다른 감각적 조작에 의하여 지식을 그림이나 도식으로 표현하는 것에 있다. 이를테면, 수도(數圖)를 이용하여 수를 나타내는 것은 자연수에 대한 영상적 표현이며, 벤다이어그램은 집합에 대한 영상적 표현이라 할 수 있다.

기호적 표현은 언어 능력의 발달과 더불어 나타나게 된다. 아동들이 수학적 연산을 기호로 표기하기 시작할 때에는 추상적인 수학적 표현을 읽는 능력이 형성된 시기로서, 그들은 기호적 표현 양식을 사용하기 시작하는 것이다. 피아제의 인지발달단계이론으로는 구체적 조작기까지는 구체물과 관련되어 기호적 표현이 가능하며 순수하게 기호적 표현만을 다루는 것은 형식적 조작기에서 가능하다. 이를테면 수를 1, 2, 3, … 등의 숫자로 표기하거나 +, −, = 등의 기호를 사용하여 덧셈, 뺄셈 등의 수식으로 나타내는 것은 기호적 표현이라 할 수 있다.

표현형태	활동적	영상적	기호적
구체 → 추상			
대상	실물, 모형, 사진, 구체물	그림, 도표, 수직선, 벤다이어그림	용어, 기호, 수, 문자
특성	활동적 경험적	시각적 직관적	개념적 논리적

그림 6·9 브루너의 세 가지 표현형태

6.5 딘즈의 수학학습의 원리

브루너와 더불어 수학학습의 실험적·이론적 연구를 추진해온 딘즈는 수학학습을 '놀이'를 통한 구성적 활동이라고 보고, 학습자의 수학학습 경험의 계열화 과정에서 구체적인 수학 자료를 이용한 놀이를 중요시하였고, 수학적인 상황인 놀이를 통해서 조직된 학습으로 발전한다고 보고 이에 기초하여 네 가지의 수학학습 원리를 제시하였다.

6.5.1 수학적 개념학습 원리

딘즈는 일반적으로 피아제의 이론을 추종하면서, 수학학습과 관련하여 나름대로의 인지심리학적인 관점을 형성해왔다. 딘즈는 자신의 학습이론을 구현하기 위한 효과적인 학습원리를 네 가지로 제시하고 있는데, 이는 다음과 같다(Dienes, 1960).

① 역동적 원리(dynamic principle)
② 구성의 원리(constructivity principle)
③ 수학적 다양성의 원리(mathematical variability principle)
④ 지각적 다양성의 원리(perceptual variability principle)

역동적 원리란 장래에 그것으로부터 수학적 개념을 구성해낼 수 있는 쌓기나무 놀이나 종이접기 놀이, 또는 게임 등을 경험해야 한다는 것이다. 이 원리는 "수학적 개념은 인간의 활동을 통해서 형성된다."고 하는 피아제의 활동주의적 수학관의 영향을 받은 것으로 활동을 통해서 학습되게 한다는 것이다. 아동들에게 경험하고 있는 종이접기 놀이나 쌓기나무 놀이 등은 도형의 개념 형성이나 부피개념 형성에 크게 기여하고 있다고 생각된다.

구성의 원리는 아동은 분석적 사고를 하기 훨씬 이전에 구성적 사고를 발달시키므로, 아동에게 제시하는 수학적 상황은 분석보다는 구성을 요구하는 것이 우선되어야 한다는 것이다. 아동은 논리적 판단을 할 준비가 되어 있지 않더라도 많은 수학적 개념을 훨씬 쉽게 잘 구성할 수 있으며, 구성한 것에 대한 논리적 탐구는 자연스럽게 몇 년 후에 나타나게 된다. 초등수학에서 공간도형의 학습에 이를 적용하면 먼저 공간 도형이나 그 단면을 만드는 것이 선행되고, 이어서 그 성질의 분석이나 성질의 근거를 조사하는 학습이 이루어지는 것이 좋다는 것이다.

수학적 다양성의 원리는 수학의 일반화가 잘되기 위해서는 수학적 개념을 제시할 때 변화시킬 수 있는 것과 변화시킬 수 없는 것이 있는데, 변화시킬 수 있는 것은 가능한 한 변화시켜서 다양하게 제시해야 한다는 것이다. 이를테면, 초등학교에서 평행사변형을 지도할 때 [그림 6·10]과 같이 제시하여 변의 길이, 각, 위치 등 변화시킬 수 있는 요소는 여러 가지로 변화시킨 것을 보여주어야 한다는 것이다.

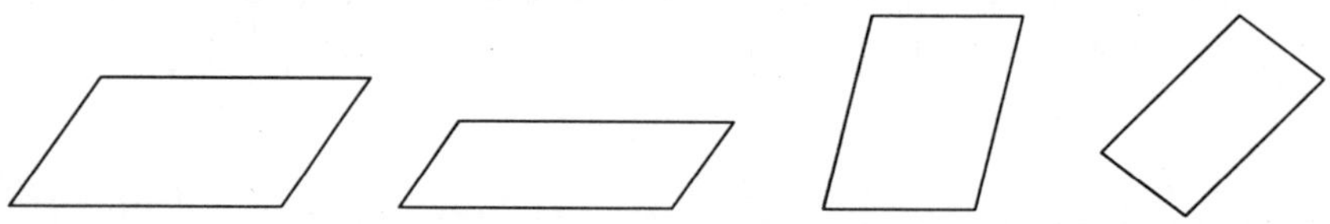

그림 6·10

지각적 다양성의 원리는 동일한 개념을 형성하는 데 존재하는 가능한 모든 개인차를 고려하는 방법으로서, 동일한 개념적 주제에 대한 다양한 수단을 사용하여 가능한 한 많은 변화를 주자는 것이다. 이를테면, 평행사변형의 개념을 형성함에 있어서 평행사변형을 종이 위에 그릴 수도 있고, 2개의 합동으로 된 삼각형으로 만들 수도 있으며, 점판 위에 표시할 수도 있고, 대나무나 고무줄 등으로 만든 것을 제시할 수도 있다. 이와 같이 수학적 개념 형성에 있어서는 그 개념을 가능한 한 다양한 구체물로 제시해야 한다는 것이다.

결과적으로 딘즈는 모든 추상은 직관과 구체적 경험에 기초한다고 주장하였으며 따라서 수학학습에서 수학실험실, 구체적 조작물, 수학적 게임을 강조하였다. 이 원리들은 어느 것이나 수학적 개념이나 사고 및 그 형성과정에 대한 주의 깊은 통찰로부터 도출된 것으로 수학학습에 폭넓게 적용될 것으로 보인다.

6.5.2 수학적 개념학습의 단계

딘즈는 수학적 개념이 피아제의 인지발달단계와 유사한 발전적인 단계를 거쳐 학습된다고 주장하면서 수학적 개념은 구체적 단계에서 기호적 단계를 거치는 일련의 주기적 학습단계를 통해 가장 잘 획득된다고 보았다. 이러한 관점에서 다음과 같이 수학학습과 지도를 위한 6단계를 제시하였다.

① 자유놀이 단계

이 단계는 아동들에게 수학적 구체물을 제공하여 구조화되어 있지 않은 조작이나 실험 활동 등 많은 구체적인 자료를 자유롭게 대하는 시기이다. 이를테면, 덧셈이나 곱셈을 지도할 때 수 막대를 사용하는 놀이 환경을 제공하는 것이나, 도형 개념의 학습에서 개수나 모양, 크기 등이 다양하게 주어진 구체물로 놀이하는 경험을 하는 것 등이다.

② 게임단계

게임단계는 아동들이 자유롭게 놀이를 하는 가운데 점차로 어떤 규칙성이 있다는 느낌을 갖게 되는 시기이다. 규칙에 따라 어떤 것을 설명할 수 있으며 이 규칙에 의해 어떤 일이 일어날 것인지 예측할 수 있다. 이를테면, 도형의 개념 형성에서 어떤 도형은 각진 부분이 없다거나 모양에 차이가 있다는 것을 인식하는 단계이다.

③ 공통성 탐구단계

외형적으로 다양하게 표현된 게임을 경험하면서 그 여러 표현 속에 공통적으로 들어있는 특정 개념의 수학적인 구조를 파악하기 시작하는 단계이다. 이와 같은 학습능력이 갖추어졌을 때 아동들은 주어진 특정 개념의 예와 반례를 구분할 수 있게 된다. 딘즈에 의하면 이 단계의 학생들에게는 같은 개념에 해당되는 여러 가지의 예를 제시하고, 그중 한 예로부터 다른 예로 모든 예에 공통으로 함유되어 있는 추상적인 성질을 변화시키지 않은 채로, 어떻게 이동될 수 있는가를 보여줌으로써 주어진 개념의 예들이 갖고 있는 구조적 공통성을 이해시킬 수 있다고 한다. 즉, 공통성 탐구 단계에서는 동시에 제시된 여러 가지 예들의 분석을 통해, 각각의 예로부터 서로 공통된 성질을 찾아낼 수 있다는 것이다. 이를테면, 도형에서 네모 모양은 꺾어지는 부분이 네 군데이고, 원 모양은 그런 부분이 없다는 것을 명확히 인식하는 단계이다.

④ 표현의 단계

표현의 단계는 아동이 추상화 과정을 통하여 파악한 개념의 공통성을 적절한 방법으로 표현하는 시기이다. 이때 사용하는 표현 방법은 간단한 그림의 형태나 언어적인 방법, 전형적이거나 포괄적인 예 등 다양한 방법이 가능하다. 이와 같이 주어진 개념을 다시 표현할 경우, 이 표현은 그 개념의 예보다 더 추상적이 되며, 이와 같이 주어진 개념을 다시 표현해보는 과정은 아동으로 하여금 주어진 개념의 저변에 있는 추상적인 수학적 구조의 이해를 쉽게 해준다.

⑤ 기호화의 단계

기호화의 단계에서는 아동이 표현의 단계에서 주어진 개념을 나름대로 표현해본 것을 묘사하는 데 있어서, 언어적이거나 수학적으로 적절한 상징체계를 형성하게 되는 단계이다. 아동이 자기 나름대로의 기호 체계를 발명하는 것도 좋겠지만 의사소통을 위하여 공통적으로 이용하는 수학적 기호, 즉 교과서에서 사용하는 방법과 같이 통일된 방법을 사용하도록 하는 지도가 되어야 한다. 그리고 이와 같이 상징적인 기호체계의 사용은 수학을 하는 데 있어서 여러 가지 면에서 그 가치가 크다는 것을 아동에게 인식시켜주어야 한다.

⑥ 형식화의 단계

형식화의 단계에서는 아동이 추상한 개념의 수학적인 구조를 파악하고, 이 개념이 갖고 있는 여러 성질을 체계화하게 된다. 즉, 주어진 개념으로부터 나온 여러 가지의 성질들 가운데, 기본적으로 선정된 몇 가지의 성질로부터 다른 성질에 도달하는 과정에 필요한 규칙을 찾아내게 되는데, 이 과정이 형식화의 과정이다. 이를테면, 몇 개의 기본적인 공리로부터 하나의 정리가 만들어지는 과정이나 삼각형과 사각형의 관계나, 삼각형의 성질, 사각형의 성질 등을 파악하게 되는 단계이다.

6.6 스켐프의 수학학습이론

스켐프는 영국의 수학교육학자로서 금세기 최대의 수학학습심리와 수학교육방법론에 관한 연구 업적을 남겼다. 그는 피아제의 스키마 개념을 이용하여, 연합주의 심리학의 산물인 반복 연습과 암기에 의한 학습에 대한 대안으로서 관계적 이해를 통한 지적 학습이론을 전개하고 있다.

스켐프는 처음에 영국의 옥스퍼드 대학에서 순수수학을 전공하였으나 대학을 졸업한 뒤에 수학교육 연구에 관심을 가지고 수학을 재미있게 지도하는 방법을 연구개발하기 위하여 초·중등학교 교사생활을 경험하면서 심리학과 수학, 교육심리학, 아동심리학, 인지발달심리학, 수학학습심리학, 초등수학교수법 등의 연구를 하여 수학과 교수·학습이론을 체계화하는 업적을 남겼다.

스켐프의 수학학습이론은 한마디로 '이해' 중심의 이론이라고 볼 수 있으며 특히 수학적 이해를 관계적 이해(relational understanding)와 도구적 이해(instrumental understanding)로 구분하여 제시하였다.

6.6.1 관계적 이해와 도구적 이해

관계적 이해와 도구적 이해라는 용어는 스켐프가 수학교육심리학에서 사용하기 시작함으로써 널리 사용되기 시작하였다. 스켐프는 어떤 것을 이해한다는 것은 그것을 적절한 스키마에 동화시키는 것으로 보았다. 여기서 스키마란 행동이나 사고의 양식이나 구조를 말하는 것으로 피아제의 쉠과 유사한데, 인간의 행동이나 사고를 반복 가능하게 하고 일반화할 수 있게 하는 심적인 구조를 말한다. 스켐프는 이해를 관계적 이해와 도구적 이해의 두 가지로 구분하고 있다. 관계적 이해는 무엇을 해야 할지 그리고 왜 그런지를 모두 알고 있으면서 일반적인 수학적 관계로부터 특수한 규칙이나 절차를 연역할 수 있는 상태를 말하고, 도구적 이해는 이유는 모르는 채 암기한 규칙을 문제해결에 적용하는 것을 말한다. 스켐프는 학교에서 많은 교사들이 이해하기가 쉽고 곧바로 정답을 찾아내게끔 보상이 즉각적이고 분명하다는 이유로, 도구적 이해를 하도록 가르친다고 주장한다. 그러나 도구적 학습에 의해 얻어진 정신적 구조는 적응력에 한계가 있다. 왜냐하면, 규칙은 기호를 조작하는 방법 이상으로 개념 사이의 관련성을 의미하기 때문이다. 그러므로 새로운 상황에 적용하기 위해서는 개념적 연관이 필요한데 이를 '관계적 스키마'라고 한다. 그렇다면 관계적 이해가 수학의 학습에 보다 더 효과적이라는 사실을 알면서도, 도구적 이해를 지도해야 하는 이유는 무엇일까? 스켐프는 우선 관계적 이해를 하도록 지도하는 데는 시간이 오래 걸리고, 특별한 주제에 대한 관계적 이해가 너무 어렵기 때문이라고 주장하고 있다. 이러한 관계적 이해의 어려움을 증가시키는 요인으로는, 시험에서 정답을 얼마나 냈는가를 중요하게 생각하는 학생들의 생각과 학습해야 할 교과 내용 양의 과다, 그리고 학생들이 이해 과정을 파악하기 어려운 점을 들고 있다.

이를테면 한 교사가 수업시간에 (직사각형의 넓이)=(가로)×(세로)라는 공식을 복습한다고 가정하자. 지난 시간에 결석을 했던 학생이 이해가 안 간다고 하자, 교사는 다음과 같이 설명한다. "직사각형의 넓이를 구하는 공식은 가로 곱하기 세로이다." 그 학생은 "아, 알겠습니다."라고 대답하면서 연습문제를 풀게 된다.

만약 그 학생에게 "너는 이해한다고 생각할지도 모르지만 실제로 이해 못하고 있다."라고 말한다면 그는 동의하지 않을 것이다. "정말 이해하고 있어요. 자, 보세요. 제가 푼 연습문제의 해답이 모두 맞지 않습니까."라고 하면서, 그의 성취를 과소평가하려는 우리를 못마땅하게 여길 것이다. 그 학생은 자기 나름대로의 기준에서 '이해'하고 있는 것이다.

일반적으로 수학에서 '이해'라고 하면 관계적 이해를 일컫는다. 관계적 이해를 통한 유의미 학습이 수학교육에서 요구되는 본질적인 학습이다. 하지만 아동의 인지수준이 낮아서 관계적 이해를 통한 학습이 어려운 경우에는 도구적으로 이해시키는 학습이 필요하다고 스켐프는 주장하였다. 그리고 관계적 이해와 도구적 이해에 의한 수학학습의 장점을 다음과 같이 설명하고 있다(Skemp, 1987, pp. 269~271).

(1) 관계적 이해의 장점

① 관계적으로 이해된 수학은 새로운 과제에 더 잘 적응된다. 이를테면, 분모가 다른 분수의 대소비교를 관계적으로 이해한 학생은 도구적으로 이해한 학생보다 분모가 다른 분수의 덧셈을 더욱 쉽게 학습하게 될 것이다.

② 관계적으로 이해된 수학은 기억하기에 더 쉽다.

③ 관계적으로 이해된 지식은 그 자체가 효과적인 목적이 될 수 있다. 이는 도구적 이해를 지도하는 과정에서 유발될 수 있는 외적인 보상과 벌에 대한 요구가 크게 줄어들고 동기 부여가 더욱 쉬워진다는 것이다.

④ 관계적 스키마는 질적으로 유기적이다. 관계적 스키마는 그 자체가 성장하는 하나의

요인으로 작용한다는 것으로, 사람들이 관계적 이해를 통하여 만족감을 얻게 되면 자기 앞에 놓인 새로운 자료를 관계적으로 이해하려고 노력할 뿐만 아니라 능동적으로 새로운 자료를 찾고 새로운 분야를 탐구하게 된다는 것이다.

(2) 도구적 이해의 장점

① 도구적 이해에 의한 학습은 정리하기 쉽고 빠르게 학습목표를 달성할 수 있다. 이를테면 두 음수를 곱하거나 분수로 어떤 수를 나눌 때의 학습은 관계적으로 이해하기가 어려운 경우가 있다. 하지만 '음수와 음수의 곱은 양수', "분수의 나눗셈에서는 나누는 분수의 역수를 곱한다."와 같은 공식의 원리는 모르더라도 이와 같은 공식을 기억하고 있으면 보다 쉽고 빠르게 학습목표에 도달할 수 있는 것은 분명하다.

② 도구적 이해에 의한 학습결과의 보상은 보다 즉각적이고 가시적이라 할 수 있다. 수학학습을 통하여 학생들이 얻게 되는 자신감과 성취감의 중요성을 낮게 평가해서는 안 된다. 수학학습에 대한 자신감과 성취감을 회복시키려면 학습효과가 좀 더 즉각적이고 가시적이어야 한다. 이러한 측면이 도구적 이해의 또 하나의 장점이다.

③ 도구적 이해에 의한 학습은 관계적 이해에 의한 학습보다 더 적은 단순한 지식이 관련되므로 어떤 의미에서 관계적 이해보다 더 빠르고 정확한 정답을 구할 수 있다. 다시 말해, 주어진 문제 상황에서 과정은 생각하지 말고 결과만을 요구한다면 도구적 이해에 의한 학습이 훨씬 더 빠르게 결과에 이를 수 있다. 이와 같이 도구적 이해에 의한 학습은 보다 신속하게 결과를 얻을 수 있는 장점을 가지고 있다 할 수 있겠다.

6.6.2 지적 학습과 습관적 학습

구성주의는 객관주의와 비교될 때 그 의미가 분명해지는 것과 마찬가지로 스켐프는 지적 학습을 설명하기 위하여 대조적인 의미로 습관적 학습을 사용하여 그 의미를 설명하려고 하였다. 지적 학습은 인간 두뇌의 작용을 통한 정신능력의 결집체를 바탕으로 하여 유의미적인 인식을 형성하는 학습을 뜻하고, 습관적 학습은 자극과 반응의 연결에 의해 같은 행동이 반복될 때 점점 자동적인 행위 또는 반응을 보이게 되어 마침내는 아무런 의식이나 노력도 없이 정형적인 반응을 형성하는 학습을 뜻한다.

지적 학습을 관계적 이해를 통한 학습으로 생각한다면 습관적 학습은 도구적 이해에 의한 학습으로 생각할 수 있다. 지적 학습의 주요 특성은 적응력에 있다. 이 말은 주어진 목적을 달성하기 위하여 여러 상황에 알맞은 다양한 방법을 찾을 수 있다는 것이다. 이를테면, 갈증이 나면 우리는 물을 원한다. 집에서는 부엌으로 가서 수도꼭지를 튼다. 카페에서는 웨이터에게 요구한다. 캠프장에서는 깨끗한 시냇물이나 샘을 찾는다. 이와 같이 환경에 따라서 다른 행위 계획이 만들어지고 이런 계획은 모두 동일한 목적을 지향하고 있다고 볼 수 있다.

반면에 습관적 학습은 주로 동물을 상대로 심리학자 중 행동주의 학파에 의해서 널리 연구되어 왔다. 수학학습심리에서 잘 알려진 예는 스키너 상자에 의해 설명된다. 굶주린 쥐가 상자 속에 갇혀 있고, 그 상자의 한쪽 면에 수평으로 튀어나온 막대기가 있다. 상자 주위를 맴도는 과정에서 그 막대를 누르게 되면 적은 양의 먹이가 상자 안으로 떨어진다. 그 먹이로 배고픔을 조금씩 달랜다. 그리고 매번 이런 일이 벌어진다. 자극적 상황(상자 속에 있는 동안 배고픔)과 막대기를 누르는 행위 사이의 결합은 강화되며 이것이 점점 쌓여서 습관이 형성되는 것이다.

이런 식의 학습에서는, 어떤 행위는 그 행위로 인한 결과로 인하여 강화된다. 따라서 학습은 행위로부터 일어나며 이루어진 학습은 행위이다. 습관적 학습의 견지에서 볼 때 인간의 행동은 환경의 영향을 받는다는 행동주의자의 관점은 어느 정도 설득력을 갖는다. 하지만 행동주의자들의 가장 큰 실수 중의 하나는 습관적 학습만이 존재한다고 생각한 점이다. 그러나 우리는 지적 학습만이 존재한다고 주장함으로써 그 반대의 실수를 해서는 안 되며 학습에 있어서는 이 두 가지 관점 모두를 필요로 한다. 특별한 경우인 기계적 학습을 포함한 습관적 학습이 수학에서조차 유용하고 필요할 때가 있다. 이를테면 아동들이 수 개념을 익히기 위해 수의 이름 일, 이, 삼, 사, 오, … 와 동일한 의미를 지닌 기호 1, 2, 3, 4, 5, … 를 배울 때는 습관적 학습에 의존한다. $\pi = 3.14159\cdots$ 이고 π가 특별한 급수로부터 유도될 수 있지만, 우리가 이것을 일상생활에 이용하기에는 최선책이 아니라는 것도 습관적 학습을 통해 알고 있다. 따라서 각각 특정한 요구에 알맞은 학습을 선택하고, 모든 과목에 두 가지 학습을 적절히 혼용하는 것이 중요하다.

교재연구문제

01 피아제와 브루너, 스켐프, 딘즈의 수학학습심리학을 비교하고, 공통점과 차이점이 무엇인지 설명해보시오.

02 딘즈의 네 가지 학습 원리를 초등학교 수학 수업 현장에 적용한다면, 어떤 부분에서 어떠한 방법으로 적용시킬 수 있는지 구체적인 예를 들어서 설명해보시오.

03 브루너의 EIS 이론에 따라서 자연수의 뺄셈을 지도하는 단계를 구성해보시오.

04 브루너의 EIS 이론이 수학과 교수·학습지도에 많이 적용되고 있는 이유를 설명해보시오.

05 스켐프의 수학학습이론을 초등학교 수학 수업 현장에 적용한다면, 어떤 부분에서 어떠한 방법으로 적용시킬 수 있는지 구체적인 예를 들어서 설명해보시오.

07 수학교육과 문제해결

7.1 문제해결의 기초

7.1.1 배경

어떤 비공식적인 모임에서 사회과학자가 수학교수에게 "수학교육의 목적이 무엇입니까?"라고 질문했을 때 "문제해결이요."라고 대답했다고 한다. 그리고 난 다음 수학교수가 사회과학자에게 "사회과목 교육의 주목적은 무엇입니까?"라고 되물었을 때 사회과학자 역시 "문제해결이요."라고 답했다고 한다. 이 일화에서 보는 것처럼 문제해결은 교과를 초월하여 학습자에게 중요한 이슈임은 분명한 것 같다.

수학교육의 변천과정을 되돌아보아도 1980년대를 대표하는 수학교육의 흐름은 대체로 '문제해결'과 판 힐러 부부의 수학학습수준이론으로 요약될 수 있다. 특히 NCTM에서는 1980년에 발표한, 〈1980년대의 학교수학을 위한 권고〉에서, 문제해결이 1980년대의 수학교육의 초점이 되어야 한다고 주장하였다. 그 이래 전 세계적으로 이 문제해결을 강조하게 되었다.

1989년의 NCTM이 내놓은 규준에서도 수학교육은 학생들이 탐구하고, 추측과 검증, 수학적으로 추론하는 경험을 통하여 사물이나 현상을 수학적으로 처리하려는 태도를 육성하는 데 초점을 맞추어야 한다고 하였다. 이를 실현하기 위해서는 수학의 전 영역에 걸쳐 학습자의 수학적 힘의 육성에 주안점을 두고 지도되어야 할 것이다.

7.1.2 문제와 문제해결

대부분의 사람들은 질문(question), 연습 문제(exercise) 그리고 문제(problem)라는 용어들이 흔히 유사한 뜻으로 사용되는 것으로 알고 있다. 하지만 이들 용어는 서로 아주 다른 의미를 가지고 있다. 어떤 학생에게 있어서 문제가 다른 사람에게는 연습 문제나 질문이 될 수도 있다.

7×8이라는 곱셈을 예로 들어 설명해보자. 이것을 중학교 3학년이나 고등학교 1학년 학생에게 묻는다면 56이라는 즉각적인 답을 기대할 수 있으며 이것은 학생들의 기억력을 시험해보는 것에 불과하다. 학생들에게는 7×8은 하나의 질문에 불과하다. 말하자면 사전에 학습한 어떤 것에 관한 단순한 사실들에 대한 기억을 되살리는 것일 뿐이다. 만약 이것을

이제 막 곱셈의 의미를 학습한 초등학교 3학년이나 4학년에게 묻는다면, 그것은 사실을 기억하도록 도와주기 위하여 되풀이하여 주입시키고 연습할 거리를 제공하는 것으로 볼 수 있다. 연습 문제란 새롭게 학습한 사실이나 개념을 재강화하기 위하여 반복 연습을 하는 것으로 볼 수 있다.

만약 우리가 이것을 1학년이나 2학년의 어린 아동들에게 물어보고 가장 어린 아동이 그것에 관해 생각을 한다면, 7×8이란 각각이 8개의 대상들을 포함하고 있는 7개의 그룹들 속에 있는 대상들의 전체 개수를 의미한다는 것을 깨닫게 된다. 이러한 어린 아동들에 대해서 7×8이란 것은 하나의 문제가 될 수 있을 것이다. 사실상 어떤 사람의 수학적인 발달의 서로 다른 단계에서 같은 보기라도 때로는 질문, 연습 문제, 혹은 문제가 될 수도 있다.

> 문제라는 것은 개인이나 혹은 단체가 직면하는, 해결을 필요로 하며 그리고 그것에 대해 개개인이 분명한 혹은 명백한 의미나 혹은 어떤 해답을 얻는 길을 알 수 없는 어떤 상황이나 양적인 혹은 그 밖의 것들이다.

앞서 언급한 문제에 대한 이와 같은 개념을 사용하여, 문제해결이란 하나의 과정으로서 나타난다.

> 문제해결은 하나의 과정이다. 문제해결은 어떤 익숙하지 않은(잘 모르는 혹은 낯선) 상황에 대한 요구를 만족시키기 위하여 개인이 사전에 획득한 지식, 기술 그리고 이해 등을 사용하는 것을 의미한다. 과정(process)은 처음에는 곤란으로 시작하지만 답을 얻었을 때는 결론을 내리고 처음 조건에 맞는지를 고려하는 것이다. 학생들은 자신들이 학습한 것을 분석하여야만 하고 새로운 상황에 그것을 적용해보아야 한다.

7.1.3 문제의 유형과 해결과정의 두 가지 모델

(1) 문제의 유형

훌륭한 문제해결자들은 어떤 문제에 관련된 개념들에 관해 많은 지식을 소유하고 있다. 그런 사람들은 '단서가 될 만한' 말이나 혹은 특별한 문구에 의존하지 않고 어떤 개념들이 연관되는가를 재빨리 인식할 수 있을 뿐만 아니라 다양한 어휘와 언어구조를 사용하는 상황 속에서 어떤 특별한 개념을 인식할 수 있다. 문제해결 상황 속에서 아동들은 제공된 정보에 관한 어떤 분명한 심상을 형성해볼 필요가 있으며 정보를 정돈해서 자신들의 수학적인 개념의 지식에 그것을 연결시킬 필요가 있다. 어린 아동들은 문제해결 상황에서 도움이 되는 어떤 합리적인 전략의 지식을 가지고 학교수업을 시작한다(Romberg and Carpenter, 1986).

초등학교 수학에서는 크게 두 가지 형태의 문제가 있다. 즉 하나는 정형적인 문제(routine problem)이고 나머지 하나는 비정형적인 문제(nonroutine problem)이다. 정형적인 문제는 정해진 알고리즘에 의해 그 해를 구할 수 있을 때를 말하며 이 경우 문제해결자들은 자신들이 학습한 방법을 적용하는 것이 보통이다. 정형문제들은 어떤 상황에 대한 묘사가 언어로부터 기호로 바뀔 수 있기 때문에 흔히 전이문제(translation problem)라고도 한다. 정형문제들은 교육과정에서 중요한 위치를 갖고 있다(Charles, 1985). 우리의 삶은 정형문제들로 가득 차 있기 때문에, 수업의 주목적이 학생들로 하여금 그러한 문제들을 해결하는 것을 학습하게 하는 것이다. 비정형 문제들은 종종 과정문제(process problem)라고도 한다. 그러한 문제는 문제를 수학적인 문장으로 번역해서 알려진 절차를 사용하는 것 이상을 필요로 한다(Kouba et al., 1988). 또한 문제해결자가 해를 구하는 방법을 연구하는 것을 필요로 한다. 문제해결자는 해를 찾는 것은 물론이고 그림 그리기, 예상하고 확인하기 혹은 표나 목록 만들기와 같은 전략들을 종종 사용하여 해에 도달하는 방법을 계획해야 한다. 비정형 문제들은 1개 이상의 해를 갖는 개방형 문제(open ended problem)들이 될 수 있다.

① 정형문제의 예

- 반지름이 5cm인 원의 둘레와 넓이는 각각 얼마인가?
- 밑변의 길이가 6cm, 높이가 8cm인 삼각형의 넓이는 얼마인가?

② 비정형문제의 예

- 원영이는 전자레인지 속에 넣었을 때 매분마다 부피가 배로 불어나는 밀가루 반죽을 만들었다. 또한 이 밀가루 반죽을 담을 도우비 팬이라는 이름의 냄비도 하나 만들었다. 그리고 밀가루 반죽으로 가득 찬 도우비 팬을 전자레인지 속에 넣었을 때 한 시간 후면 정확히 전자레인지 속을 가득 채울 것이라는 사실을 알아냈다. 원영이는 밀가루 반죽으로 가득 찬 도우비 팬을 넣을 수 있는 2개의 전자레인지를 가지고 있었는데 어느 날 2개의 전자레인지 중에 하나가 작동하지를 않았다. 그래서 원영이는 하는 수 없이 밀가루 반죽으로 가득 찬 2개의 도우비 팬을 하나의 전자레인지

속에 넣어야만 했다. 이 2개의 도우비 팬이 하나의 전자레인지를 가득 채우는 데는 얼마나 많은 시간이 걸리는가?

- 우표 클럽에는 6명의 회원이 있다. 매달 한 번, 클럽에 있는 회원들은 우표를 서로 교환한다. 만약 회원 각자가 모든 나머지 회원들과 함께 우표를 1장씩 교환한다면 이 모임에서 얼마나 많은 교환이 일어날 수 있는가?

어떤 문제가 정형문제인가 아닌가 하는 것은 그 문제를 해결하는 사람에 달려 있다고 볼 수 있다. 왜냐하면 6학년에게 정형문제가 1학년에게는 비정형문제일 수 있기 때문이다.

(2) 좋은 문제가 갖추어야 할 조건

문제해결과 추론은 수학교육에서 가장 기본적인 기능이라 할 수 있다. 이는 학교 교육과정에서 수학을 포함하여야 할 첫 번째 이유이다. 이들 기능을 가르치려면 당연히 교사들에게는 좋은 문제가 필수적이다. 대체적으로 좋은 문제는 다음과 같은 조건을 갖추고 있어야 한다.

① 좋은 문제는 수학적으로 의미 있는 것이어야 하며 학생들에게 흥미 있고 도전적이어야 한다.
② 문제 상황은 아이들의 관심과 흥미를 끌어야 한다.
③ 좋은 문제는 비평적 분석과 관찰하는 기능을 요구한다.
④ 좋은 문제는 토론과 상호 작용할 기회를 제공한다.
⑤ 좋은 문제는 수학적 개념의 이해와 수학적 기능의 적용을 포함한다.
⑥ 좋은 문제는 수학적 원리 또는 일반화를 유도할 수 있어야 한다.
⑦ 좋은 문제는 다양한 방법으로 해결할 수 있게 유도하여야 하고 해를 여러 개 가지고 있어야 한다.
⑧ 좋은 문제는 아이들의 능력 수준에 적절해야 한다.

(3) 수학문제를 해결하는 과정의 두 가지 모델

문제해결은 [그림 7·1]과 같은 하나의 모델에 의해 이따금씩 하나의 간단한 방법으로 개념화 될 수 있다. 이 모델은 두 가지 단계의 '세계', 즉 수학에 관한 사항, 문제 그리고 응용(적용)과 같은 실생활 세계와 수학적인 기호, 연산 그리고 계산기술과 같은 이상화된, 추상적 세계가 그것이다.

이 모델에서의 문제해결 과정은 3단계를 거치고 있다. 첫째 단계에서 문제해결자는, 평상시에 늘 접하는 실생활에 관하여 제기된 어떤 문제를 추상적인 수학적 용어로 바꾸고(화살표 A), 둘째 단계에서는 수학적으로 표현된 문제들을 수학적으로 해결하고(화살표 B), 마지막 셋째 단계에서는 문제의 수학적 해를 다시 거꾸로 원래 문제의 관점으로 표현한다(화살표 C).

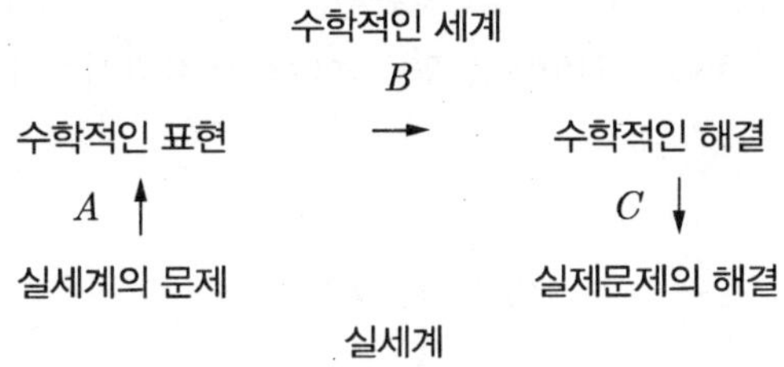

그림 7·1 간단한 수학적 문제해결 과정의 모델

전이문제(Charles and Lester, 1982)로서 분류된 문제들은 그 모델이 지시하는 대로 정확하게 해결되지만 찰스(Charles)와 레스터(Lester)가 '과정문제(process problem)'로 분류한 그러한 문제들은 문제해결자가 그 문제를 해결할 단 하나의 이미 학습한 수학적인 해결전략을 갖고 있지 않다. 이들 비정형문제들은 또한 계획 세우기, 풀이전략 선택하기, 추측하기 그리고 해를 찾았을 때 증명하기와 같은 보다 복잡한 과정을 요구한다. 비정형문제를 위해서는, 어떤 다른 형태의 모델이 요구된다.

[그림 7·2]는 비정형문제들이 포함되거나 문제해결 방법에 의하여 가르칠 때의 사고과정을 설명하기 위해 사용될 수 있는 과정문제들을 위한 문제해결 모델의 어떤 변화를 보여준다. 이 모델 역시 일상생활 문제의 세계와 수학적인 기호와 연산들의 추상적인 세계를 표현하는 두 가지 단계들을 내포하고 있다.

그림에서, Y_i 로 표시된 화살표들 중 어떤 것들은 어떤 구체적인 배경 속에서 이해된 행위들에 대해 쓰인 기록들을 추상화하기 위하여 문제해결자가 학습하고 있다는 의미로 위쪽을 향하고 있다. 위로 향하고 있는 화살표들은 추상화와 일반화의 과정을 나타내고 있다. 아래쪽으로 향하고 있는 화살표 중 어떤 것들은 수학적인 기호들이 표현하는 실제 세계의 행위들에 관해 언급함으로써 문제해결자가 어떤 수학적인 과정을 설명할 수 있다는 것을 보여준다. 아래쪽으로 향하고 있는 화살들은 역시 문제가 주어졌던 세계에서 구체적인 단계와 대응되도록 상상함으로써 과정을 재구성할 수 있도록 수학적 과정을 문제해결자에게 제시한다. Y_i 화살표들의 모임은 구체적인 항들(X라고 표기된) 속에 있는 문제들을 해결하는 과정과 그리고 평행한, 추상적인 수학적 과정(X'라고 표기된) 사이의 대응을 설명해 주고 있다. Y_i 화살표들은 문제해결자가 필요할 때 두 가지 세계, 즉 실세계와 수학적인 세계 사이를 상징적으로 앞뒤로 이동한다는 것을 보여준다. 어떤 특별한 문제에 대해서는 문제해결자는 실세계로부터 수학적인 세계로 Y_i 화살표를 따라서 직접 이동할 수도 있다. 그래서 X' 화살표를 따라서 어떤 수학적인 일반화, 그리하여 마침내 원래 실세계 문제의 어떤 해결로 곧장 나아가게 된다. 그러한 상황 속에서 해결과정은 [그림 7·2]에서처럼 모델화될 수 있다.

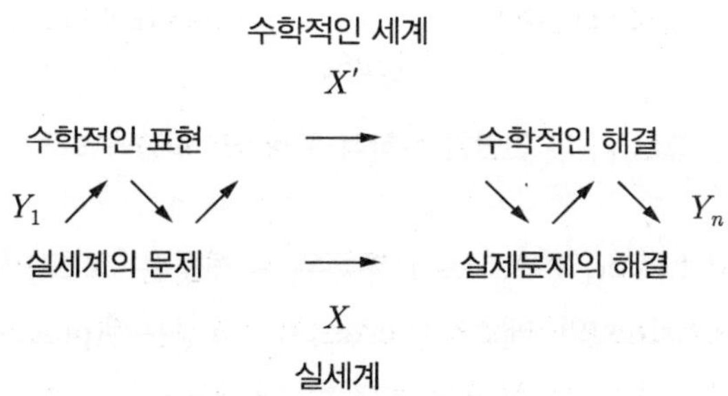

그림 7·2 복잡한 수학적 문제해결 과정의 모델

7.2 문제해결의 지도

문제해결을 위한 가장 중요한 역할은 수학에 대한 아동들의 이해력을 개발하는 것이다. 오늘날 문제해결이 교육과정에 있어서 두드러진 역할을 해야 한다는 생각은 아무도 부인하지 않는 것 같다. 돌이켜보면 지난 10년 동안 문제들을 모아놓은, 가르칠 전략들의 목록, 활동을 위한 제안 그리고 문제해결 수행을 평가하기 위한 지침서의 형태로 꽤 많은 문제해결 자료들이 수업에서의 사용을 위해서 개발되었다. 이와 같은 자료들의 상당부분은 교사가 문제해결을 그들 수업의 하나의 초점으로 만들도록 도와주는 데 있어서 매우 유용하다.

문제해결에 대한 이와 같은 중요성 때문에 수학교육에 중요한 영향을 미치고 있는 NCTM에서는 "1980년대에서 학교수학교육의 핵심은 문제해결이다."라고 권고한 바 있다.

7.2.1 문제해결에 대한 일반적인 과정

(1) 폴리아의 문제해결 방법

일반적인 문제해결 과정 혹은 발견적 지도법(heuristic) 중 가장 잘 알려진 것은 정형문제 그리고 비정형문제 둘 다를 푸는 데 유용한 폴리아(Polya, 1957)의 4단계 과정이다. 이에 대하여는 이미 제2장에서 수학적인 사고와 관련하여 간략히 언급한 바 있는데 구체적인 단계들은 다음과 같다.

① 1단계: 문제 파악
- 모든 단어를 이해하고 있는가?
- 내가 알고 있는 쉬운 용어로 문제를 다시 말할 수 있는가?
- 주어진 것이 무엇인지 아는가?
- 목표가 무엇인지 아는가?
- 정보는 충분한가?
- 과잉 정보가 있는가?
- 이 문제는 내가 이미 해결해본 적이 있는 다른 문제와 유사한가?

② 2단계: 계획 세우기
- 다음 전략 중의 하나를 이용할 수 있는가?
  - 추측과 점검
  - 그림 그리기
  - 목록을 만들기
  - 도식 그리기
  - 거꾸로 작업하기
  - 규칙 찾기
  - 문제를 단순화하기
  - 대등한 문제 해결하기

③ 3단계: 계획 실행하기
- 문제가 풀릴 때까지 또는 행동의 새로운 과정이 제시될 때까지 자신이 선택한 전략들을 실행해본다.
- 문제를 해결하는 데 필요한 충분한 시간을 가지고 문제를 해결한다.
- 시작하는 것을 두려워하지 않는다.

④ 4단계: 반성
- 내가 해결한 방법은 옳은가? 결과는 문제의 조건을 만족하는가?
- 내가 해결한 방법을 좀 더 일반적인 경우로 확장할 수는 없는가?
- 이 방법 이외의 다른 접근 방법은 없는가?

마치 이 단계가 문제해결 과정 속에 차례대로 나타나는 것처럼 생각할 수 있으나 종종 단계들 사이에 지그재그 식으로 앞뒤가 서로 뒤바뀔 수 있음을 알아야 한다.

첫 번째 단계인 문제 파악은 문제를 성공적으로 해결하는 데 있어 결정적이다. 이 단계는 문제 상황을 파악하고, 관련 사항을 결정하고, 사항들 사이의 관계를 찾고, 의문의 문제를 공식화하는 것을 포함한다. 매우 단순한 것들을 제외한 모든 글로 쓰인 문제들은 여러 번 읽어서 그것의 의미를 파악하기 위하여 문제 속에 있는 정보를 조심스럽게 연구해야 한다.

두 번째 단계인 계획 세우기는 어떤 문제가 파악되었을 때 자신 있게 실행된다. 풀이 계획은 문제의 구조를 참작하여 의문사항이 풀렸을 때 세워진다.

세 번째 단계인 계획 실행하기는 정확한 해를 찾기 위하여, 두 번째 단계에서 결정된 계획을 조심스럽게 실행해야 한다. 우선 가능하다면 언제든지 결과에 대한 어림을 해본다. 문제해결자가 혼동이 일어나지 않도록 다이어그램, 표 혹은 목록들은 깔끔하게 구성해야 한다. 만약에 계획을 실행하는 동안에 모순점이 나타나면 문제의 원인을 규명하기 위하여 과정을 세밀히 조사해본다.

마지막 반성단계에서는 풀이를 평가하고 문제의 확장을 생각해본다. 계산을 검산해본다. 검산은 다른 방향에서 그 문제를 해결하는 것이 될 수도 있고 혹은 원래 계산에서 사용된 연산의 역을 사용하여 풀이로부터 어떤 주어진 수에 거꾸로 작용시켜봄으로써 계산의 정확성을 확인해볼 수도 있다.

만약 어떤 어림이 이루어지면, 그것을 해와 비교해볼 수도 있다. 해는 그것이 이치에 맞는지 어떤지를 알아보기 위하여 문제에 대비하여 맞추어본다.

(2) 어떤 문제를 변화시키는 방법

- 답을 주고 어떤 알려지지 않은 사실을 문제로 만들기
- 서로 다른 숫자들을 사용하기
- 구조는 유지하되 문제 상황을 바꾸어보기
- 문제에 보다 많은 단계를 주기

• 문제를 보다 복잡하게 만들어보기
• 보다 한정적으로 문제를 만들어보기

7.2.2 문제해결을 위한 전략

문제해결을 위한 전략들은 정형문제와 비정형문제 둘 다에 사용된다. 폴리아의 연구를 바탕으로, 수학적 문제해결에 유용한 사고전략에 대한 연구들이 많이 진행되어왔다. 문제해결을 위한 사고전략이란, 문제해결에 도움이 되는 일반적인 절차나 해결의 단서가 되는 생각, 발견의 실마리를 얻도록 하는 방안을 의미한다.

문제해결에 필요한 지식과 개념을 알고 있다고 하더라도 그것을 받아들여 문제의 조건과 연결 짓고, 문제해결의 단서를 찾아내도록 하는 것이 사고 전략인 것이다. 교육과정에는 언급되어 있지 않지만, 교육과정 해설서에는 아동들이 사용할 수 있는 문제해결 전략으로 비정형문제에 대해서 다수의 전략들을 소개하고 있다. 실제로 해보기, 그림 그리기, 예상하고 확인하기, 거꾸로 풀기, 표 만들기, 패턴 찾기, 유사한 문제 회상하기 그리고 논리의 사용 등이다. 처음 네 가지 전략들은 유치원부터 2학년 정도의 수준에서 강조된다. 그 다음 세 가지는 3~5학년에서 학습한다. 마지막 전략, 즉 논리의 사용은 5학년 혹은 6학년에서 소개된다. 어떤 문제들은 특별한 정보나 혹은 빠뜨린 정보를 가지고 있다는 것을 학습자들은 또한 알아야 한다. 많은 실제 생활 문제들은 관련 없는 혹은 빠뜨린 정보가 문제 상황의 일부분이기 때문에 복잡한 경우도 있다.

(1) 실제로 해보기

아동들은 조작이나 또는 임무가 주어진 놀이(역할놀이)를 사용하여 실제로 실행해봄으로써 어떤 문제 상황을 이해할 수 있다. 실행에 옮기는 것은 아동들에게 어떤 문제 구조를 의미 있는 방식으로 표시하는 데 도움을 준다. 이러한 방법은 특히 저학년에서 효과적이다.

보기 길이가 20cm인 끈이 여러 개 있다. 둘레가 1m 80cm인 신문지를 묶으려고 할 때 길이가 20cm인 끈이 몇 개 필요한가?

(2) 그림 그리기

그림 그리기 전략은 스케치나 혹은 그림 그리기로서 어떤 문제 상황을 나타내는 것과 관련된다. 이 전략은 정형문제와 비정형문제에 폭넓게 적용되기 때문에 문제해결을 위한 가장 중요한 전략들 중의 하나이다. 문제 상황을 머릿속에서 상상하는 것보다 그림을 그림으로써 문제의 조건들 사이의 관계를 직관적으로 알아볼 수 있는 것이다. 하지만 많은 학생들이 이 전략에 익숙하지 않아 주어진 문제 상황을 그림으로 나타내어 보라고 하면 문제해결에 별 도움이 되지 않는 요소를 그리는 데 많은 시간을 허비하는 것을 이따금씩 볼 수 있다. 헴브리(Hembree, 1992)는 487가지의 문제해결 연구에 관한 한 분석으로부터 학생들이 어떤 다른 전략들보다 그림 그리기 전략의 지도로부터 훨씬 더 많은 도움을 받고 있다고 주장하였다.

보기 주스가 든 병의 무게를 달아보았더니 380g이었다. 또, 주스를 절반 마시고 나서 달아보았더니 310g이었다. 주스 병의 무게를 구하여라.

(3) 예상하고 확인하기[1)]

예상하고 확인하기 전략은 어떤 문제를 해결할 때 답이 얼마라고 예상해보고, 그것이 문제의 조건에 적절한지 확인해보는 전략으로 답을 결정하는 데 있어서 추론은 물론 시행착오와 연관되는 문제들에 가장 적절하다. 이 전략은 훌륭한 추측들이 수학에서 존재하며 피할 수 없다는 것을 아동들이 깨닫도록 도와준다. 몇몇 문제들에 대해서는 어떤 다른 접근방법도 실행할 수 없기 때문에 자신들의 경험에서 나온 추측이 문제해결을 위한 유일한 방법이라는 것을 아동들은 학습하게 된다. 아동들은 예상하고 확인하기 전략이 어떤 문제를 해결하는 방법이라는 점에서 어떤 것을 어림한다는 것과는 다르다는 사실을 알아야 한다. 이 전략이 문제해결을 위해 효율적으로 활용되기 위해서는 조직적인 예상을 해야 한다. 아울러 예상을 할 때에는 처음 예상보다 더 크게 예상을 할 것인지 더 작게 예상을 할 것인지를 결정해야 한다.

보기 1 닭과 돼지가 모두 합해 50마리가 있다. 그 다리 수가 130개일 때 닭과 돼지는 각각 몇 마리씩 있는가?

보기 2 [그림 7·3]에서 각 행과 대각선에서의 합이 12가 되도록 네모 속에 1부터 7까지의 수를 넣어라.

---

1) 이 전략은 교재에 따라 시행착오 전략으로 소개하기도 한다.

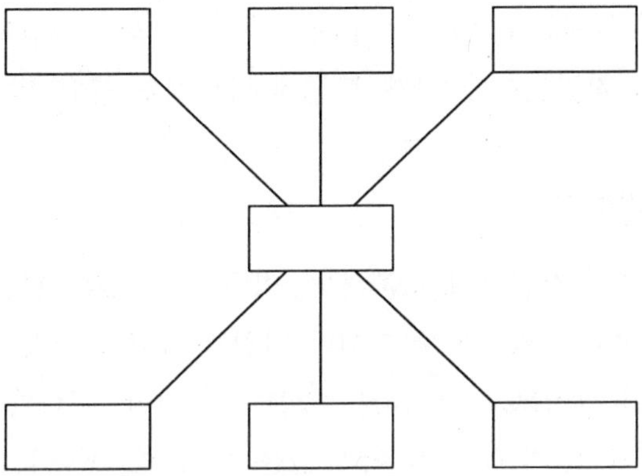

그림 7·3 예상하고 확인하기 문제

이 전략을 소개하기 위해 사용된 문제들은 일종의 추측이나 시행착오에 의해 해결될 수 있는 문제들임에 틀림없다. 하지만 해를 찾는 데 있어서 추론이 또한 관련된다.

(4) 거꾸로 풀기

때때로 끝수는 알려져 있지만 시작하는 수는 알려져 있지 않은 경우가 있다. 이때 결론으로부터 조건을 거꾸로 생각해 나아감으로써 문제를 해결할 수 있는데, 이러한 방법을 거꾸로 풀기 방법이라 한다. 이 전략은 시작하는 수를 찾기 위해 연산을 거꾸로 하는 것이기 때문에, 아동들은 이를 위하여 역 연산을 이해할 필요가 있다.

거꾸로 풀기 전략이 사용될 수 있는 문제는 대개 다음과 같은 특징을 가지고 있다.

- 문제 상황의 마지막 결과가 알려져 있다.
- 처음에 주어진 조건에서 문제해결로 가는 규칙이 알려져 있다.
- 문제가 요구하는 것은 최초의 조건을 구하는 것이다.

따라서 이 전략을 사용하려면, "이러한 상황이 성립하려면 무엇이 성립하여야 하는가?", "이 단계 이전에는 어떻게 되는가?"와 같은 질문을 던져보아야 한다.

보기 지희는 어떤 수에 대해 생각하고 있다. 그 수에 6을 더하고 7을 빼서 2로 나눈 다음 9를 더하면, 그 결과는 11이 된다. 지희가 생각하는 수는 무엇인가?

아동들이 끝수를 가지고 시작하는 것에 대한 개념과 시작하는 수를 찾을 때까지 수를 완성하기 위해 역 연산을 사용하는 개념을 이해하도록 도와주기 위해 어떤 쉬운 문제(이를테면 수 34)를 가지고 시작해볼 수 있다. '거꾸로 풀기' 과정을 깨닫도록 아동들을 안내하면서 그들이 해를 어떻게 찾았는지를 함께 토론해보는 것도 좋은 방안이다.

(5) 체계화된 목록 만들기

추측이나 계산들을 질서 정연하게 보존하고, 일어날 수 있는 모든 가능성들을 생각하며 어떠한 기입 사항도 중복되지 않도록 목록이나 지침서 목록을 구성한다. 이는 곧 문제에 주어진 정보들을 체계적인 목록으로 조직하는 것을 의미한다. 이렇게 함으로써 문제의 구조를 한눈에 쉽게 알아볼 수 있게 해준다. 이와 같은 체계적인 목록들은 하나 혹은 그 이상의 해를 결정하기 위하여 비교하거나 패턴을 찾는 데 사용된다.

보기 어느 농부가 닭과 돼지를 가축시장에 내다 팔았다. 그런데 다른 농부가 닭과 돼지를 각각 몇 마리를 팔았는지를 알고 싶어서 첫 번째 농부에게 물었더니 첫 번째 농부는 "머리는 10개이고 다리는 30개"라고 답하였다. 그렇다면 돼지와 닭은 각각 몇 마리인가?

(6) 표 만들기

문제에 주어진 정보를 표로 나타내어 봄으로써, 문제의 구조를 일목요연하게 볼 수 있을 뿐 아니라, 답을 직접 구할 수도 있게 하는 중요한 사고 전략의 하나이다. 대개 표는 어떤 문제에서 연관된 변수들을 보여주는 행과 열로 구성되어 있다. 흔히 하나의 열 혹은 행은 1, 2, 3과 같은 자연적인 순서로 사건들을 열거한다. 표에 있어서의 기입 사항들은 종종 어떤 반복되는 결과를 보여주기도 한다. 따라서 기입 사항들에 대한 연구가 결국 패턴에 대한 어떤 발견이 될 수 있다.

보기 달리기 선수 2명이 둘레가 400m인 트랙을 사용하고 있다. 첫 번째 선수는 1분에 200m를 달린다. 두 번째 선수는 1분에 100m를 달린다. 만약 두 사람이 동시에 출발한다면, 언제 두 선수가 트랙의 출발점에서 다시 만나겠는가?

(7) 패턴(규칙성) 찾기

문제에 주어진 조건을 분석하여 어떤 규칙성을 찾아내고 이 규칙성을 이용하여 계산을 함으로써 문제를 해결하는 전략이다. 패턴은 우리가 어떤 규칙을 기록하게 해주고 결과를 예상하게 해준다. 패턴을 찾음으로써 해결되는 문제는 흔히 표나 체계화된 목록을 만들거나 예상하고 확인하기 전략으로 풀 수 있다.

보기 계산기를 사용하여 다음을 완성하시오. 2, 5, 11, 23, ____ , ____ , ____ .

이 전략을 소개하기 위하여, 만일 해를 찾는 데에 사용할 패턴을 찾지 못하면 싫증이 나는 문제를 아동들에게 제시해보는 것도 한 방안이 될 수 있다. 표를 만들기 위한 방법에 관한 힌트가 학생들이 패턴을 찾도록 도와주기 위하여 필요할지도 모른다.

(8) 문제를 단순화하기

큰 숫자나 분수를 가진 문제들은 흔히 어려운 것처럼 보인다. 작은 범자연수로 대치하는 것이 문제해결자가 그 문제구조에 대해서 보다 쉽게 다룰 수 있게 해주며, 대치된 숫자들을 가지고 그 문제를 해결한 후 원래 문제로 거슬러 올라가면 해에 대한 어떤 전략도 알 수 있고 문제를 해결하기 위한 자신감도 생기게 된다. 정형문제들은 이 전략에 의해 흔히 단순화할 수 있다.

보기 대구광역시의 한 박람회에서 5,040,000원의 수입을 올렸다. 만약 420명의 사람들이 박람회를 찾았다면, 1인당 평균 얼마를 소비했을까?

(9) 논리의 사용

논리적인 추론의 과정을 통해 결론에 도달하는 사고전략으로서, 가능성이 있는 모든 해법에 대하여 점검해보고 불가능한 해법을 제거해가면서 가능한 하나의 해법에 이를 때까지, 한 단계씩 차례로 고찰해가는 해결 전략이다.

흔히 논리 문제들은 "~이면, ~이다." 식의 추론과 연관된다. 전략은 이미 알려진 것과 그리고 다른 관계 혹은 문장의 전후 관계를 설정하기 위하여 이미 알려진 지식을 사용할지를 결정하는 것이다. 종종 논리와 관련된 문제해결에서 행렬을 사용하는데, 행렬은 추론에 의해 그 가능성을 좁혀가는 것과 관련된 논리 문제들에 있어서 해결의 길을 좇아가는 데 도움을 준다. 또한 순서와 관련된 논리 문제들은 흔히 그림을 사용하여 해결할 수 있다.

보기 지희, 영찬이, 영우, 원영이의 나이는 8세에서 13세 사이이다. 한 사람은 9세, 한 사람은 10세, 한 사람은 11세, 그리고 한 사람은 12세이다. 영찬이는 영우보다 나이가 더 많고 원영이보다는 더 어리다. 원영이는 지희보다 더 어리다. 각각 몇 살인가?

학생들이 추론함으로써 가능성을 제거해가는 데 대한 유용성을 깨닫도록 도와주기 위하여 그들에게 가능성들이 재빨리 제거되는 어떤 문제를 해결하게 해본다. 아울러 해결과정을 토론하게 해본다. 어떤 사건이 일어날 것이라고 알려진 것에 관해서 추론함으로써 일어날 수 없는 가능성들을 제거하는 것이 필요하다는 개념을 말로 나타낼 수 있도록 학생들을 도와준다. 이따금씩 행렬이 사고를 추적해가기 위한 유용한 기술이기 때문에 만약 어떤 학생이 문제해결 방법을 고안해내지 못하면 추론을 도와주는 수단으로 행렬을 제시하여 그것을 해결하게 해본다.

어떤 문제해결자들은 논리 문제를 해결하기 위하여 직접적으로 행렬을 사용하지는 않지만 이와 같은 접근방법에 대하여 알고 있어야 하며 그들에게 도움이 된다면 사용해야만 한다는 것을 학생들이 깨닫도록 해주어야 한다.

보기 철수, 영희, 진영, 영찬이는 관현악단에 속해 있다. 그중에 한 사람은 트럼펫을 연주하고, 한 사람은 바이올린, 한 사람은 비올라, 그리고 한 사람은 드럼을 연주한다. 영희는 트럼펫을 연주한다. 철수의 친구는 비올라를 연주한다. 진영이와 영찬이는 바이올린을 연주하지는 않는다. 영찬이는 드럼을 좋아하지 않으며 드럼을 결코 연주하지 않을 것이다. 누가 어느 악기를 연주하는지를 알아보아라.

(10) 관점을 바꾸기

이 전략은 다른 여러 가지 전략을 시도해보았으나 성공하지 못했을 때 주로 사용된다. 아동은 문제를 해결하기 시작할 때 어떤 특별한 관점을 취하거나 특정한 가정을 하는 경향이 있다. 아동은 종종 문제를 다룰 계획을 재빨리 만들어놓고 그 계획이 그럴듯한 해를 산출할 것인지 알아보기 위해서 계획을 실행한다. 만약 계획이 좋은 결과를 내지 못한다면 아동은 새로운 계획을 알아보기 위하여 똑같은 관점을 가지고 다시 처음 문제로 되돌아간다. 그러나 아동은 그릇된 논리에 의해서 그 관점을 취하고 있을 수 있다. 아동은 문제를 완전히 다른 방식으로 규정해야 할 필요가 있다. 그렇게 하기 위해서는 다음과 같은 질문들을 스스로에게 던져볼 필요가 있다. "문제가 말하는 것이 정확히 무엇인가?", "내가 가정하고 있는 것이 문제에 함의되어 있는가?"

보기 종이에서 연필을 떼지 않고 아래의 9개 점을 모두 통과하도록 4개의 선분을 그려라.

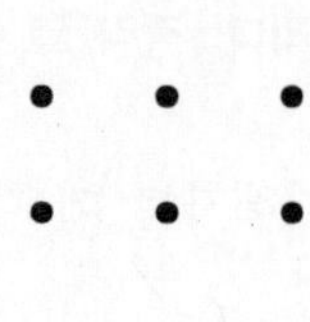

7.2.3 문제해결 학습을 위한 활동

이 절에서의 활동들은 학생들에게 문제가 주어지는 일종의 보충 과정이다. 이러한 활동들을 해봄으로써 학생들은 문제해결을 위하여 문제형태와 전략에 관한 새로운 통찰력을 얻을 수 있다.

활동 7.1 문제를 만들 수 있는 많은 소재

어떤 상황에 이름을 붙여보거나 학생들에게 흥미 있는 어떤 상황을 제시한다. 그리하여 학생들에게 그러한 상황에서 일어날 수 있는 가능한 한 많은 수학문제들을 생각하게 해본다. 창의적인 문제를 만들기 위하여 그룹별로 묘안을 짜내는 브레인스토밍을 할 수도 있고, 그 아이디어를 가지고 토론을 해보는 방안도 있을 수 있다. 예를 들면 다음과 같다.

- 학생들의 생일파티
- 개학 첫날
- 동물원 견학
- 어머니가 편찮으실 때 가족 돌보기
- 공원에서의 가족소풍
- 방학 첫(마지막)날
- 시가행진과 같은 지역사회에서 일어나는 일

활동 7.2 어디서나 발견할 수 있는 문젯거리

문제를 만들기 위하여 학생들에게 사회과목, 자신들이 현재 처해 있는 문제, 과학정보나 자신들의 일상적인 경험을 사용하게 해본다. 학생들은 자신들이 해결하고자 하는 문제들을 선택해야 한다. 모지스(Moses), 비요크(Bjork) 그리고 골든버그(Goldenberg)는 아동들은 그들이 해결할 수 있는 것보다 훨씬 더 많은, 어떤 문제들은 오랜 시간을 요하는, 도전적인 문제들을 제기할 것이라고 말한다(Moses, Bjork, Goldenberg, 1990). 이 학자들은 또한 누구누구의 문제 혹은 누구누구의 방법과 같이 발명자의 아이디어를 명명해주기를 제안하고 있다.

활동 7.3 문제 바꾸기

활동 7.1과 7.2에서 개발된 문제들로 학생들은 관점을 바꾸는 활동을 할 수 있다. 그렇게 하기 위해서는 다음과 같은 사항들을 염두에 둘 필요가 있다.

- 답을 주고, 어떤 알려지지 않은 사실을 문제로 만들기
- 서로 다른 숫자들을 사용하기
- 구조는 유지하되 문제 상황을 바꾸기
- 문제에 보다 많은 단계를 주기
- 문제를 보다 복잡하게 만들어보기
- 주어진 문제와 유사한 어떤 문제 만들어보기
- 보다 한정적(restrictive)으로 문제를 만들기

보기 "50보다 작은 수 중 두 자릿수의 합이 8인 수는?"이라는 문제를 "50보다 작은 짝수 중 두 자릿수의 합이 8인 수는?"과 같이 바꾸면 주어진 문제에 조건을 더 강화한, 보다 한정적인 문제가 된다.

활동 7.4 교재의 활용

학생들에게 자신들이 배우고 있는 책에서 똑같은 전략을 사용하여 해결할 수 있는 문제 3개를 찾아내게 해본다. 이 경우는 어떤 교재들은 한 단원 내에서 모두 똑같은 종류의 문제를 제공하기 때문에 각기 서로 다른 단원들로부터 문제들을 발췌해야 한다는 것을 학생들에게 주지시킬 필요가 있다.

활동 7.5 문장으로 표현하기

학생들에게 어떤 문제를 해결하는 동안에 자신들의 사고에 관해 자주 글을 쓰게 해본다. 이렇게 해봄으로써 다른 친구들과 아이디어를 서로 공유할 수 있으며 그들의 사고과정을 서로 비교할 수 있게 된다. 그 결과 각자 서로 다른 방법으로 답을 얻을 수 있다는 결론에 다다를 수 있어야 한다. 이따금씩, 학생들에게 문장으로 표현하기를 사용하는 문제들을 선택하게 해본다.

활동 7.6 유사점과 차이점

몇 개의 그룹에게 같은 연산이 적용되지만 문제 상황이 다른 두 문제를 주고는 그 문제들이 어떤 점에서 유사하고 어떤 점에서 다른지를 생각하게 해본다. 그러고는 전

체그룹이 모여서 자신들의 결론을 토론하게 해본다.

2단계 문제의 이해를 지도하기 위하여, 똑같은 정보에 관한 몇 가지를 포함하는 1단계와 2단계 문제를 학생들에게 제공한 다음 두 가지 문제의 유사점과 차이점에 대하여 토론을 하게 해보면 2단계 문제의 특성과 2단계 문제가 1단계 문제와 어떻게 다른가를 학생들이 인식하는 데 도움을 줄 수 있다.

활동 7.7 특별한 혹은 부족한 정보

보기 1 원영이의 아버지는 아들에게 자전거 1대를 사주기 위해 쇼핑을 하고 있었다. 아들의 나이는 11세이며 아버지는 12만원을 주고 자전거 1대를 샀다. 아버지는 돈이 얼마 남았는가?

보기 2 지희는 하키를 하는 것을 무척 좋아했다. 그녀는 15게임을 했다. 7게임은 홈경기였다. 얼마나 많은 게임에서 그녀가 승리하였는가?

수학 수업에 있어서 문제해결을 강조하는 것과 이해를 강조하는 것은 상호 보완적인 관계가 될 수 있다. 문제해결을 통하여 가르칠 때 교사들은 학생들 스스로 지식을 개발하는 하나의 강력하고도 중요한 수단을 학생들에게 제공하게 된다. 수학에 대한 학생들의 지식이 깊고 풍부하면 할수록, 문제를 해결하기 위해 수학을 사용하는 학생들의 능력은 증가한다고 생각된다.

이 장에서는 문제와 문제해결이란 어떠한 것이며 폴리아의 4단계 전략(문제해결 과정)과 문제해결 전략 둘 다를 교수하기 위한 제안으로서 서로 다른 유형의 문제와 문제해결 전략을 소개하였다.

실제 초등학교에서의 정형문제와 비정형문제는 어떠한 것인가를 구체적인 예를 들어 설명하였으며 특수한 문제를 해결하기 위한 방안으로 실제로 해보기, 그림 그리기, 예상하고 확인하기, 거꾸로 풀기, 체계화된 목록 만들기, 표 만들기, 패턴 찾기, 문제를 단순화하기, 논리의 사용, 관점을 바꾸기와 같은 전략 등의 소개와 더불어 그 실제 예들을 보였다. 마지막으로 문제해결 학습에 대한 보충 활동들이 주어져 있다.

수학교육과 문제해결

교재연구문제

01 다음 그림 위에 꼭짓점에 있는 세 수의 합이 15가 되도록 삼각형을 그리려고 한다. 삼각형은 모두 몇 개 그릴 수 있는가?

1 •　2 •　3 •
4 •　5 •　6 •
7 •　8 •　9 •

02 $(BA)^2 = CCA$ 이고 $A^2 = CA$ 를 만족하는 세 수 A, B, C를 구하시오.

03 구체적인 예를 가지고 폴리아가 주장하는 문제해결의 과정을 보이시오.

04 다음 그림과 같이 정사각형으로 되어 있는 도형이 있다.

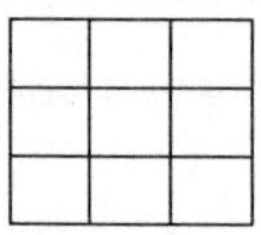

이 도형에
① 정사각형은 모두 몇 개 있는가?
② 직사각형은 모두 몇 개 있는가?

05 양의 두 수를 더해서 제곱하면 각각을 제곱해서 더하는 것보다 언제나 그 값이 큰 이유를 설명해보시오.

06 어떤 사람에게는 문제가 되는 것이 다른 사람에게는 문제가 되지 않을 수도 있다. 구체적인 예를 들어 설명해보시오.

08 수학과 교수·학습의 설계

8.1 수학과 학습지도

학교교육의 핵심적인 교육활동을 든다면 당연히 교수·학습이라 할 수 있다. 교수·학습 활동을 효율적으로 전개하기 위해서는 해당교과의 본질과 목표에 부합하는 지도가 이루어져야 한다. 특히 수학학습지도는 교실에서의 수업지도가 그 중심이 된다고 볼 수 있으므로, 이 장에서는 주로 수학 교실에서 이루어지는 학습지도를 염두에 두고, 지도계획과 방법을 중심으로 생각해보도록 한다.

8.1.1 수학학습지도계획

(1) 지도계획의 필요성

교육목표를 달성하고 학습 효과를 극대화하기 위해서 교사는 학습지도에 대한 의욕과 치밀한 계획에 따라 신중하게 지도해야 한다. 그러므로 실제 지도에 앞서 학습지도의 계획 수립 단계에서부터 교사의 지도가 시작된다고 보아야 한다. 특히 수학과는 그 특성상 체계적, 논리적 성격이 강하므로 적절한 지도계획이 준비되지 않으면 효과적인 학습이 이루어질 수 없다고 하여도 과언이 아니다.

학습지도에 앞서서 학생의 실상을 파악함과 동시에 그에 알맞은 목표, 내용, 지도 방법을 결정하고, 지도 과정에 따른 시간 안배 및 교재·교구의 선택과 준비 상황 등을 검토해 둘 필요가 있다.

치밀한 지도계획을 세울 수 있다는 것은 바로 교사 자신이 학습지도의 계통성을 명확히 이해하고 수업의 전반적인 흐름을 사전에 파악할 수 있음을 의미한다고 볼 수 있다. 어느 교과를 막론하고 훌륭한 지도계획을 수립하면 다음과 같은 점에서 그 의의를 찾을 수 있다.

① 사전에 계획된 지도계획에 따라 일관성 있게 학습지도를 할 수 있어 학습 효과를 높일 수 있다.

② 사전에 시간적 여유를 가지고 지도 내용과 방법을 미리 점검하고 준비해둠으로써, 교사가 수업 중에 학생들에게 무엇을 강조해야 할 것인지를 분명히 알 수 있어 수업의 효과를 극대화할 수 있다.

③ 학생들의 의외의 반응이나 질문에 적절히 대처할 수 있다.

④ 자신의 학습지도를 되돌아보고, 이를 바탕으로 학습지도 개선에 참고할 수 있다.

(2) 학습지도계획의 종류

학습지도계획에는 그 용도나 목적에 따라 장기적 계획(연간·학기간 지도계획)과 단기적 계획(매 단원·매 시간의 지도계획)이 있는데, 이 중 매시간의 지도계획을 학습지도안(교수·학습안)이라고 한다.

이러한 학습지도안 가운데서도, 전개 과정에 따른 시간 배정으로부터 발문 계획 등에 이르기까지 수업 전개에 필요한 모든 것을 자세히 기록한 것을 지도 세안이라 하고, 본시의 학습 목표와 대체적인 전개 과정만 기록한 것을 지도 약안이라고 한다. 일반적으로 학습지도안 작성 시 고려해야 할 점은 다음과 같다.

① 목표를 분명히 해야 한다.
② 지도할 내용과 계통성을 분명히 밝힌다.
③ 학교 및 아동들의 실태를 파악하고, 거기에 걸맞은 적절한 계획을 수립한다.
④ 학교의 교육 목표 및 연구결과를 계속적으로 살려나갈 수 있는 방안을 모색해본다.

8.1.2 학습지도계획의 실제

앞서 언급한 바와 같이 학습지도계획은 장기적 계획과 단기적 계획이 있고 단기적 계획으로는 각 단원별 계획이나 매 시간마다의 계획을 생각해볼 수 있다. 이때 특히 매 시간의 학습지도를 위하여 세우는 계획을 통상 학습지도안 또는 교수·학습안이라 한다.

일선 현장에서 공개(연구)수업을 가질 때 언제나 우리가 볼 수 있는 것이 바로 이 학습지도안이다. 학습지도안의 형식에 정해진 것은 없다. 이를테면, 아주 간단한 것부터 상세한 것, 또는 플로차트 형식의 것 등 여러 가지가 있고, 때로는 복안이라고 해서 교사의 머릿속에만 있고 기술하지 않는 것도 있다. 자기 자신만의 사용으로 끝난다면 어느 것이나 관계없겠지만, 연구 수업의 경우와 같이 여러 사람의 참관하에 실시하는 공개 수업의 경우 일반적으로 요구되는 관례적인 형식이 없는 것은 아니다. 여기서는 학습지도안 작성에서 요구되는 몇 가지 기본적이고 일반적인 기입사항을 알아본다.

(1) 단원의 지도계획

이 단원에 할당된 총 시간수와 그 시간의 활용 계획 및 본시의 위치 등 다음과 같은 항목에 따라서 계획하는 것이 일반적이다.

① 단원명

지도하고자 하는 단원의 단원명을 명시한다. 대단원과 중, 소단원을 모두 나타내는 것이 좋다.

② 단원의 개관

교육과정의 목표에 도달하기 위해 만들어진 교과서의 대단원 또는 소단원을 설정한 필요성 및 목적을 밝히고, 그 단원의 목표와 관련하여 교과서의 내용구성을 개괄적으로 요약해놓은 부분이다. 일반적으로 여기에는 다음과 같이 지도관, 아동관, 교재관이 포함된다.

㉠ 지도관

단원의 내용이 수학과 전체의 내용 중에서 차지하는 위치와 그 의의를 보다 높은 관점에서 교사의 견해를 진술한다.

㉡ 아동관(아동의 실태)

아동의 실태, 본 단원에 대한 아동의 능력, 준비의 정도 등에 대하여 기술한다.

㉢ 교재관

교재관이란 본 교재를 다루는 이유, 목표와의 관계, 교재나 교육내용에 대한 교사의 지도관점을 의미한다. 동일한 내용이라도 교사의 주관에 따라 다를 수 있으나 학습활동의 길잡이 역할을 한다. 단원의 교과내용에 대하여 어떤 교재를 채용하였으며, 그 구조나 이유, 그 교재의 특징, 이를테면 연구수업 등에서는 교사가 특별히 제안하고 싶은 견해나 고심의 흔적 등을 밝힌다.

③ 단원의 목표

단원의 목표는 교사용 지도서나 교육과정에서 제시한 목표를 참고하되 자기 학급의 실태에 비추어 교사 나름대로 수정한 목표가 제시되어야 한다. 또한 단원의 목표는 평가를 염두에 둔 지도 목표를 설정해야 한다는 점도 명심해야 한다.

④ 단원의 학습계열

수업의 목표가 정해지면 학생들이 이와 유사한 학습을 언제 하였는지, 선수 학습의 내용은 무엇인지, 다음에는 본 단원과 관련하여 어떤 내용을 지도할 것인지를 파악하여야 한다. 잘 알려진 바와 같이 수학은 계통성이 강한 교과이기 때문에 교사는 선수학습과 후속학습에 대한 통찰과 안목을 반드시 알고 지도해야 한다. 단원의 학습계열이라는 용어 대신에 '학습의 흐름'이라는 용어를 쓰기도 한다.

⑤ 단원의 지도계획

본 단원에 할당된 총 시수와 그 내용을 학습요소 중심으로 몇 개의 분절(또는 차시별)로 나누고, 각 분절마다의 내용 요점과 시간 활용계획 및 본시의 위치(이를테면, 1/12 차시)를 명시한다.

⑥ 단원의 평가 계획

평가는 수업의 질을 결정하는 중요한 요인이다. 따라서 평가는 목표와 일관성을 유지하여야 하며, 수업의 전 과정에 걸쳐 이루어져야 한다. 평가는 학생의 목표 지향성을 강화해주며 교사로 하여금 수업의 질 관리에 참고할 수 있는 근거를 제공해준다. 교사는 각 차시별로 어떠한 관점에서 어떤 방법을 사용하여 평가할 것인지를 명시해 주어야 한다.

(2) 본시의 지도계획

① 본시의 학습 목표

본시의 학습 목표를 명확히 한다. 이것은 단원의 지도 목표로부터 도출되는 것이지만, 그것을 더욱 구체적으로 행동 특성화하여 어느 목표에 도달시키고자 하는 것인지를 기술하는 것이 바람직하다

② 본시의 전개(학습의 실제)

단위학습 시간의 학습지도의 흐름을 구체적으로 나타낸다. 학생의 구체적인 학습활동, 교사의 발문이나 지도 형태, 지도상의 유의점, 평가계획 등을 밝힌다. 지도 과정은 단원이나 학습 내용에 따라, 획일적으로 말할 수 없겠지만 통상적으로 도입, 전개, 응용 및 발전 그리고 정리 및 평가의 네 단계로 나눈다.

(3) 학습지도안의 형식과 그 예[1]

앞서 언급한 바와 같이 수학학습지도안에는 꼭 정해진 형식은 없다. 여기서는 일선현장 학교에서 흔히 이용되는 일반적인 형식의 한 예를 위에서 언급한 내용에 따라 제시한 것이며 수업의 목적에 따라서는 얼마든지 교사의 의도에 맞는 학습지도안을 작성할 수 있음을 밝혀둔다. 아래에서는 2009 개정 교육과정의 1~2학년군 ❸의 4단원 '길이 재기'에 대한 학

1) 여기에 제시한 학습지도안의 형식과 그 예는 2013.4.15.(월) 초등 1~2학년군 교과교육과정 적용을 위한 대구교육대학교 대구부설초등학교의 교실수업개선 워크숍에서 가져온 것임을 밝혀둔다.

습지도안을 제시하였다.

표 8·1

단원(차시)	학습 주제(쪽)	학반	학생	지도일시(장소)	지도교사	적용모형
4. 길이 재기 (1/12)	길이 재기 도입하기 (126~129)	2-1	남 12 명 여 12 명 계 24 명	2013.4.15.(월) 6교시 (2-1교실)	박신정	문제해결 학습

① 단원명: 4. 길이 재기(1/12)

② 단원의 개관

㉠ 지도관

수학 지도에 대한 대표적인 관점으로 교사가 학생에게 지식을 전달하거나 개념을 학생들에게 지도하는 방식과 학생들이 자신의 이해와 절차를 스스로 구성해가는 문제해결 접근 방식이 있다.

이 중에서 수학적 사고의 촉진을 위해서는 문제해결 접근 방식이 적합하다. 이 접근법은 학습자 중심의 교수·학습 환경을 조성하고, 교사와 학생, 학생과 학생 간의 상호 작용이 활발하게 이루어지는 가운데 문제해결 전략과 추론능력을 발달시키는 것이다.

본 단원의 학습에서는 학습자 중심의 교수·학습 환경을 조성하기 위해 스토리텔링 기법을 활용한다. 스토리텔링은 이야기를 듣는 데 그치는 것이 아니라 학생들이 재단사가 되어 임금님에게 딱 맞는 옷을 만드는 활동으로 구성한다. 이 활동에서 학생들은 다양한 전략을 세우고 의사소통하면서 수학적으로 해결해나가도록 하겠다.

다양한 매개물을 이용하여 직접 비교와 간접 비교를 하면서 학습자 스스로 단위길이의 필요성을 느끼도록 하겠다. 임의 단위의 불편함 때문에 보편 단위가 필요하다는 것을 수학적 의사소통을 통해 합의하면서 수학적 사고를 촉진시키도록 하겠다. 보편 단위인 cm를 이용하여 학생들이 재고자 하는 사물의 길이를 바르게 재고, 여러 가지 구체물의 길이를 학생 상호 간에 어림하고 확인하는 활동을 통해 길이에 대한 양감과 추론능력을 기를 수 있도록 하겠다. 물건을 편리하게 바꾸고, 유리병 실로폰을 만드는 활동을 통해 실생활과 연계한 수학적 탐구 능력을 기를 수 있도록 하겠다.

다양한 길이의 임의 단위를 사용하여 측정하는 과정에서 융통성 있는 사고를 기르고, 어림과 실제 길이와의 관계를 통해 길이에 대한 민감성을 가질 수 있도록 하겠다. 주위에 있는 사물의 길이를 재는 활동에서 학생 상호 간에 협동하여 즐겁게 참여할 수 있는 분위기를 조성하도록 하겠다.

㉡ 교재관

수학과의 측정 영역은 어느 영역보다 우리의 생활과 밀접한 관련이 있으므로 생활 속에서 이를 효과적으로 활용하기 위해서는 단위나 양감의 기본 개념 형성이 반드시 이루어져야 한다. 특히, 본 단원의 학습 주제인 '길이'의 단위는 실제 물건의 길이를 측정하면서 길이의 기본 개념을 바르게 형성하고, 이를 통해 길이에 대한 양감을 기르게 하기 위해 설정되었다.

1~2학년군 ❶의 '4. 비교하기'는 '여러 가지 양의 비교'에서 구체물의 길이, 들이, 무게, 넓이를 직접 비교하여 각각 '길다, 짧다', '많다, 적다', '무겁다, 가볍다', '넓다, 좁다' 등으로 표현하고, 생활 주변에서 직관적인 비교 활동을 통하여 여러 가지 종류의 양감을 느낄 수 있도록 구성되어 있다.

본 단원에서는 길이의 직접 비교와 간접 비교의 방법으로 서로 비교하고, 임의 단위의 불편함을 통해 보편 단위의 필요성을 이해하도록 하고 있다. 1cm를 알고 자를 사용하여 물건의 길이를 재어보고, 길이를 어림하고 확인하면서 길이에 대한 양감을 기르도록 구성되어 있다. 길이 재기는 '1~2학년군 ❹'의 m와 '3~4학년군 ❶'의 mm, km 학습의 기초가 된다.

③ 단원의 목표

표 8·2

구 분	목 표
내용	• 구체물의 길이를 직접·간접 비교할 수 있다. • 임의 단위로 길이를 재어 수로 나타낼 수 있다. • 길이의 단위인 1cm를 안다. • 자를 이용하여 길이를 바르게 잴 수 있다. • 길이를 실측에 가깝게 어림할 수 있다. • 길이를 '약'으로 표현할 수 있다.
과정	• 임의 단위 사용의 불편함을 통해 보편 단위의 필요성을 말할 수 있다. • 여러 가지 길이를 어림하고 확인하는 과정에 길이에 대한 양감을 기를 수 있다.
태도	• 길이 재기 활동에 흥미를 갖고 적극적으로 참여하는 자세를 지닌다. • 일상생활에서 길이를 재는 데 자를 사용하거나 길이를 어림하려는 태도를 갖는다.

④ 단원의 학습계열

선수 학습		본 학습		후속 학습
1~2학년군 ❶-4 비교하기		1~2학년군 ❸-4 길이 재기		1~2학년군 ❹-3 길이 재기
• 구체물의 길이, 들이, 무게, 넓이 비교하기 • '길다, 짧다', '많다, 적다', '무겁다, 가볍다', '넓다, 좁다' 구별하기	→	• 길이의 직접·간접 비교하기 • 임의 단위(신체, 물건)를 사용하고 불편한 점 알기 • 보편 단위의 필요성 이해하기 • 1cm를 알고 '자' 사용하기 • 길이 어림하기	→	• 1m 이해하기 • 길이를 단명수와 복명수로 나타내기 • 1m 이상의 길이 어림하기 • 길이의 덧셈과 뺄셈 계산하기

그림 8·1

⑤ 학생의 실태

표 8·3

분석 내용 및 조사 방법	결과 분석	지도 대책
[선수 학습] 두, 세 사물의 길이를 비교할 수 있는가? (질문지)	모든 학생이 직관에 의해 더 긴 것과 짧은 것을 바르게 구분하고, 여러 개의 물건을 비교할 때 '가장 길다, 가장 짧다'는 개념을 정확히 이해하고 사용하였다.	기본적인 길이 비교는 잘 이루어져 있으므로, 본시 학습에서는 스토리텔링을 통해 길이 재기의 필요성을 인식하는 데 중점을 두어 지도하겠다.
[선행 학습] 길이를 재는 방법을 아는가? (질문지, 면담)	길이를 재는 방법을 설명하도록 했을 때 일상생활의 경험을 토대로 자, 물건, 신체 등을 이용하여 길이를 잰다는 경우가 15명(62.5%)이었고, 1학년에서 했던 방법인 직접 비교의 방법으로 설명한 경우가 6명(25.0%) 있었다. 하지만, 길이를 재는 명확한 방법은 설명하지 못한 채 그냥 잰다는 경우도 3명(12.5%) 있었다.	학생들의 경험에 기초하여 직접 비교, 단위길이를 이용하는 방법 등 다양한 길이 재는 방법이 있다는 것을 이해하도록 하고, 생활 속에서 길이 재기가 다양하게 활용된다는 것에 흥미를 가지도록 지도하겠다.

⑥ 단원의 지도계획

표 8·4

차시	차시별 주제	주요 내용 및 활동	교과서 쪽수 수학(수익)	☆창의성 ♡인성	교수·학습 자료
1/12 (본시)	길이 재기 도입하기	• 길이 재기가 필요한 상황 이해하기 • 길이 재기의 다양한 방법 알기	126~129	☆융통성 ♡참여	• 명령문 • 옷 모형 • 가위
2/12	직접·간접 비교하기	• 구체물의 길이를 직접·간접 비교하기 • 직접·간접 비교의 장단점 알기	130~133 (87~90)	☆융통성 정교성 ☆PMI기법 ♡참여, 흥미	• 막대를 비롯한 여러 가지 물건
3/12	몸을 이용한 길이 재기	• 신체를 이용하여 길이 재기 • 단위길이를 이해하고, 재고자 하는 물건에 따라 적절한 임의 단위 선택하기	134~137 (91~92)	☆융통성 정교성 ♡협동, 참여	• 지우개, 책상, 연필 등 여러 가지 물건
4/12	물건을 이용한 길이 재기	• 물건을 이용하여 길이 재기 • 재고자 하는 물건에 따라 적절한 임의 단위 선택하기	138~141 (93~94)	☆융통성 정교성 ♡협동, 참여	• 종이, 클립, 나무젓가락 등의 여러 가지 물건
5/12	임의 단위의 불편함 알기	• 임의 단위에 의한 측정값은 그 단위에 따라 달라짐 알기 • 임의 단위에 의한 측정으로 야기되는 문제점의 토론 과정에서 보편 단위의 필요성을 찾아 말하기	142~147 (95~96)	☆융통성 ☆PMI기법 ♡참여, 배려	• 종이, 클립, 나무젓가락 등의 여러 가지 물건
6/12	자의 눈금 바르게 읽기	• 1cm 약속하기 • 자의 눈금을 바르게 읽기	148~151 (97~100)	☆정교성 ♡참여	• 여러 가지 종류의 자
7~8/12	자를 사용하여 길이 재기	• 자의 바른 사용법을 알고, 여러 가지 물건의 길이를 바르게 재기 • 자를 사용하여 주어진 길이만큼 선분 긋기 • 여러 가지 물건의 길이를 재고 길이의 양감 느끼기	152~157 (101~104)	☆정교성 ♡협동, 참여	• 여러 가지 물건 • 자 • 모눈 종이 • 주사위 • 색연필
9~10/12	길이를 어림하고 확인하기	• 길이를 어림하여 '약'으로 표현하기 • 자의 눈금과 일치하지 않는 길이의 측정값을 '약'으로 표현하기 • 여러 가지 길이를 어림하고 자로 재어 확인하기	158~163 (105~112)	☆융통성 정교성 ♡참여, 흥미	• 여러 가지 물건 • 자 • 가위

11/12	공부를 잘했는지 알아봅시다	• 이 단원에서 배운 내용을 문제를 풀며 정리하기	164~167	☆정교성 ♡참여	• 자
12/12	체험 마당	• 너무 길거나 짧아서 불편했던 길이를 편리하게 바꾸기	168~169	☆독창성 융통성 ♡참여, 흥미	• 여러 가지 물건 • 여러 가지 종류의 자
보충1	놀이 마당	• 주어진 길이를 바르게 재는 활동을 통해 유리병 실로폰 만들기	170~171	☆융통성 정교성 ♡흥미	• 유리병 • 자 • 유성 펜 • 물감, 물 • 실로폰 채
보충2	이야기 마당	• 카드를 연결하여 이 단원의 이야기와 수학적 개념을 나만의 언어로 전달하기	172~173	☆융통성 ♡흥미, 참여	• 카드 연결고리

⑦ 지도상의 유의점

㉠ 학생들이 학습 내용에 관심을 가질 수 있도록 스토리텔링을 통해 서로 상호작용하면서 의미를 구성 또는 창조하도록 한다.

㉡ 임의 단위로 길이를 잴 때 조금 남거나 모자라면 '몇 번쯤 된다'로 나타내게 한다.

㉢ 눈금을 잴 때 작은 눈금인 mm는 3~4학년군에서 도입되므로 mm 눈금을 강조하지 않고, 큰 눈금인 cm의 눈금에 중점을 두어 읽도록 한다.

㉣ 자로 길이를 잴 때에는 재고자 하는 길이의 한쪽 끝을 자의 처음 눈금(0)에 맞추고 자를 바르게 놓고 재도록 한다.

㉤ 자를 사용하여 길이 재기가 익숙해지면, 한 끝점을 자의 중간 눈금에 맞추더라도 길이를 읽을 수 있도록 한다.

㉥ 처음에는 cm 눈금에 정확하게 일치하는 것의 길이를 재어보도록 하고, 차츰 눈금에 일치하지 않는 것의 길이를 재어 일치하지 않을 때는 '약 □cm'라고 표현하도록 한다.

㉦ 생활에서 물건의 길이를 재는 활동보다는 어림하여 사용하는 경우가 더 많음을 알게 하고, 길이 재기 활동을 통해 양감을 기르도록 지도한다.

⑧ 본시 교수·학습의 실제

㉠ 교수·학습안

표 8·5

<table>
<tr><td>학습
목표</td><td colspan="3">○ 내용: 길이 재기가 필요한 상황을 말할 수 있다.
○ 과정: 길이를 재는 다양한 방법을 토의할 수 있다.
○ 태도: 일상생활에서 길이를 재야 하는 상황에 관심을 가진다.</td></tr>
<tr><th>단계</th><th>학습
요항
(분)</th><th>교수·학습활동</th><th>□ 자료 ※유의점
☆창의성 ♡인성
ⓟ 평가</th></tr>
<tr><td>문제이해</td><td>문제
상황
이해
하기</td><td>• [1]의 '임금님' 이야기를 들으며 상황 이해하기

옛날 '자가 없는 나라'에 뽐쟁이 임금님이 살았어요. 임금님의 생일이 다가오자 뽐쟁이 임금님이 말했어요. "옷장에 있는 옷들이 마음에 안 드는구나. 재단사들에게 내 몸에 딱 맞는 멋진 옷을 만들어 오라고 하여라." 임금님은 몸에 딱 맞는 멋진 옷을 만들어 오라고 했어요. 딱 맞는 멋진 옷을 만든 재단사에게 큰 상을 내린다고도 했지요. 신하는 임금님 몸에 딱 맞는 멋진 옷을 만들어 오라고 재단사들에게 말했어요.

· 임금님은 어떤 명령을 내렸나요?
- 재단사들에게 임금님 몸에 딱 맞는 멋진 옷을 만들어 오라고 했습니다.</td><td>[1]PPT
(스토리텔링)</td></tr>
<tr><td></td><td>학습
문제
확인
(5′)</td><td>• 공부할 문제 함께 알아보기
· 이번 시간에 무엇을 함께 해보면 될까요?

♣ 임금님 옷을 어떻게 만들까?</td><td></td></tr>
<tr><td>해결계획
세우기</td><td>역할
정하기
(2′)</td><td>• 임금님 역할 정하기
· 임금님의 역할을 할 사람을 [2]를 이용하여 뽑아봅시다.
- 제비뽑기로 임금님이 될 학생을 뽑는다.</td><td>[2]제비뽑기
※재단사는 모든 학생이 하는 것으로 한다.</td></tr>
</table>

	옷 만드는 방법 생각 하기 (6′)	• 임금님 옷 만드는 방법 탐색하기 · 임금님 몸에 딱 맞는 옷을 만들려면 무엇을 알아야 할까요? - 윗옷을 만들려면 팔과 상체의 길이를 재어보아야 합니다. - 바지를 만들려면 다리의 길이를 재어보아야 합니다. · (③을 보여주며) 임금님의 명령을 잘 들어봅시다. [내 옷을 만들기 위해 길이를 어떻게 재면 좋을지 모둠별로 의논하여라.] · '자가 없는 나라'에서 임금님 몸의 길이를 재는 방법을 모둠별로 토의해봅시다. - 임금님 몸의 길이를 재는 방법을 서로 토의한다.	③PPT(명령문①) ☆융통성 [몸의 길이를 재는 방법에 대한 생각을 융통성 있게 하도록 학생들의 다양한 의견을 허용한다.]
	재는 방법 알기 (4′)	• 탐색 결과 발표하기 · 임금님 몸의 길이를 재는 방법을 발표해봅시다. - 끈을 이용하여 얼마만큼 되는지 재어봅니다. - 손을 이용하여 몇 뼘인지 재어봅니다. - 책으로 몇 번 되는지 재어봅니다. - 연필을 이용하여 몇 번 되는지 재어봅니다.	⑦ [길이를 재야 하는 상황을 알고 관심을 가지면서 길이를 재는 다양한 방법을 토의하는지 평가한다.]
해결 계획의 실행	길이 재기 (6′)	• 임금님 몸의 길이 재기 · (④를 보여주며) 임금님의 다음 명령을 잘 들어봅시다. [모둠장은 나에게 오너라. 모둠에서 선택한 방법으로 내 몸의 길이를 재어보고, 모둠원들에게 알려주도록 하여라.] - 각 모둠장이 임금님의 몸의 길이를 모둠에서 결정한 방법으로 잰다. · 임금님의 몸의 길이를 잰 결과를 발표해봅시다. - 팔은 3뼘, 다리는 4뼘이었습니다. - 연필로 팔은 2번 반, 다리는 4번이었습니다.	④PPT(명령문②) ※정확한 길이 재기보다는 이 단원에서 다루게 될 길이 재기의 경험을 갖는 데 중점을 둔다.

	옷 만들기 (9′)	• 임금님 몸에 맞는 옷 재단하기 · (5를 보여주며) 이 옷을 임금님께 드리면 몸에 맞을까요? - 옷의 팔 부분이 길어서 맞지 않습니다. - 바지의 길이가 길기 때문에 맞지 않습니다. · 이 옷을 어떻게 하면 임금님 몸에 맞게 만들 수 있을까요? - 팔의 길이만큼 잘라냅니다. - 다리의 길이만큼 잘라냅니다. · (5와 6을 이용하여) 임금님의 몸에 맞는 옷을 모둠별로 만들어봅시다. - 모둠별로 길이를 재어 임금님 옷을 만든다.	5팔이 긴 윗옷, 다리가 긴 바지모형 ♡참여 임금님의 옷을 재단하는 활동에 적극적으로 참여한다. 6가위 ※윗옷과 바지 중에서 먼저 한 가지를 선택해서 재단하고, 빨리 마쳤을 경우는 다른 부분도 할 수 있도록 한다.
반성	결과 확인 하기 (5′)	• 재단한 옷 비교하기 · 모둠별로 만든 옷을 살펴봅시다. 어떤가요? - 팔의 길이가 서로 다릅니다. - 바지의 길이가 서로 다릅니다. • 뒷이야기 상상하기 · 이 옷을 임금님께 드리면 뭐라고 하실까요? - 제일 잘 맞는 옷을 선택해서 멋지게 꾸미라고 하실 것 같습니다. - 임금님의 몸에 안 맞는다고 화를 내시면서 다시 만들어 오라고 하실 것 같습니다.	※만든 옷은 모두 칠판에 게시한다. ※허용적인 분위기에서 자유롭게 상상할 수 있도록 한다.
정리	정리 하기 (3′)	• 알게 된 점이나 느낀 점 이야기하기 · 오늘 학습을 통해 알게 된 점이나 느낀 점을 말해봅시다. - 길이를 잴 때 손을 이용할 수 있다는 것을 알게 되었습니다. - 임금님 옷을 만드는 것이 재미있었습니다.	
		• 차시 학습내용 알기 · 다음 시간에는 만든 옷을 임금님의 몸에 맞는지 직접 대어 보도록 하겠습니다.	

㉡ 평가 계획

표 8·6

평가 영역	평가 목표	평가 기준			평가 방법
		상	중	하	
내용	길이 재기가 필요한 상황을 말할 수 있다.	길이 재기가 필요한 상황을 구체적으로 설명한다.	길이 재기가 필요한 상황을 설명한다.	길이 재기가 필요한 상황에 대한 설명이 미흡하다.	관찰
과정	길이를 재는 다양한 방법을 토의할 수 있다.	길이를 재는 다양한 방법을 구체적으로 상대방에게 이야기하면서 토의한다.	길이를 재는 다양한 방법을 서로 토의한다.	길이를 재는 방법에 대한 토의가 미흡하다.	
태도	일상생활에서 길이를 재야 하는 상황에 관심을 가진다.	일상생활에서 길이를 재는 활동에 관심을 갖고 적극적으로 참여한다.	일상생활에서 길이를 재는 활동에 관심을 가진다.	일상생활에서 길이를 재는 활동에 관심이 부족하다.	

수업 Talk

Q 단원 도입 차시의 스토리텔링은 어느 부분에 중점을 두어 지도해야 합니까?

A 스토리텔링은 수학적으로 의미 있게 단원의 각 활동을 시작할 수 있도록 수학적 맥락을 고려하여 내용이 구성되어 있습니다.

단원 도입 차시의 경우에는 각 차시의 학습 주제를 폭넓은 상황을 제시하여 학습 동기를 유발하는 것이 목적입니다.

본 단원에서는 길이 재기의 직접 비교, 간접 비교, 임의 단위 사용, 자의 도입 등이 주요 학습 내용입니다. 학습자가 길이를 재어본 경험과 연결하여 구체적이지는 않더라도 폭넓게 길이를 재는 경험을 해보고 후속 차시와 유기적으로 연결되어 계속 탐구하면서 문제를 해결해나가도록 구성하였습니다.

다음 차시인 2차시에서는 이 차시에서 만든 옷을 임금님 몸에 대어 보는 직접 비교, 간접 비교의 학습으로 연결됩니다. 3~4차시에서는 학생들이 길이 재기 방법을 다시 떠올리면서 신체와 물건을 이용한 길이 재기의 방법을 다양하게 알아보면서 '단위길이'에 대한 용어의 도입과 함께 단위길이를 다른 곳에도 적용해봅니다.

스토리텔링은 이야기만 듣는 활동이 아니므로, 학생들이 이야기에 몰입하고 재미있는 수학 활동을 만들어가기 위해서는 학습자가 이야기의 주인공이 되는 방법도 활용할 수 있습니다. 본 차시에서 임금님과 재단사의 역할을 학생들이 하는 것이 이에 해당됩니다.

다른 단원의 스토리텔링에서도 교사용 지도서에 제시된 이야기를 참고하여 단원 전체의 내용을 폭넓게 이해하고 학생들이 참여하면서 그 이야기에 몰입할 수 있는 활동을 구성하는 것이 좋습니다.

스토리텔링 애니메이션 자료는 사이언스올(http://www.scienceall.com)의 사이언스올 에듀〉초등학교 수학교과서〉수업 도입 영상(교사용)에 들어가면 교사 인증을 거쳐 볼 수 있습니다.

Q 단원 도입 차시는 어떤 학습 모형을 적용해야 합니까?

A ••► 제7차 교육과정에 따른 교사용지도서에서는 학습 모형을 '개념 형성, 원리탐구, 문제해결 학습모형'으로 소개하여 수학 수업에서 많이 활용하였습니다.

2007 개정 교육과정에 따른 1, 2학년 교사용지도서에서는 위의 세 가지 학습 모형을 좀 더 세분화하여 제시해 학습 주제에 따라 최적의 학습 모형을 선정하여 사용할 수 있도록 소개하였습니다.

2009 개정 교육과정에 따른 1~2학년 교사용지도서에서는 학습 모형에 대한 소개가 없습니다.

하지만, 단원 도입 차시가 스토리텔링으로 신설되면서 이 차시의 학습 모형을 어떻게 할 것인가에 대한 문제가 대두되고 있는 실정입니다.

교사용지도서에서 제시하고 있는 단원 도입 차시 수업의 흐름의 경우는 다음과 같습니다.

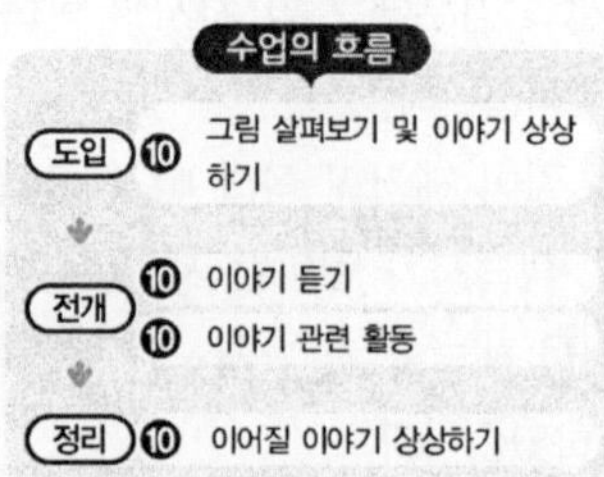

그림 8·2

여기서 주의할 점은 이 수업의 흐름만 보았을 때는 이 수업의 과목이 국어인지, 수학인지 구분하기 어렵다는 것입니다. 교사용지도서의 주의점에도 제시되어 있듯이 스토리텔링이 적용된 단원은 학급 실정에 따라 스토리텔링 활동과 수학적 활동의 강약을 적절히 조절하여 융통성 있게 수업해야 합니다.

본 차시에서는 임금님의 옷을 만드는 문제를 중심으로 두고 이를 해결해가는 활동으로 구성했기 때문에 문제해결학습 모형이 가장 적절하다고 생각되었습니다.

다른 단원의 경우에도 단원 도입 차시를 수학적으로 폭넓게 파악하면서 해결하는 내용으로 구성한다면 문제해결학습 모형이 적절하다고 할 수 있습니다.

Q 교과서에 나오는 임금님 인형 만들기를 하지 않고, 실제 크기의 옷을 만드는 활동을 한 이유는 무엇입니까?

A 수학 교과서에 나오는 임금님 인형 만들기 활동은 아래의 준비물(임금님 만들기)을 이용하여 이야기 또는 교과서 그림을 통해 임금님의 키를 예상하여 인형을 만들어보게 됩니다. 만든 종이 인형은 친구들과 직접 비교하면서 측정의 상황을 맛보는 활동으로 구성되어 있습니다.

하지만, 2학년 학생들의 사고 수준에서 교과서에 제시된 뼘의 크기를 임금님 키와 비례하여 생각한 후 작게 만들어보는 활동이 어렵다고 생각했습니다.

본 차시가 이 단원의 도입을 위한 차시인만큼 학생들에게 후속 차시에서 이루어지게 될 길이 재기 활동을 학생들의 경험 수준에 비추어 직접 재는 데 중점을 두어 구성하였습니다.

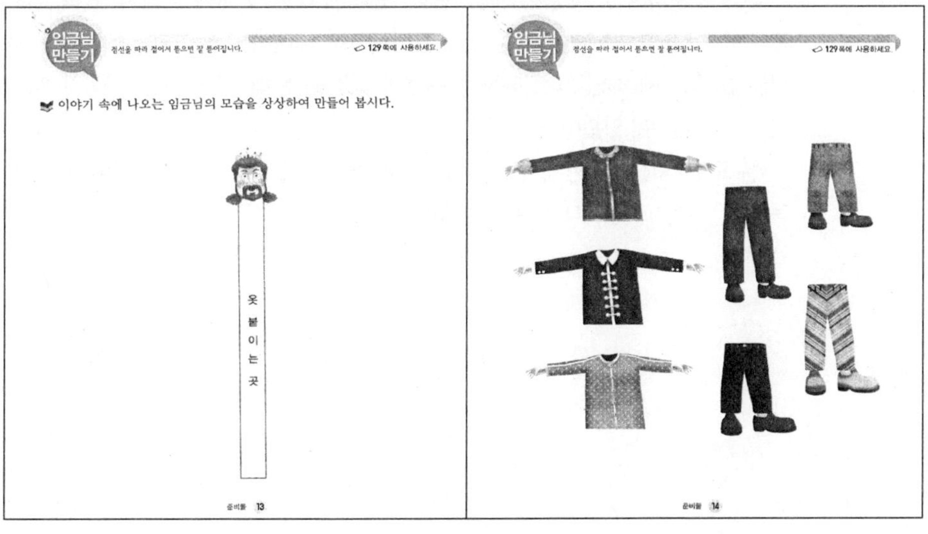

그림 8·3

Q 단원의 목표와 차시의 목표를 '내용, 과정, 태도'로 나타낸 이유는 무엇입니까?

A 이전까지는 보통 단원 목표와 차시 목표를 지식(이해), 기능, 태도로 구분하거나 인지적 영역과 정의적 영역으로 구분하여 나타내었습니다.

하지만, 2009 개정 교육과정 1~2학년군 교사용지도서에는 초등학교 수학교육의 목표를 '내용, 과정, 태도'로 나누어 제시하고 있습니다.

교사용 지도서 '제1부 수학과의 지도'의 'Ⅰ. 초등학교 수학교육의 특성과 방향'에서 '초등학교 수학교육의 목표'를 다음과 같이 나타내고 있습니다.

표 8·7

내용	생활 주변에서 일어나는 현상을 수학적으로 관찰하고 조직하는 경험을 통하여 수학의 기초적인 개념, 원리, 법칙을 이해하는 능력을 기른다.
과정	수학적으로 사고하고 의사소통하는 능력을 길러, 생활 주변에서 일어나는 문제를 합리적으로 해결하는 능력을 기른다.
태도	수학의 개념, 원리, 법칙을 이해하고 수학적으로 사고하고 의사소통하는 능력을 길러, 여러 가지 현상과 문제를 수학적으로 고찰함으로써 합리적이고 창의적으로 해결하며, 수학학습자로서 바람직한 인성과 태도를 기른다.

각 단원의 단원 학습 목표도 위와 같이 '내용, 과정, 태도'로 구분하여 제시하고 있습니다.

이를 구분하자면, 내용은 개념, 원리, 법칙에 대한 이해에 중점을 둔 목표에 해당하고, 과정은 수학적 의사소통능력, 문제를 합리적으로 해결하는 능력과 같이 수학 활동 과정에 중점을 둔 목표에 해당하며, 태도는 내용과 과정을 통해 길러야 할 인성과 태도에 중점을 둔 목표라고 할 수 있습니다.

본 교수·학습과정안에서도 교사용 지도서의 목표 제시 체재에 맞추어 단원 목표와 차시 목표를 '내용, 과정, 태도'로 구분하여 나타내었습니다.

8.2 수학과 교수·학습방법[2)]

학교교육의 가장 핵심적인 활동은 교수·학습이다. 이러한 활동을 효율적으로 전개하기 위해서는 각 교과의 본질과 목표에 적합한 지도가 이루어져야 한다. 그러나 일선 현장 학교에서는 수학교육의 본질과 목표에 부합하는 학습지도보다는 결과 중심의 형식적, 주입식 교육이 이루어지고 있는 것이 오늘날 우리의 현실이다. 이에 대한 개선책으로 바람직한 수학과 교수·학습방법의 개선을 위해 다음의 사항들이 반영될 필요가 있다.

8.2.1 과제분석 위계에 따르는 학습

수학은 다른 어떤 교과보다도 계통성이 뚜렷한 교과이므로 과제를 분석하고 학습위계에 따르는 단계적인 학습을 중시해야 한다.

미국의 교육심리학자 가네는 자신의 학습 위계론에서 인간의 능력 또는 학습은 단순한 것에서 복잡한 것으로, 단편적인 것에서 일반적인 것으로, 또는 저차원에서 고차원으로 나아가는 위계를 이루고 있으며, 한 단계의 학습 또는 능력은 다음 단계의 학습에 필수적인 선행요건이 된다고 주장하였다. 이는 곧, 계통성이 뚜렷한 수학학습에서는 문제해결에 필요한 하위 학습요소를 찾아내고, 이들을 학습위계에 따라 학습순서를 결정하여 학습할 필요가 있다. 학습자가 선행학습 요소를 충분히 학습하였을 때 후속학습을 보다 용이하게 할 수 있다. 선행학습 요소 가운데 결손이 있는데 이것이 무엇인지를 발견하고, 이에 대한 교정학습을 통하여 보충해주어야 한다는 것이다.

수학학습은 체계적이고 계통적이며 논리적인 위계를 이루고 있는 것이 특징이다. 하위의 선행학습에 결손이 있으면 주어진 문제를 해결할 수 없는 것이다. 그러므로 수학학습은 다른 어떤 교과보다도 기초학습을 충실히 해두어야 한다.

이를테면, 나눗셈 학습을 하기 위해서는 곱셈을 할 수 있어야 하고, 곱셈은 곱셈구구의 학습이 바탕이 되고, 곱셈구구의 구성은 동수누가의 덧셈이 기초가 되고 있다. 여기에서 동수누가의 개념이 확실하게 형성되지 못한 상태에서 곱셈구구를 학습하게 되면 조그만 결손이 생긴다. [그림 8·1]에서는 범자연수의 곱셈을 학습하는 단계적인 과정을 보여주고 있다.

---

2) 이 절의 내용은 《초등수학교육》(강지형 외, 동명사, 1999)을 참고하였음을 밝혀둔다.

10. 계산기를 사용하여 임의의 자릿수를 가진 두 수의 곱
↑
9. 받아올림이 있는 두 자릿수와 두 자릿수의 곱 57 × 28
↑
8. 받아올림이 없는 세 자릿수와 두 자릿수의 곱 421 × 12
↑
7. 받아올림이 없는 두 자릿수와 두 자릿수의 곱 33 × 32
↑
6. 받아올림이 있는 세 자릿수와 한 자릿수의 곱 246 × 3
↑
5. 받아올림이 있는 두 자릿수와 한 자릿수의 곱 42 × 6
↑
4. 받아올림이 없는 두 자리 및 세 자릿수와 한 자릿수의 곱 231 × 3
↑
3. 기본 구구(basic facts)
↑
2. 동수누가 형태로 배열하기
↑
1. 그룹 속에 있는 대상들의 개수 세기

그림 8·4 범자연수 곱셈의 학습위계

이상과 같은 생각에서 볼 때, 수학학습에서 결손의 누적이 계속되면 수학학습을 싫어하는 요인이 되므로 학습위계에 따라 기초학습을 충실히 하는 교수·학습이 강조되어야 한다.

8.2.2 인지경로에 따르는 학습

추상적인 수학학습을 쉽게 이해하기 위해서는 인지발달의 경로에 따라 학습하여야 한다. 미국의 심리학자인 브루너는 지식의 구조이론에서 인간의 인지능력 발달의 통상적인 과정이 ① 활동적 표상에 의한 인지, ② 도식에 의해 표현되는 영상적 표상에 의한 인지, ③ 기호(상징)적 표상에 의한 인지의 세 단계를 거쳐 발달한다고 주장하였다. 이 원리는 수학교육에서 조기 교육이나 학습자의 오류를 치료하는 지도에 효과적이라 할 수 있다. 그 이유는, 이 원리에 따르면 학습하고자 하는 내용이 기호(상징)적으로 표상되었기 때문에 너무 어렵다면, 영상적 표상으로 생각해보면 기호보다는 쉽기 때문에 이해가 될 수 있을 것이고, 영상적 표상으로도 이해가 되지 않으면 활동적 표상으로 생각하면 이해가 가능하다는 의미를 담고 있기 때문이다.

브루너의 EIS 이론(인지경로이론)에 따르는 수학학습의 예로서 '피감수가 5 이하인 뺄셈'을 예로 들어보기로 한다. 5－2=□를 대표적인 문제로 선정하여 EIS 이론에 따른 단계적인 학습과정을 소개하기로 한다.

첫 단계인 활동적 표상에서는 구체물의 조작활동에 의한 학습을 한다. 뺄셈 도입의 관점은 대표적인 것으로 전체에서 그중의 한 부분을 제거하여 나머지 부분을 알아내는 제거형(감소, 계시적)과 두 부분을 알고 그들을 비교시켜 차를 알아내는 비교형(동시적)이 있다.

제거형은 "쟁반에 곶감이 5개 있는데 2개를 먹었다. 몇 개 남았는가?"와 같은 유형의 문제로 정적인 것이 있는데, 동적으로 빼내는 시차를 달리하여 뺄셈의 개념을 형성시키는 관점이고, 비교형은 "철수는 감을 5개, 순이는 2개 가지고 있다. 누가 몇 개 더 가지고 있는가?"와 같은 유형의 문제로 동시적으로 비교하여 뺄셈을 이해시키는 관점이다. 이 단계에서는 제거형과 비교형의 두 관점에 따라 '이야기 꾸미기 놀이'를 통해서 바둑알이나 타일, 수 막대 등을 가지고 실제 구체물 조작활동을 해보게 하는 것이 뺄셈의 의미를 보다 명확하게 파악하는 데 도움이 될 것이다. '이야기 꾸미기 놀이'는 교사만이 하는 것이 아니라 아동들에게 주어진 문제의 뜻에 따라 적절하게 '이야기 꾸미기 놀이'를 시켜보는 것도 더욱 의미 있는 학습지도가 될 것이다.

둘째 단계인 영상적 표상에서는 그림, 벤다이어그램, 수직선 등과 같이 어떤 형태든 그림에 의한 표현을 이용하여 학습을 한다.

수직선 뛰기에 의한 뺄셈학습은 반드시 0에서 출발시키고, 1칸씩 뛰게 하며 화살표의 끝점에 대응되는 수가 답이 된다는 사실을 알게 한다. 이와 같은 방법에 따라 5－2=□는 0에서 오른쪽으로 1칸씩 5칸을 뛰고 다시 왼쪽으로 한 칸씩 2칸을 뛰면 화살표의 끝점은 3에 대응된다. 이와 같은 수직선 뛰기에 의한 계산 학습은 정수 또는 유리수의 계산 학습에서도 밀접한 관련이 있기 때문에 이 단계에서 확실히 해두어야 한다.

마지막 셋째 단계인 기호적 표상에서는 '피감수가 5 이하인 뺄셈'의 학습을 형식화해주는 학습이다. 이 단계에서는 5－2=□의 가로형식의 셈과 세로형식의 셈을 병행해서 정확하고 신속하게 계산하는 방법을 학습한다. 이와 같은 5－2=□ 인지경로에 의한 3단계 학습이 끝난 후에 다른 '피감수가 5 이하인 뺄셈'을 아동 개개인의 능력수준에 따라 각 단계를 혼용하여 학습할 수도 있게 한다. 활동적 표상이나 영상적 표상은 기호적 표상만으로는 수학적인 지식을 이해할 수 없을 때 보조수단으로서 의미를 가진다.

지금까지의 논의를 요약하면, 아동의 학습활동은 조작(구체) → 영상(반구체) → 기호(형식)의 인지발달 경로에 따라 학습하는 것이 바람직하다고 하겠다.

8.2.3 개인차를 고려한 수준별 학습

인간은 저마다 서로 다른 환경에서 태어나기에 우리 교육에서도 개인차가 있기 마련이다. 그러므로 개인의 다양한 능력수준에 따르는 수학학습의 개별화가 필요하다. 실제로 한 반에 30명의 아동이 있다면 30명의 개인차가 있기 때문에 교수·학습방법도 30가지가 있어야 한다.

단 한번의 설명으로 곧 잘 이해를 하는 아동이 있는가 하면, 어떤 아동은 같은 설명을 여러 번 반복해야 되는 경우도 있다. 따라서 아동의 적성과 현재의 성취수준, 학습 스타일 등에 따른 다양한 개인차에 대처할 수 있는 학습전략이 필요하다.

블룸(B. S. Bloom)은 양질의 교수에 있어서 가장 우선 순위에 두어야 할 것이 학습의 개별화라고 주장하였다. 아동 개개인은 취미, 관심, 지능, 흥미, 가정환경 등 여러 가지 측면에서 다르기 때문에 교육은 먼저 아동의 이와 같은 개인차를 이해하고 이것을 학습목표 달성에 유기적으로 종합하여 가능한 데까지 그 능력을 충분히 발전시켜나가야 할 것이다.

개인 간의 학업성취의 근본적인 차이는 학습동기, 선수학습의 완성수준 또는 결손수준 등에 의해서 많은 영향을 받을 수 있다.

피아제에 의하면, 학습을 인지발달에 종속되는 것으로 보고 보존개념 발달수준에 적절한 학습이 이루어져야만 일반화 가치가 있고 전이효과가 있으며 파지력이 생긴다고 한다. 이러한 보존 개념의 형성 시기는 개인에 따라 1~2년의 차이가 있다고 한다. 이 말은 개인의 능력 수준은 차이가 있으므로 개인차를 고려한 학습전략이 필요하다는 뜻을 내포하고 있다. 피아제는 수 개념은 수량의 보존개념이 형성되는 시기가 되어야 수를 의미 있게 파악할 수 있다고 한다. 수의 보존개념 형성시기 이전에 수를 학습하는 것은 형식적이고 주입적인 학습이 되어 유의미한 학습을 하지 못한다고 한다.

이와 같은 보존개념의 형성 시기는 각 개인에 따라 약간의 차이가 있기 때문에 이 시기를 놓치지 않고 학습지도를 할 필요가 있다. 우리나라와 같은 다인수 학급의 환경에서 개인차를 고려한 학습지도는 담임교사의 지도의 한계성 때문에 사실상 어렵다. 그러므로 학생들의 개인차를 줄이고 학습부진을 구제하는 방법으로 친구들 간의 의견교환을 통한 학습, 혹은 우수아가 부진아를 지도하는 상호 협력학습 등이 우리나라의 교육여건에서는 대안적인 방안이 될 수 있을 것이다.

지금까지의 논의를 요약하면, 다른 어떤 교과보다도 학습의 개인차가 뚜렷이 나타나는 수학학습을 보다 효율적으로 지도하기 위해서는 개인의 능력수준이 고려된 학습의 개별화 전략이 절대적으로 필요하다고 판단된다.

8.2.4 귀납추론이 중심이 되는 학습

초등수학학습과 중등수학학습의 차이는 여러 가지가 있겠지만 그 가운데 하나는 사고과정의 차이라 할 수 있다. 초등수학학습의 추론 활동으로는 귀납적 사고과정이 중심이 되어야 한다. 특수한 사실에서 일반적인 것을 찾아내는 추론을 귀납적 추론이라 하고, 확실히 참인 보편적인 원리를 바탕으로 하여 여기에서 특수한 여러 명제를 이끌어내는 추론을 연역적 추론이라고 한다.

수학이라는 학문이 일반적으로 연역적인 과학으로 알려져 있지만 초등수학의 학습방법으로서는 발견방법과 관련된 귀납적인 추론방법이 효율적이다. 피아제의 실험에 의하면, 연역적 사고를 할 수 있는 연령이 대개 11~12세 정도로 보고 있기 때문에 초등학교 시기에는 연역추론에 의한 수학학습은 무리라고 볼 수 있다. 귀납적 추론활동에 의한 수학학습을 강조하고 있는 대표적인 학자로는 피아제, 스켐프, 가네, 딘즈 등을 들 수 있다.

귀납적인 사고는 어느 사상의 부분에 관한 지식이나 개개의 특수사례에서 출발하여 전체에 관한 지식이나 공통적이고 보편적인 성질을 이끌어내는 방법을 말한다. 따라서, 귀납적 추론은 단 하나의 사실에 대한 추론에서는 적용될 수 없고 여러 개의 것을 종합하여 일반적인 원리나 법칙을 발견하는 것을 말한다. 이러한 관점에서 보면 초등학교에서는 앞서 언급한 바와 같이 연역적인 추론에 의한 학습보다는 귀납적인 추론 활동이 적용되는 학습이 필요하다. 이와 같이 귀납추론을 통해서 확실한 이해를 하게 되면 파지력과 전이력이 생기고, 초·고급 지식 사이의 간격을 좁혀 주는 이점을 가져다줄 것이다. 실제로 우리나라 초등학교 수학교과서의 구성에서 나타나는 전개방식이나 수학과 학습에서는 연역적 추론에 의한 학습보다는 귀납적 추론에 의한 학습이 거의 대부분을 차지한다고 볼 수 있다.

지금까지의 논의를 요약하면, 수학학습은 계통적이고 연역적으로 '만들어진 수학'을 귀납적 추론을 통한 '만들어가는 수학'으로 학습지도 방법을 개선해나가는 전략이 필요하다.

8.2.5 범례제시에 의한 학습

초등수학에서 아동들이 어떤 수학적인 개념을 잘 이해하지 못할 경우 적절한 범례를 제시하면 보다 쉽게 이해할 수 있다. 이와 관련하여 영국의 수학교육학자인 스켐프는 학습자가 이미 알고 있는 개념보다 상위의 개념은 정의만으로는 이해할 수 없고 그러한 개념에 적절한 범례의 집합을 학습자에게 보여주는 것이라고 주장하였다.

수학적인 개념을 형성시키는 데는 반드시 구체적이고 적절한 범례를 제시하여 공통적인 성질을 추출해내는 활동이 필요하다. 그리고 범례들은 대부분 다른 개념이기 때문에 이미 학습자 속에 형성되어 있는지를 확인해야 한다. 이러한 범례들은 일상경험이나 환경에 의해서 직접 얻어지는 것은 추상도가 높지 않기 때문에 수학적인 의미가 포함된 범례를 착안, 제작하여 제시할 필요가 있다. 이러한 과정을 거쳐 지도하면 아동들에게 보다 명확한 개념이 형성되어 지적 사고활동의 범위를 넓혀가는 데 중요한 핵심적인 역할을 할 것이다.

지금까지의 논의를 요약하면, 수학적인 개념 형성을 보다 명확하게 하기 위해서는 적절하고 충분한 범례제시를 통한 수학학습 전략이 필요하다.

8.2.6 알고리즘을 개발, 활용하는 학습

계산기와 컴퓨터를 이용하는 오늘날에 있어, 수학적인 문제에 대한 풀이 방법으로 종종 알고리즘을 활용하는 경우가 있다.

알고리즘(algorithm)이란 유한번의 계산과정을 거쳐서 어떤 결과에 이르는 계산과정 혹은 절차라고 말할 수 있다. 다시 말해 알고리즘은 일련의 문제를 해결하기 위한 명확하고 체계적인 절차이다. 알고리즘은 하나하나의 문제를 풀기 위한 것이 아니고 같은 유형의 어떠한 문제라도 모두 쉽게 풀 수 있는 문제해결의 단계적인 순서를 의미한다. "알고리즘에 의한 수학학습이 혹시 아동들의 창의적 사고활동을 저해하는, 형식적이고 기계적인 주입식 학습이 되지 않을까?" 하고 우려하고 있지만 이것은 알고리즘 학습의 근본취지를 모르고

하는 이야기이다. 알고리즘 학습은 어디까지나 충분한 사고과정을 중시한, 확실한 이해를 바탕으로 하여 문제를 풀어가는 가장 쉬운 방법의 단계적인 순서를 만들어놓았기 때문에 수학학습의 본질에 저해된다고 볼 수 없을 것이다.

수학학습에서 알고리즘을 일방적으로 주고 이런 순서로 문제를 풀어 답이 나온다는 식으로 암기시켜 기계적으로 문제를 해결할 것이 아니라, 그 알고리즘을 적용했을 때 어떻게 올바른 답이 얻어지는지를 이해시키는 것이 전제가 되어야 한다. 이러한 알고리즘 학습은 누구든지 쉽게 자주적으로 학습할 수 있게 하는 토대가 될 것이다. 다음은 432×378의 두 수의 곱셈에 적용한 알고리즘의 결과이다.

```
   432
   378
  ----
  3456
 3024
1296
------
163296
```

가운데 계산과정은 맨 위의 수를 그 아래 있는 수의 각 자리숫자와 곱한 것이다. 이를테면 첫 번째 중간 과정을 나타내면 다음과 같다.

```
 432
   8
----
  16
 24
32
----
3456
```

이상의 내용에서 볼 때, 수학학습의 효율성을 높이기 위해서는 같은 유형의 어떠한 문제라도 쉽게 풀 수 있는 문제해결의 단계적인 순서를 나타내는 알고리즘을 개발하여 적용하는 수학학습이 필요하다.

8.2.7 결과보다 과정 중심의 학습

초등수학에서의 문제해결은 아동들 스스로 다양한 해결방법을 찾아보게 하는, 결과보다 과정 중심의 학습을 지향할 필요가 있다. 주어진 문제를 한 가지 방법으로만 해결해보게 할 것이 아니라 다음에서와 같이 여러 가지 방법으로 해결해보게 하면 그 문제에 관해서 확실한 이해가 되어 수학의 전이력과 파지력이 생길 수 있다.

① 자릿값으로 수를 가르기

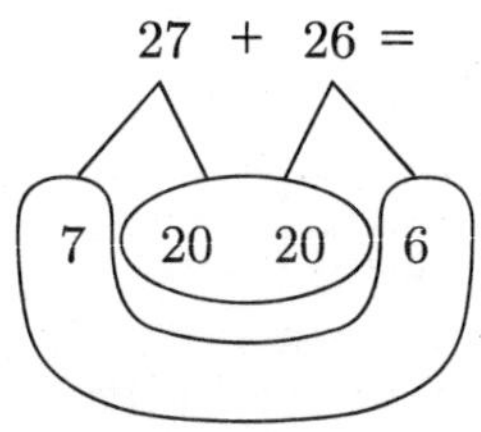

$13 + 40 = 53$

② 배의 개념 활용

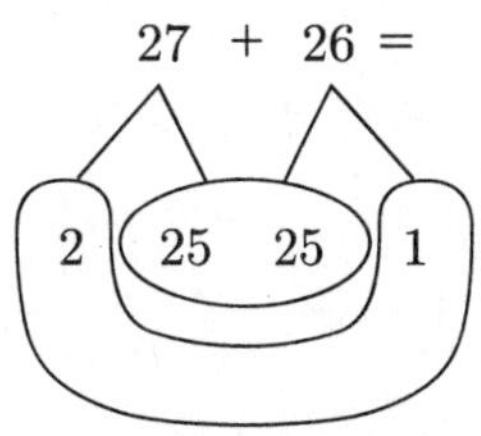

$3 + 50 = 53$

③ 수를 가르기 한 다음 위치를 이동시켜 더하기

(a)

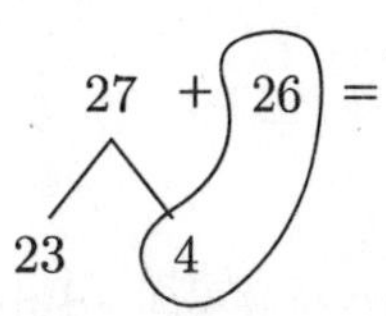

$23 + 30 = 53$

(b)

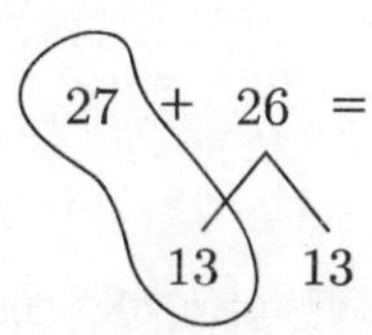

$40 + 13 = 53$

④ 차례대로 수 세기에 근거한 서로 다른 해결전략

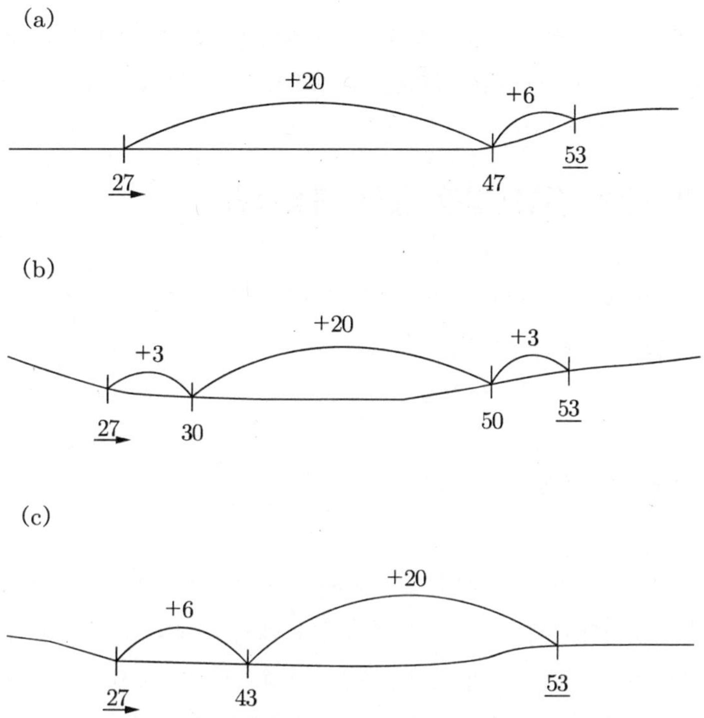

그림 8·5 27+26을 여러 가지 방법으로 계산하기

아동들의 수학적인 사고력을 신장시키기 위해서는 결과 중심의 답만을 요구하는 지도를 할 것이 아니라 문제를 깊이 있게 다양한 방법으로 해결해보게 하는 것이 중요하다. 문제해결에 있어서 주어진 문제의 유형에 따라 해결전략을 암기하게 하고 정형적인 풀이 방법만을 활용하게 하는 것은 바람직하지 못하다.

아동 각자가 지니고 있는 독해력·추리력·계산기능·기억력 등의 인지적 요인과 인지발달수준·기습 수학적 요소·해결전략 숙지도 등의 경험적 요인, 흥미·관심·태도·자신감 등의 정의적 요인들의 복합적인 상호 작용을 통하여 아동 각자의 특성에 맞는 해결 방법을 활용하여 다양한 관점에서 풀어보게 한다.

아동이 호기심을 가지고 학습에 임할 수 있도록 하기 위해서는 교사는 적정수준의 인지 불균형을 계속해서 유지시켜 줄 수 있어야 한다. 따라서, 끊임없이 적절한 호기심과 놀라움을 제공해주지 못하면 아동은 곧 싫증을 느낄 수밖에 없을 것이다.

수학학습은 결과보다 과정이 중심이 되어야 함에도 불구하고, 실제 학습지도에서는 대부분의 교사들이 어떻게 하면 답을 빨리 낼 수 있는지의 기능 중심, 결과 중심의 학습지도를 하고 있는 것이 우리의 현실이다. 이 점은 반드시 개선되어야 할 것이다.

이상의 논의로부터, 수학학습은 계산기능을 중시하여 빨리 답을 내는 결과 중심의 학습보다는 아동 스스로 다양한 해결방법을 찾아보게 하는 과정 중심의 학습지도가 필요하다.

8.2.8 조작·관찰·실험·실측 등의 체험학습

조작 자료(manipulative material)란, 학생들이 느낄 수 있고, 만질 수 있으며, 다룰 수 있고, 움직일 수 있는 물체나 물건을 말한다. 조작 도구는 일상생활에서 사회적 응용을 갖는 실물이라 할 수 있으며, 또는 생각을 표현하는 데 유용한 물체라 할 수 있다. 수업의 보충 자료나 교육적 도구 모두가 조작 도구는 물론 아니다. 조작 도구는 여러 감각기관을 사용하고 학습활동에서 학생들을 자연스럽게 집중시키는 특징이 있는 것을 뜻한다(Reys, Robert E. 1971: 5).

듀이(Dewey)는 자신의 경험주의적인 교육이론에서 활동적인 조작활동을 강조하였고, 프로이덴탈의 수학교육에서의 감각적·신체적 활동에서도 조작활동이 중시되었다. 그 밖에 페스탈로치(Pestalozzi), 가테노, 퀴즈네어 등도 조작 활동의 중요성과 필요성을 강조한 사람들이다. 20세기 초에 일어난 수학교육 근대화 운동의 대표적인 인물로 영국의 페리, 미국의 무어, 독일의 클라인을 들 수 있는데, 이들 수학교육 근대화 운동의 중심사상은 수학교육의 실용성을 공통적으로 강조한 점이다. 이에 따라 수학교육은 실험·실측·측량 등의 구체적인 조작활동이 중심이 되었다.

초등학교 아동들의 경우 추상적·형식적인 사고 이전의 단계로서 구체적 조작기에 해당함은 주지의 사실이다. 따라서 다양한 학습 경험을 통하여 스스로 생각하고 조작하여 문제를 해결할 수 있는 능력을 신장시키도록 학습 여건을 충분히 마련하고 도와주어야 한다. 이러한 점에서 볼 때 수학과 학습 교구의 적극적인 활용이 절실히 요구된다.

이에 대한 근거로 여러 수학 학습심리학자들의 견해를 레이즈(Robert. E. Reys)는 다음과 같이 제시하고 있다(Reys, R. E., 1971: 6).

- 개념 형성은 수학학습의 핵심이다.
- 학습은 경험을 토대로 한다.
- 감각학습은 모든 경험의 기초이며 학습의 핵심이다.

• 학습은 성장과정이고 자연적인 발달이다.
• 학습은 발달단계를 뚜렷이 구분한다.
• 학습은 동기유발에 의해 향상된다.
• 학습은 구체적인 것에서 추상적인 것으로 발달한다.
• 학습은 학습자의 적극적인 참여를 요구한다.
• 수학적 추상화의 형성은 장기적 과정이다.

이러한 진술들은 개별적인 것이 아니라 밀접하게 연관되어 있다. 이는 수학학습에서 조작 도구 사용에 대한 이론의 기초가 되는 기본 근거를 제공해주는 것들이다. 많은 수학교육자들은 수학 교실에서 더 좋은 조작 도구의 사용을 강조하고 있다.

조작활동의 중요성을 발달 심리학의 입장에서 연구한 피아제는 아동들의 사고는 성인들의 사고와는 본질적으로 다르다고 한다. 성인들은 구체물의 조작 없이도 머릿속에서 사고할 수 있지만 아동들은 조작활동을 필요로 한다고 한다.

피아제는 또한 수학적 개념의 발달은 아동의 실제적인 행동의 조정을 바탕으로 한 반영적 추상화에 의한 연속적인 구성과정이므로, 조작기의 문턱에 와 있는 유치원과 초등학교 입학 초기의 아동의 수학교육에서는 구체물을 다루는 아동 자신의 행동과 그 조정의 결과를 경험하는 논리-수학적 경험을 강조함으로써 기초를 다져야 하고, 모든 지적 조작의 본질은 조작이며, 조작은 행동의 조정과 내면화의 산물이므로 구체적 조작단계에 있는 초등학교 아동에 대한 수학교육은 활동적 교수법에 의한 것이어야 한다고 주장하였다(우정호, 2000 재인용).

그렇다면 왜 초등학교에서는 이와 같이 조작활동을 강조하고 있을까? 조작활동의 의의는 대략 다음과 같이 요약해 볼 수 있다. ① 조작활동은 기억을 오랫동안 유지시켜준다. ② 조작활동은 의사소통을 촉진한다. ③ 조작 활동은 학생들이 흥미, 관심을 가지게 한다. ④ 조작 활동은 이해의 기초가 되는 경험을 풍부하게 한다. ⑤ 조작 활동은 보는 방법이나 생각하는 방법의 이해를 깊게 한다.

이러한 맥락에서 보면 추상적이고 논리적인 수학적 지식을 이해시키는 데는 경험을 바탕으로 한 체험학습이 반드시 필요할 것으로 생각된다.

지금까지의 논의를 요약하면, 수학적인 개념을 보다 명확히 형성시키는 데는 조작·관찰·실험·실측 등의 경험을 바탕으로 한 직접적인 체험학습이 필요하다.

8.2.9 소집단 협동학습[3)]

협동학습의 목적을 협동심을 기르기 위한 것으로 보는 경우가 많다. 협동학습은 전통적인 경쟁 학습 구조와 개별 학습 구조의 인지적 효과의 한계를 극복하기 위한 대안으로 등장한 것이다(정문성, 2003). 그러나 협동학습은 단지 학생들이 함께 활동하는 것 이상을 의미한다. 우리나라와 같은 다인수 학급에서의 수학학습 방법은 소집단 구성으로 의사교환을 통한 상호 협동학습이 적절하다고 판단된다. 다인수 학급에서의 수학학습은 학습지도의 개별화가 어려우므로 학습 부진아 지도에 많은 문제점이 따르게 된다. 따라서 다른 어떤 교과보다도 개인차가 뚜렷한 수학학습을 우리의 여건에 알맞게 지도할 수 있는 방법을 찾아낼 필요가 있다.

협동학습에 대한 지지는 1970년부터 협동학습에서 교사들의 역할을 나타낸 데이비드 존슨(David Johnson)과 로저 존슨(Roger Johnson)의 연구에서 잘 나타나 있다. 이들은 세 가지 유형의 교실(개인적인, 경쟁적인, 협동적인)을 설명하였다. 개인적인 교실에서는 성취를 위한 규칙이 "나는 나의 것을 얻을 것이다."이다. 경쟁적인 교실에서의 성취원리는 "나는 너의 것을 얻음으로써 나의 것을 얻을 것이다."이다. 협동적인 교실에서 학생들은 모두가 학습할 때 전체 그룹이 이익을 얻는다는 것을 학습한다. 또는 '다수를 위한 개인, 개인을 위한 다수'라고 한다. 이들은 협동적인 교실에서는 학생들이 이익을 얻는다고 주장하였다.

1980년대까지 미국의 주된 학습 형태는 학습의 개별화였는데, 1990년대부터 개별학습이나 경쟁학습의 부족한 점을 보완하기 위하여 상호 협동학습을 새로운 학습형태로 권장하고 있다.

소집단 협동학습에서 아동들은 자기 의견이나 생각을 털어놓고 모르는 것은 서로 알려주고 협력해가면서 문제를 해결한다. 이것은 인지적인 학습에서만 국한해서 성과를 올릴 수 있는 것이 아니고, 인간적인 면에서도 서로 이해하고 노력할 수 있는 태도가 길러지게 되는 것이다. 소집단 학습은 아동 스스로의 능동적, 의욕적, 통합적인 생기 있는 학습이 될 수도 있다. 따라서, 아동 개인의 학습이 촉진되고 학습 성과도 현저하게 향상될 수 있다.

소집단 협동학습은 참여자가 다 같이 공유하는 경험이므로 각자는 특이하게 공헌을 하고 공통적인 문제를 해결하는 경험을 하며 객관성에 기초를 두고 있으므로 훌륭한 토의의 기

3) '협동학습'은 'cooperative learning'을 번역한 용어이다. 혹자는 '협력학습'이라고 번역하여 사용하기도 한다. 그러나 대개 'collaborative learning'을 '협력학습'이라고 번역한다. 서구에서도 'collaborative learning'과 'cooperative learning'을 엄격히 구별하지 않고 사용하는데, 대개는 후자를 사용하므로 여기서도 '협동학습'이라는 용어를 사용하였다.

본이 되고, 집단사고는 심사숙고의 과정을 밟게 되어 사고의 생산성과 협동성, 훌륭한 의사교환 능력을 얻게 된다.

상호 협동학습은 학습능력의 개인차를 줄이는 데 효과가 있는 학습으로 부진아에게는 부진학습 요인의 교정과 보충을, 우수아에게는 학습의 심화와 강화를, 교사에게는 개별학습지도 부담의 경감을 목적으로 하는 학습이다. 계통성이 뚜렷한 수학학습을 일제 학습만으로 지도한다면 학습 부진아는 더욱 늘어나게 된다. 다른 어떤 교과보다도 개인차가 심한 수학학습을 교사 혼자만의 개별학습지도로 학습 부진아를 구제한다는 것은 불가능하다.

지금까지의 논의를 요약하면, 수학학습 부진아에게는 부진학습 요소에 대한 교정·보충지도를 받게 해주고, 우수아에게는 학습의 강화 및 심화에 도움을 주며, 교사는 개별학습지도의 부담을 덜어주는 효과가 있는 소집단 상호 협동학습이 우리나라에서의 수학학습 방법으로 적절하다고 생각된다.

8.2.10 흥미·관심·의욕을 불러일으키는 학습

수학학습은 학습자의 흥미·관심·의욕을 불러일으킬 수 있어야 한다. 특히 초등학교의 수학학습은 재미가 있어야 하며, 즐겁게 참여할 수 있는 것, 아동들의 관심과 의욕을 불러일으킬 수 있는 것, 스스로 해결할 수 있다는 자신감 등을 아동들에게 심어주는 것이 필요하다. 교사는 지도하는 내용에 대해 너무 조급하게 형식화를 서두를 것이 아니라 아동들이 학습에 흥미·관심·의욕을 가지고 문제해결에 적극적으로 참여할 수 있도록 하여야 한다. 문제해결을 위해서 다양한 측면에서 탐구하도록 격려해주고 질문하며 그들에게 흥미·관심·갈등상태를 주어 끊임없이 사고하고 내용을 서로 관련지어 볼 수 있게 하며, 단순한 것에서 복잡한 것으로 구체적인 것에서 추상적인 것으로 학습을 전개해 나가도록 한다.

아동이 열의를 가지고 학습에 임하도록 하기 위해서는 교사는 적정수준의 인지적 불균형을 유지시켜 줄 수 있어야 한다. 따라서, 학습이 이루어지는 동안 계속해서 적절한 호기심과 놀라움을 제공해주지 못하면 아동은 곧 싫증을 느끼게 된다. 미국의 교육심리학자 손다이크가 주장한 학습의 '효과의 법칙'에 따르면 유기체에 만족을 주는 반응은 남고, 만족을 주지 않는 반응은 없어진다고 하였다. 이는 곧 학습하는 것이 학습자에게 쾌감을 주면 줄수록 반응은 강화되고, 반면에 불쾌감이나 고통을 주면 학습이 약화된다는 의미이다. 그러므로 흥미와 관심이 없는 수학학습은 학습의 효율성을 기대하기 어려울 것이다.

지금까지의 논의를 요약하면, 지루하고 어렵고 재미없다고 생각하는 수학학습을 보다 효율적으로 지도하기 위해서는 아동들이 흥미·관심·의욕을 가지고 스스로 문제해결에 적극성을 보일 수 있는 지도가 필요할 것이다.

교재연구문제

01 브루너는 피아제와 달리 표상 형태의 발달에 따른 인간의 인지발달단계를 설명하였다. 인간의 인지발달에 대한 피아제와 브루너 이론의 차이점을 말해보시오.

02 수학과 교수·학습 과정에서 교사의 발문 유형에는 어떤 것이 있는지 예를 들어 설명해보시오.

03 초등학교 수학교과서의 한 단원을 선택하여 그 학습지도를 설계하고 한 차시분의 학습지도안을 작성해보시오.

04 가네의 학습위계이론에 따라 수학학습을 조직할 때 생길 수 있는 문제는 무엇인가?

05 브루너의 학습지도이론을 요약하고 수학교육에 미친 영향에 대하여 말해보시오.

09 수학과의 학습평가

9.1 수학교육평가

평가는 학교 교육을 정상적으로 실천하게 하고 개선하게 하는 데 가장 중요한 영향을 미친다. 수학의 학습지도는 교육과정의 지침을 충실히 따르고 있다. 학습지도가 끝난 후에 당초에 설정한 지도 목표에 비추어 효과적인 수학의 교수와 학습활동이 이루어졌는지, 그 수업 지도계획이나 프로그램이 적절했는지, 학습결과가 기대 수준에 미치지 못했다면 그 원인은 무엇인지 등을 알아보는 것 또한 그에 못지않은 중요성을 가지고 있다. 즉, 평가의 관점 없이는 학습지도가 성립될 수 없다고 해도 과언이 아니다. 말하자면 평가는 학습지도 자체라고 할 수 있다.

이 장에서는 수학학습에서 평가의 의의와 그 원리, 관점에 따른 다양한 수학학습평가의 방법을 알아본다.

9.1.1 교육평가의 의의와 목표

(1) 평가의 의의

평가는 학습지도와 극히 밀접한 관계가 있으며 학습 및 그 지도를 보다 확실히, 효과적으로 이루어지도록 하기 위해서 행하는 것이다. 학습지도에 의해서 어느 정도 기대하는 방향에 부합하였는가를 목표에 비추어 확인해보는데, 또 그 평가결과를 유효하게 활용하는 데에, 수학과에 있어서 평가의 의의가 있다 할 수 있다.

학습지도의 성과로서 아동의 반응을 조사해보는 것은 지도계획의 입안과 지도법의 반성, 또 아동의 자기평가를 위한 자료를 얻을 목적으로 행하는 것이다. 이들의 자료를 근거로 해서 아동의 이해나 능력의 정도 등의 실태를 밝혀내어 그것에 적합한 지도계획의 입안이나 수정을 하게 된다. 그리고 학습상의 곤란점을 발견하여 그 지도법의 개선과 수정을 생각하게 된다. 또 아동 각자에게 평가결과를 피드백(feed back)하고, 이해나 기능의 정도가 어느 단계에 있는지를 알려주며, 학습을 격려한다든지 노력목표를 제시한다든지 하여 자주적으로 학습을 하는 태도를 체득시켜준다.

이와 같이 평가는 목적에 따라 학습결과를 활용하는 방법은 다르더라도 아동과 교사가 수학학습을 매체로 하여 상호의 기능 상태를 의식적으로 구성한다면 적절한 평가활동을 기대할 수 있을 것이다.

결과적으로 교육평가는 교육에 관한 여러 가지 정보(아동, 교사, 교육과정 등)를 모으는 과정이며, 또한 그 결과를 바탕으로 하여 판단을 내리고, 피드백하는 과정이라고 말할 수 있다. 이 과정이나 결과를 보고 그것이 좋았는지 또는 나빴는지를 판정하고, 그것을 각각 정보 제공자인 아동, 교사, 교육과정 등에 피드백하는 전체구조를 평가활동이라 할 수 있다.

(2) 평가의 목표

평가의 목표는 앞서 평가의 의의에서 알 수 있지만, 이를 보다 더 명확히 밝히기 위하여 교사와 학생의 입장에서 평가의 목표를 간략히 알아본다.

① 바람직한 지도계획의 수립을 위하여 평가가 행해진다.

효과적이고 효율적인 학습지도를 행하기 위해서는 아동들의 실태를 명확히 파악하고 있어야 한다. 지도계획을 수립하기 이전에 교사는 예비테스트나 조사 등을 통하여 앞으로 학습할 내용에 대한 아동들의 가능성은 어느 정도인지, 이미 학습한 내용에 대한 이해도는 어느 정도인지, 앞으로 학습지도할 때 어떤 곤란점이 예상되며, 특히 주의를 요하는 점은 없는지 등을 알고 있을 필요가 있다.

이와 같은 사전 평가의 결과에 따라 수립한 면밀한 지도계획도 실제 학습지도에서는 아동들이 학습내용을 이해하지 못하거나 엉뚱한 방향으로 학습내용이 전이되는 경우가 있어 계획대로 학습이 진행되지 않을 수도 있는데 이 경우는 부득이 계획의 변경을 가져올 수밖에 없다. 그러므로 교사는 학습지도를 함에 있어서 먼저 아동들의 실태를 충분히 파악하고 바람직한 지도계획을 수립하여, 되도록 학습지도 과정에 계획을 변경하지 않도록 유의해야 하며 부득이 계획을 변경할 필요가 생기면 그 원인을 밝혀 치료적 지도를 꾀하는 교사의 지혜가 필요하다.

② 지도법 개선을 위하여 평가가 행해진다.

처음에 세운 학습지도의 목표와 평가의 결과로 나타난 학습목표 도달 정도는 대개의 경우 일치하지 않고, 처음에 세운 목표보다 멀어지기 마련이다. 그 원인은 여러 가지가 있겠으나 교사는 아동들로부터 얻은 평가 자료에서 그 이유를 잘 분석하여 이에 따른 적절한 지도방법을 연구하여, 보다 나은 학습지도의 방법을 꾀하는 것이 필요하다.

③ 학생 자신의 능력을 알기 위하여 평가가 행해진다.

학생 자신이 학습한 내용에 대해서, 어느 내용은 잘 이해하고 또 어느 내용은 잘 이해하지 못하고 있다는 것을 가장 잘 아는 사람은 본인이므로 자신의 능력에 맞는 학습의 설계를 하며, 자신이 해결할 수 없는 점은 교사의 지도를 받고, 학습한 결과를 스스로 평가해가는 학습태도는 수학교육에서 강조하고 있는 최근 평가의 동향이기도 하다.

다만 학생 스스로 자신의 평가를 하게 되면 객관성이 결여될 우려가 있어 다른 사람과 비교하여 자신이 어느 수준에 있는지 알 수 없다는 것과 주관에서 오는 평가의 여러 가지 모순점이 있을 수 있다.

9.1.2 평가의 원리

수학교육과 관련한 평가는 크게 세 가지 범주, 즉 학습자의 학습활동에 대한 평가, 교사의 학습지도활동에 대한 평가, 그리고 수학교육 자료에 대한 평가로 대별된다. 그러나 우리가 통상적으로 평가라고 할 때는 주로 학습자의 학습활동에 대한 평가를 일컫는다. 어느 범주의 평가이건 간에 훌륭한 평가가 이루어지기 위해서는 각 평가의 방법이 갖추어야 할 조건이 있다. 이 절에서는 이러한 조건들에 대하여 생각해보기로 한다.

(1) 평가의 타당도

평가의 타당도(validity)란 평가 도구가 측정하려고 하는 대상의 내용 그 자체를 재고 있는 충실성의 정도를 가리키는 용어이다. 타당도는 평가 도구의 정확성을 무엇(what), 즉 측정하려고 하는 내용 자체를 얼마만큼 충실하게 재고 있느냐 하는 문제를 다루는 개념이다. 이를테면, 수학학습활동을 평가하는 경우, 그 평가의 타당도를 높이기 위해서는 해당 수학 수업에서 학습자가 학습한 내용의 범주 안에서, 그리고 그 수업의 지도 목표에 부합되는 평가 항목들이 사용되어야 한다.

일선현장에서 교사가 평가문제를 작성함에 있어서 지도한 내용을 생각하여, 교과서에서 적당히 문제를 골라 안이하게 평가에 임하는 일은 바람직하지 못하다. 교사는 무엇을 평가할 것인가에 대한 구체적 평가목표를 가지고 있어야 하며, 이 평가목표는 평가범위에서 지도된 지도목표에서 고루 선택되어야 하므로, 평가목표와 지도목표는 이 경우에 같은 의미로 받아들일 수 있다. 그리고 평가목표에 따른 평가문제를 작성함에 있어서는 본질적인 문제를 선택하는 것이 좋다. 평가목표에 비추어 다소 거리가 먼 문제가 출제되어서도 안 되며, 학생의 학력에 비추어 너무 쉬운 문제 또는 너무 어려운 문제가 출제되어 학생들을 어리둥절하게 하는 것은 타당도 있는 평가방법이 될 수 없다.

(2) 평가의 신뢰도

평가도구가 갖는 신뢰도(reliability)는 어떤 평가 도구가 요구하는 최소한의 조건하에서 다른 조건을 변화시키면서, 그 평가 도구를 반복해서 사용하여도 각 경우마다 나오는 결과들이 유사성을 갖는 것을 의미한다. 즉, 같은 조건하에서 평가결과가 유사하게 나올수록 그 평가는 신뢰도가 높은 것이다.

이를테면, 내용과 형식이 같은 2개의 수학 문제를 만들어 하루걸러 하나씩 실시한 결과 첫 번째 시험에서 높은 점수를 받은 학생이 두 번째 시험에서 낮은 점수를 받았거나 그 반대의 경우가 많이 일어났다면, 그 수학시험은 신뢰도가 낮다고 할 수 있다.

따라서 타당도 있는 평가문제를 가지고 신뢰도 없는 평가를 하였거나, 또는 타당도 없는 문제를 가지고 아무리 신뢰도 있는 평가를 실시하였다 하더라도 평가의 가치는 그만큼 상실되며, 타당도 있는 평가문제를 가지고 신뢰도 있는 평가를 하였을 때만 비로소 평가의 가치는 인정된다.

(3) 평가의 객관도

평가의 객관도(objectivity)는 평가도구를 사용한 결과의 수치화 작업이 평가자에 따라, 또는 동일인에 의한 평가의 경우에도 시기에 따라 얼마나 일치하는가에 대한 문제이다. 평가의 객관도는 평가도구 자체가 갖는 성질이 아니라 학생으로부터 수집된 평가 자료를 교사가 채점하는 일과 관련된 것이므로 평가도구 자체가 객관식의 형태인 경우 채점상의 실수를 제외하고는 누가 언제 채점하더라도 같은 수치가 될 것이므로, 이는 별 문제가 없지만 주관식의 평가 도구인 경우 평가의 객관성을 어떻게 보장할 것인가가 문제이다. 아무리 평가도구가 타당도, 신뢰도를 모두 갖추고 있다 하더라도, 평가의 결과가 객관적으로 처리되지 못할 경우, 타당도와 신뢰도는 그 의미를 상실하게 마련이다.

따라서 교사가 학생의 종합능력을 알아보는 주관식의 형태인 경우 단순히 '맞다', '틀리다'의 두 가지 경우에서 채점할 것이 아니라 문제의 성격을 사고과정에 의하여 몇 가지 단계로 구분하여 분석하고, 단계별 척도를 정하여 채점하는 일이 평가의 객관도를 높이는 평가방법이라 할 수 있다.

(4) 평가의 효용성

평가의 효용성은 채점한 결과를 가지고 앞으로의 지도대책을 수립하는 것과 깊은 관련을 맺는다. 모든 평가와 채점의 작업이 완료된 상태에서 그 결과를 어떻게 학생지도에 사용할 것인가와 관계되는 것으로, 이는 교사 나름대로의 의도에 따라 다를 수 있다. 평가의 최종 결과를 단지 학습자 간의 상대적인 비교 수단으로 사용하는 경우는, 평가의 사용에 있어서 최소한의 효용성을 갖는 것이다. 수학교육에서의 평가는 수학학습지도의 일환으로, 즉 평가와 학습지도를 분리하지 않고, 보다 발전된 학습지도를 위해 사용될 때 그 효용성을 높이게 된다.

(5) 평가의 편리성

평가의 타당성이나 신뢰성, 객관성이 높다고 하더라도 평가 도구의 제작과 사용에 있어서는 종합적으로 편리해야 한다. 평가 도구가 사용자의 입장이나 피사용자의 입장에서 모두 불편한 경우, 그 평가 도구는 타당성, 신뢰성, 객관성 등을 저해하는 결과를 만들기 쉽기 때문이다. 또한, 평가의 편리성 추구로 인하여 이미 제작되어 표준화된 평가 도구에 의존하는 경우는, 선정된 평가 도구가 각 교사의 학습지도의 의도에 부합되기 어려운 때가 많고, 학습자들의 제 조건에 적합한 것을 선택하는 데도 한계가 있기 때문에, 교사 나름대로의 평가 도구의 개발 노력이 필요하다.

9.2 수학학습활동평가

수학교육에서의 평가는, 주로 학습자의 수학학습활동에 대한 평가가 주를 이룬다. 최근 학습활동에 대한 평가의 경향은 평가 단독의 활동이 아닌 학습지도활동의 일부라는 관점과, 전통적으로 지금까지 해왔던 지필 위주의 단순한 평가 유형을 탈피해서 다양한 평가 방법의 추구나 평가 내용들이 수학의 다른 관련 부분과의 연결성 등을 다차원적으로 평가하여야 한다는 관점으로 나타나고 있다.

9.2.1 평가 도구의 분류

수학학습활동의 평가 시 사용되는 평가도구의 성격은 평가 시기와 평가 방법 등에 따라서 구분된다. 이 절에서는 평가 시기와 방법에 따른 평가도구의 특징에 관해 알아본다.

(1) 평가 시기

지도과정 중에서 평가의 실시시기에 의한 분류로는 '수업 전', '수업 중', '수업 후'에 평가하는 분류법도 있고, 평가대상의 집단크기에 대한 고려의 유무와 평가의 의미적 해석으로부터 상대평가, 절대평가로 나누어 실시시기를 구분할 수도 있다.

여기서는 학습의 형성과정에서의 평가라는 관점에서 블룸이 제창한 진단평가, 형성평가, 총괄평가에 대한 목적, 실시시기, 방법 등에 관한 그 차이점을 알아본다.

① 진단평가

진단평가(diagnostic evaluation)란 아동의 학습사항의 이해 정도를 조사하며 어디에 결함이 있는가, 그 원인은 무엇인가를 확인하고, 다음 학습의 준비 또는 지도계획안의 자료를 얻기 위하여 시행하는 평가이다. 학교의 수업 활동은 학생들이 현재에 가지고 있는 능력 수준과 지식과 기초 능력을 출발점으로 하여 시작되어야 그 효과를 거둘 수 있을 것이다. 또한 학습해야 할 학습 내용이 학생들의 흥미나 관심의 방향과 동떨어져 있거나 학생들의 기본적인 학습 적성에 맞지 않을 때에도 교육은 큰 성과를 거두기 어려울 것이다. 따라서 수업을 계획하기에 앞서 학생에 관한 이러한 정보를 체계적으로 입수하여 효과적인 학습지도 방법을 모색할 필요가 있다. 이러한 진단평가는 대체적으로 다음과 같은 두 가지 목적을 가진다.

㉠ 새 단원의 학습에 성공하기 위해 필요한 기초적 지식, 이해, 기능, 경험 등을 조사한다.

㉡ 새 단원의 내용에 대하여 아동들은 이미 어느 정도의 지식, 이해, 기능을 가지고 있으며, 또한 흥미·관심 등의 정의적 측면을 기대할 수 있는지를 조사한다.

이렇게 하여 얻은 결과는 새 단원의 수업계획 작성의 중요한 자료가 되므로, 진단평가는 지도계획 작성의 자료라는 성격을 띤다.

시기로는 학년, 학기 초나 어떤 단원을 지도하기 전에 하는 경우가 많고, 문제는 쉽고, 결과는 득점으로 나타내지 않으며 항목의 통과율이나 개인적인 오답분석

등에 주안점을 둔다. 아동의 잘하고 못하는 점을 개인별 진단카드에 기록하여 잘못을 개별적으로 수정·치료할 때 이용한다.

② 형성평가

형성평가(formative evaluation)는 일련의 단위 학습지도활동의 요소에 학습자의 학습 진척 정도를 파악하기 위한 것으로, 평가의 결과는 현재 계속되는 수업에 참고 자료로 사용된다. 따라서 형성평가는 학습지도의 계획 속에 이미 포함되어 편성되며, 경우에 따라서는 예기치 못한 형태의 결과가 나올 수 있다. 그러므로 형성평가를 위한 문항이나 방법은 다양하면서도 순발력 있게 그때의 상황에 따라 변환이 가능하여야 한다. 형성평가는 학습자에게는 학습의 진행도중에 자신의 학습 상태에 대한 점검 및 반성의 기회가 되며, 교사에게는 자신의 교수 활동에 대한 점검 및 계획 수정의 기회가 된다. 즉, 형성평가는 수업 진행 중에 학습자와 교사 모두에게 발전적인 수업을 위한 피드백의 기능을 하는 것으로 설명될 수 있다.

③ 총괄평가

총괄평가(summative evaluation)는 단원의 지도가 끝났을 때, 또는 한 학기나 학년 말 등 비교적 장기간에 걸친 지도계획이 끝난 시점에 실시하는 평가로 지도한 내용을 아동들이 충분히 파악하고 목표에 어느 정도 도달했는지, 지도에서 반성해야 할 점은 없었는지 등을 확인하기 위하여 하는 것이다. 총괄평가의 기능은 다음 세 가지이다.

첫째로, 총괄평가의 일차적인 기능은 그것을 통하여 학생들의 성적을 평가하는 일에 있다. 비교적 장기간에 걸친 학습 성과가 종합된다는 입장에서 볼 때, 평가의 내용이 특정 교과나 학습 단원의 주요 수업 목표들을 잘 대표할 수 있도록 선택하는 것이 중요하다.

둘째로, 총괄평가의 결과로서 집단성과의 비교가 가능하게 된다.

셋째로, 총괄평가는 학습지도의 장기적인 질적 관리를 위해서도 큰 도움을 준다. 교사의 입장에서 본다면 동일한 교과를 새로운 학생 집단에게 가르치면서 전년도의 경험을 이용할 수 있게 된다. 특히 교수 목표가 전과 비슷할 때에는, 현재의 총괄적 평가의 결과를 과거의 것과 비교해볼 필요가 있다. 그리하여 수업 과정이나 방법의 개선을 도모해볼 수 있는 것이다.

④ 자기평가

자기평가(self-evaluation)는 학습자가 교수·학습 과정이나 그 이후에 자기가 학습한 결과에 대해 교사가 제시한 관점이나 내용에 따라 평가 과정에 참여하여 자신의 수행결과물에 대한 반성적 사고와 함께 장단점을 파악하도록 하는 자기 주도적 학습의 평가활동으로 볼 수 있다.

아동의 학력향상을 위해서는 가능한 한 아동 자신을 평가자의 입장에 서게 하는 것이 좋다. 평가를 실행하고 계획하는 것은 교사이지만 교사가 아무리 풍부한 평가에 관한 정보를 얻었다 하더라도 그것이 아동들에게 환원되지 않고, 아동의 자기개선에 동기부여가 되지 못한다면 평가의 효과는 반감될 수밖에 없다.

이와 같은 목적에 부합되는 것으로 자기평가나 아동 서로가 서로를 평가하는 상호평가가 있다. 따라서 가능한 한 아동 자신에 의한 이와 같은 평가의 기회를 가지게 하는 것이 좋다. 수업이 끝난 시점에 수학일지를 쓰게 해보거나 혹은 자기평가 카드에 오늘 수업에서 재미있었던 것, 어려웠던 것, 알게 된 것, 더 알고 싶은 것 등을 기록하게 해보거나, 때로는 자기 답안을 스스로 채점하게 하거나 자기 학습 결과에 대한 감상문을 쓰게 해보는 것도 한 방안이 될 수 있다. 교사는 아동들의 자유기술로부터 많은 문제점을 찾아내고 앞으로의 지도개선에 활용할 수 있어야 한다.

(2) 평가 방법

수학학습의 평가 방법으로는 지필 형태의 방법을 비롯하여 언어적인 발표나 토론을 분석 평가하거나, 구두 질문에 언어적인 답을 하는 면접적인 평가, 숙제와 같이 부여된 과제의 수행 결과의 평가, 수학 수업에서 보여주는 학습활동의 관찰을 통한 평가, 미리 준비된 체크리스트에 의한 평가와 같이 다양한 방법이 있다. 또는 최종 수치화하는 과정이 채점자의 주관적인 판단으로 이루어지는 주관적인 평가와, 객관식의 형태로 만들어진 지필식 평가도구나 지필식이 아닌 도구라도 미리 준비된 세부적인 체크리스트로 채점하는 객관적인 평가로 나누어볼 수 있다. 특히, 지필식이면서 객관적인 평가의 경우는, 외형상 선택형이나 진위형, 연결형, 완성형 등이 있다.

(3) 평가 기준

수학학습활동의 평가를 위하여 설정한 기준이 갖는 성격에 따라, 절대 기준 평가(criterion-referenced test), 상대 기준 평가(norm-referenced test), 개별 기준 평가(domain-referenced test)로 구분할 수 있다.

절대 기준 평가는, 미리 준비된 기준에 따라 각 학습자의 개인적인 성취도 평가가 이루어진다. 이를테면, 20문항의 수학문제를 주고 교사가 학습자의 수준별로 정해놓은 개수 이상의 문항을 맞춘 경우, 그 학습자는 기준을 통과한 것으로 평가하고, 그 다음의 학습 단계로 넘어갈 수 있으며 정해놓은 기준을 통과하지 못한 학습자는 통과될 때까지 같은 내용의 학습을 반복해야 한다.

사실상 절대 기준 평가는 학습자를 점수로 평가하기보다는 그 다음에 후속되는 학습의 단계로 들어갈 수 있는지의 여부를 판단하는 데 그 목적이 있다. 그러므로 개별화 학습지도의 경우에 절대 기준 평가 방식을 주로 사용한다.

상대 기준 평가는 수학교육에서 학습자의 학습활동 평가에 주로 사용되어 온 방식으로, 한 집단 내에서 개인별 학습자의 상대적인 성취도가 어느 정도인지를 파악하고, 개인별 점수 부과의 목적으로 많이 사용한다. 일선 현장 학교에서 주로 사용하고 있는 표준화된 (standardized) 평가 방식이 여기에 해당된다.

개별 기준 평가는 지금까지는 크게 사용되지 않았으나 근래에 와서 관심이 증대되는 평가방식으로, 학습자 개인의 영역별 능력의 평가로서, 각 학습자마다 각 부분에서 보여주는 수학적 능력의 약점과 강점을 알아보고자 할 때 사용하는 평가방식이다. 따라서 외부적으로 설정된 어떤 기준이 있는 것도 아니고, 아울러 집단 내의 상대적인 기준에 의한 평가도 아닌, 자신이 특정 영역에서 무엇을 잘할 수 있고 무엇에 취약한지를 알아내어 개별적인 학습에 참고하기 위한 평가방식이다.

9.2.2 평가의 내용

수학학습활동을 평가하는 데 있어서 무엇을 평가할 것인가는 평가의 목적뿐만 아니라 교과의 내용이나 성격에 따라 다를 수 있다. 블룸은 평가 문항의 수준을 지식, 이해력, 적용력, 분석력, 종합력, 판단력의 여섯 가지로 분류하였다. 이 여섯 가지 항목들은 모든 교과에 걸쳐 적용될 수 있는 평가의 대상이다. 그 가운데, 지식은 가장 낮은 수준의 평가 대상으로서 단순히 사실과 정보를 기억하여 답하는 것을 요구한다. 이해력을 다루는 질문은 정보에 대한 이해, 의미를 아는 것, 사실을 해석하고 비교하는 것, 분류하고 결과를 예측하는 것과 관련된다. 적용력에 대한 평가는 정보를 사용하는 능력, 개념이나 이론을 새로운 상황에서 사용하는 능력, 필요한 지식과 기능을 이용하여 문제를 해결하는 능력 등과 관련된다. 분석력은 패턴을 찾고, 부분 부분을 구성하고, 숨은 의미를 찾는 일련의 활동들과 관련된다. 종합력은 말 그대로 기존의 정보를 이용하여 새로운 것을 만들고, 주어진 사실을 일반화하고, 지식 간의 관련성을 짓고, 결론을 이끌어내는 것을 의미한다. 마지막으로, 판단력은 비교하고 평가하는 것, 의사를 결정하는 것, 사실을 입증하는 것 등과 같은 능력과 관련된다.

수학교과에 있어서 평가는 블룸의 여섯 가지 항목들을 모두 다루고 있다. 수학교과에서의 평가는 단순히 기능과 지식을 사용하는 능력을 평가하는 것만으로는 충분치 못하며 기능과 지식은 물론이고 이해하고 응용하는 능력, 사고하고 추론하는 능력, 그리고 수학이나 수학학습에 대한 흥미나 가치관과 같은 종합적인 수학적 태도 등이 모두 평가의 대상이다. 여기서는 인지적 영역에 속하는 수학적 기능, 수학적 이해 및 수학적 사고와 정의적 영역의 수학적 태도에 관하여 알아본다.

(1) 수학적 기능

수학적 기능은 인지적 능력에 속하지만 행동의 형태로 표면화된 비교적 간단한 능력으로서 복잡한 사고를 요구하지 않으면서 기계적으로 숙달된 능력에 의해 삼각형, 직사각형, 평행사변형, 원과 같은 기본적인 도형의 작도나 측정도구를 사용해 간단한 물체의 외연량을 재는 능력 또는 수나 식을 이용한 간단한 계산의 능력과 같은 인지적 능력을 말한다. 이와 같은 능력의 평가는 지금까지 주로 지필의 방식에 의한 경우가 대부분이지만 정확한 평가를 위해서는 해당 기능에 적합한 다양한 형태의 검사도구의 개발이 필요하다.

(2) 수학적 이해

수학의 성질, 개념, 원리, 법칙 등에 대한 학습은 이해라는 인지적 과정을 통해 이루어진다. 수학적인 이해는 주어진 수학의 사실이나 알고리즘을 단지 기계적으로 반복 숙달함으로써 얻어지는 것이 아니라 주어진 수학의 내용에 대한 논리적인 구조나 이미 자신이 학습한 다른 내용들과의 관련성 등을 통해 학습자 자신의 인지 구조 속에 의미 있게 결합시키는 복합적인 과정으로 볼 수 있다. 따라서 이를 위한 평가를 위해서도 지금까지 많이 해왔던 지필형식의 평가 방식보다는 인지활동의 복합적인 과정을 다각적인 측면에서 평가할 수 있는 다양한 형태의 평가도구가 요구된다.

(3) 수학적 사고력

수학적 사고력은 학습자가 수학과 관련하여 이미 자신이 학습한 지식과 기능을 종합적으로 사용하는 과정으로 수학교육에서 주로 사용되고 있는 용어로는 연역적 사고, 귀납적 사고, 유추적 사고, 분석적 사고, 종합적 사고, 직관적 사고 등이 있다. 이는 수학이 갖는 특성, 즉 추상성, 형식성, 일반성, 계통성, 논리성 등과 같은 복잡한 특성을 파악하기 위한 수단이 수학적 사고력이기 때문이다.

수학적 사고력의 평가는 주로 학습자의 문제해결 과정에 대한 관찰과 분석을 통해 이루어지며 문제해결을 위한 문제는 문장제와 같은 정형적인 형태뿐만 아니라 문제 상황의 설정과 같은 비정형적인 방법을 사용할 수도 있으며, 평가방식도 개인 또는 소집단에서 일어나는 문제해결 활동을 관찰할 수 있다.

(4) 수학적 태도

흔히 수학적 태도는 평가대상에서 제외되기 쉽다. 하지만, 이따금씩 학생들의 자신감이나 수학에 대한 신념, 수학에 대한 관심과 흥미 등을 알아보기 위하여 자료를 수집하고, 시간에 따른 변화 정도를 알아보는 것은 중요한 평가의 항목 중 하나라 할 수 있다.

수학적 태도는 인지적인 영역이 아닌 정의적인 영역에 해당되는 것이므로 그 평가의 도구는 물론 기준의 마련에 있어서 매우 어렵다. 수학적 태도의 평가에 주로 사용되는 방법은 설문과 같은 지필의 방식이지만, 수업 중의 학습의 태도나 과제를 이행할 때 보여주는 질적인 면 등의 관찰을 통한 평가도 가능하다. 교사들은 학생들의 수학적인 태도가 그들의 수학 학습과 성취도에 영향을 줄 수 있다는 것을 인식해야 한다.

9.3 수학과 평가방법의 실제

학생들의 학력이나 행동을 평가하기 위해 지금까지 주로 시험에 의존해왔는데 시험도 그 목적과 작성자에 따라 여러 가지 다양한 형태가 있다. 이를테면, 출제방법에 따라 서술형(주관식) 시험일 수도 있고 선다형의 객관식일 수도 있다.

최근 들어 지금까지 해왔던 지필평가의 평가방법 이외에 대안적인 평가 방법으로 관찰법, 면접법, 학습일지(저널), 포트폴리오 등이 있는데 이 절에서는 위에서 제시한 여러 가지 평가기법 중 문제해결 학습지도와 관련하여 일선 학교현장에서 많이 활용될 수 있는 평가의 몇 가지 구체적 실천방법을 중심으로 알아본다.

9.3.1 지필 평가

지필 평가는 종이와 연필을 사용하여 평가하는 방법으로서 가장 잘 알려진 평가 방법 중의 하나이다. 지금까지의 수학에서 지필 평가는 절차적인 기능이나 암기된 공식, 규칙에 그 주안점이 주어졌으나 최근 들어 개념 이해와 수학적인 과정들을 겨냥한 지필 평가에 관심이 증대되고 있다. 지필 평가를 사용하면 많은 학생들을 일시에 평가할 수 있고, 평가 작업을 간단히 처리할 수 있으며, 결과가 객관적이다. 수학과에서 주로 사용하는 지필 평가의 세부적인 유형으로는 다지 선다형, 단답형, 서술형, 논술형이 있다.

① 다지 선다형

다지 선다형 평가는 한 물음에 대해 정답과 오답을 몇 개 제시하고, 그중에서 정답을 고르게 하는 방법이다. 일반적으로 정답은 1개지만, 능력을 더욱 정확하게 평가하기 위해서는 정답이 2개 이상 있거나 없을 수도 있다. 오답지를 만들 경우는 학생들이 범하기 쉬운 오류의 유형을 조사하고 그 유형에 의한 오답을 제시함으로써 평가 결과 학생들의 성취도는 물론 학생들의 오류를 파악하고 교정해줄 수 있다. 평가문항 출제의 편의를 위해 정답지 외에는 학생들의 오류 유형과는 상관없이 오답지를 만들어 제시하는 것은 바람직하지 못하다. 다지 선다형은 많은 학생들을 상대로 간단한 지식이나 수학적 기능 또는 문제해결의 결과를 알아보는 데 적합한 평가형식이다. 이 형식은 문제를 전혀 모르고도 정답을 택할 확률이 상당히 높으며, 문제를 직접 해결하지 않고도 답지에 주어진 것을 문제 상황에 맞추어 보아 답을 찾을 수도 있는 문제점이 있다. 전국 학생들을 상대로 수학 성취도를 조사하는 표준화 검사는 주로 다지 선다형을 사용한다.

② 단답형

단답형 평가는 문제에 대한 정답을 직접 기록하게 하는 평가방법이다. 이 평가 방법은 수학적 용어나 기호의 이해 능력 및 문제해결의 결과를 알아보는 데 적합한 형식이다. 다지 선다형보다는 요행으로 정답을 맞히는 확률은 적지만 문제해결의 과정을 파악하기에는 적합하지 못한 평가방법이다.

③ 서술형

서술형 평가는 학생들의 문제해결 과정을 평가하기 위한 것으로서, 풀이의 과정을 몇 단계로 나누어 부분점수를 부여하는 평가방법이다. 이 평가는 학생들이 문제를 해결하는 과정 중 잘 이해하고 있는 부분과 오류를 범하고 있는 부분을 파악하기가 용이하며 그에 따른 피드백을 주는 데 적절한 평가방법이다. 그러나 서술형 평가는 선다형 평가에 비하여 평가의 과정이 다소 복잡하고 학생들의 다양한 풀이 방법에 대한 교사의 폭넓은 지식과 경험을 필요하며, 평가의 과정에서 많은 시간을 요구한다.

④ 논술형

논술형 평가는 수학의 전반에 대하여 또는 특정한 주제에 대하여 학생이 이해하고 있는 개념을 진술하게 하고, 그것이 어떤 분야에서 어떻게 사용되고 어떻게 발생하여 어떤 방향으로 발전할 것인가를 기술하게 함으로써 수학에 대한 올바른 이해와 가치관 등 수학적 성향을 이해하는 데 도움이 되는 평가의 한 방법이다.

9.3.2 관찰 평가

(1) 관찰 평가

교사는 매일 학생들을 지도하면서 유익한 정보를 얻게 된다. 학생들을 관찰하는 동안 체계적인 계획을 수립한다면, 더 많은 정보를 얻을 수 있을 것이고, 수집한 정보를 체계적으로 관리할 수 있게 됨으로써 학생들에게 적절한 피드백을 줄 수 있으며, 학생의 학습활동에 대한 학부모와의 면담을 위해 중요한 자료를 얻을 수 있다.

관찰 활동은 그 목적에 따라 며칠 만에 끝날 수도 있으며, 한 학기 동안 계속될 수도 있다. 단기간의 관찰은 특별한 개념이나 기능을 파악하는 데 적절하며, 장기간의 관찰은 문제해결 능력이나 의사소통 기능과 같은 수학적 힘의 다양한 측면들이 어떻게 발전하고 있는지를 파악하는 데 적절하다. 관찰기법을 사용하여 학생들을 평가할 때 다음 사항에 유의하면서 관찰해야 한다.

첫째, 학생들이 평가자에 의해 주의가 산만해지지 않도록 하고, 둘째 관찰할 목표가 분명해야 한다. 셋째, 다른 평가기법으로는 쉽게 평가하기 어려운 행위나 태도를 평가할 때 이 관찰기법을 사용하는 것이 좋다. 넷째, 관찰할 아동의 수를 한 번에 몇 명으로 한정시키고, 중점을 두고 평가할 행동요소를 미리 결정해야 한다. 관찰계획도 중요하지만, 다른 행동요소도 관찰하거나 필요하다면 더 깊은 통찰을 얻기 위해 질문까지 할 수 있는 충분한 융통성을 갖는 것이 좋으며 한 시간 안에 모든 학생들을 다 관찰하려고 생각해서는 안 된다. 다섯째, 수행능력 평가를 위한 관찰은 다양한 방법으로 장시간에 걸쳐 이루어져야 한다.

(2) 관찰 기록

문제를 푸는 아동들을 관찰하고 아동에게 질문할 때에는 그 결과를 간단하게 객관적으로 기록해야 한다. 관찰한 사실은 가능한 한 즉시 기록하고, 기록에는 관찰할 당시의 상황설명과 해석이 모두 들어 있어야 한다. 관찰기록 방법에는 소견기록 카드, 점검목록, 등급 채점표 등이 있다.

점검목록이나 등급 채점표를 개발할 때에는 다음과 같은 일반 절차를 따른다.

문제해결력 관찰 등급 채점표

이름 ________　　　　날짜 ____ 년 ____ 월 ____ 일

	자주	때때로	그렇지 않다
1. 적절한 해결전략을 선택한다.	____	____	____
2. 해결전략을 정확하게 사용한다.	____	____	____
3. 풀이가 막힐 때는(교사의 도움 없이) 다른 전략을 쓴다.	____	____	____
4. 체계적 방법(문제를 분명히 하기, 필요한 정보를 확인하기, 계획 세우기, 풀어 보기, 검산하기)으로 문제에 접근한다.	____	____	____
5. 문제를 풀려는 의지가 보인다.	____	____	____
6. 자신감이 있다.	____	____	____
7. 문제를 풀어보려는 끈기가 있다.	____	____	____

그림 9·1 문제해결력 관찰 등급 채점표

① 평가하고자 하는 수행능력 및 태도의 목표를 결정한다.

② 목표의 성취 여부를 나타내는 아동들의 특정한 행동, 사고, 태도 등을 나열한다.

③ ②에서 나열한 사항으로 검사할 점검목록과 등급 채점표의 문항을 만든다.

수업 전에, 평가하고자 하는 능력과 태도 및 평가할 아동을 선정하고, 점검 목록이나 등급 채점표도 미리 준비해두어야 한다. 아동들이 문제를 풀고 있을 때, 그 모습을 관찰하고 다른 아동과 하는 이야기를 듣고, 평가하고자 하는 내용을 질문한다. 가능하면 기억에 의존하지 말고 즉시 기록하며, 목표를 한정하여 너무 많은 것을 평가하려 하지 않도록 한다. 모든 아동의 모든 문제해결을 평가하는 것이 아니므로, 주어진 문제해결 상황에 대하여 1명에서 4명 정도의 아동에게만 초점을 맞추는 것이 좋다.

9.3.3 면담 평가

(1) 면담 평가

학생들이 어떤 문제를 해결할 때, 순간적으로 쉽게 해결하는 경우가 있는가 하면 상당한 시행착오를 거쳐 해결하는 경우도 있다. 이와 같은 문제해결의 차이점은 지필 검사로는 파악하기 어렵다. 또, 오답일 경우 왜 그와 같은 오류를 범하였는지도 지필 검사나 관찰만으로는 파악하기 어렵지만, 면담을 통하여 비로소 알 수 있는 경우가 많다. 따라서 한 가지 능력을 평가하기 위하여 다양한 출처로부터 정보를 찾고 다양한 방법으로 평가하여야 비로소 정확한 평가가 가능하다.

면담에 의한 평가는 학생 개개인과 일대일 평가 방법으로서 학생이 행한 어떤 학습 과정에 대하여 왜 그렇게 생각했는지를 질문함으로써, 또는 특수한 개념에 대하여 어떻게 생각하고 있으며, 왜 그렇게 생각했는지에 대해 면담을 함으로써 학생의 이해 정도와 사고 방법을 평가하는 방법이다.

학생과의 면담 시에는 그때그때 상황에 맞게 대처하는 것이 무엇보다 중요하다. 그러나 상황에 따라 적절히 대처하기 위해서는 면담 전에 계획을 잘 세워야 한다. 무엇에 중점을 둘 것인지, 어떤 질문을 할 것인지, 어떤 자료를 사용할 것인지, 학생이 쉽게 대답할 경우 또는 곤란을 겪을 때 어떤 추가 질문을 할 것인지, 단순한 답보다 사고 과정을 알고 싶을 때 어떻게 질문을 할 것인지, 이상의 것들은 면담을 계획할 때 반드시 생각해두어야 할 것들이다.

또한, 교사는 면담 평가를 하는 동안 필요한 경우 학생에게 도움을 주거나, 자극을 주거나, 안내를 할 수 있다. 교사의 도움 없이 성공적으로 해결하는 학생에게는 높은 등급을 부여하며, 학생의 반응 수준에 따라 적절한 등급을 부여할 수 있다.

(2) 면담 시의 유의점

스텐마크(Stenmark, 1989)에 의하면 질문하는 순서는, 형식적인 면담이든 비형식적인 면담이든 학생이 편안하게 답할 수 있는 수준에서부터 시작해야 한다. 질문은 광범하고 일반적인 것에서부터 시작하여 점차적으로 교사가 원하는 구체적인 것으로 접근해야 한다. 질문을 한 뒤에는 질문에 대하여 생각할 수 있는 적절한 시간을 주어야 한다.

면담을 통하여 교사는 학생의 수학적인 면과 인간적인 면 모두를 알 수 있는 것이 중요하다. 교사와 학생 사이에 좋은 인간관계는 학습지도를 더욱 효과적으로 진행되게 할 수 있다.

면담은 학생들이 고차적인 사고를 충분히 발휘할 수 있도록 계획적이고 논리적으로 진행되어야 한다. 그렇게 함으로써 학생들은 교사가 예상하지 못한 수학적 지식과 기능을 보일 수도 있다.

9.3.4 포트폴리오 평가

(1) 포트폴리오

포트폴리오(portfolio)의 개념은 예술, 사진, 건축 등과 같은 전문 직업에서 가장 잘한 것을 모아놓은 자료집에서 비롯된 것이다. 포트폴리오가 수학교육의 평가도구로서 사용되기 시작한 것은 최근의 일이다. 포트폴리오는 학생들의 다양한 장점을 보여주기 위하여 구안되어야 하며 전통적인 평가에 의하면 수학적 능력이 없다고 생각되는 학생도 포트폴리오를 통한 평가에서는 어떤 장점이 있을 수 있다. 포트폴리오는 학생들의 노력, 진보 과정, 성취도를 보여주는 결과물들의 모음집으로 볼 수 있으며 그 내용물로는 일정하게 정해진 형식은 없으나 대개 문제해결 학습지, 프로젝트, 기록, 쪽지시험 본 것, 과제물, 자기평가 등을 포함한다. 포트폴리오의 사용을 통해, 모든 학생들은 자기의 특기를 보여줄 수 있으며, 수학에서 무엇이 중요하며 왜 중요한가를 배울 수도 있다. 학생들은 포트폴리오를 만드는 과정에서 혼자서 또는 친구의 것과 비교하면서 자기의 장점과 단점을 인식할 수 있는 기회를 갖게 되어 학생들이 자신의 학습에 대한 책임감을 갖고 스스로 학습활동을 조절하려는 생각을 갖게 한다. 여기서 모든 과목의 예를 다 제시할 수는 없지만 평가의 목적에 따라 수학 포트폴리오에 들어가야 할 내용을 대표적으로 제시해보면 [표 9·1]과 같다.

표 9·1 평가 목표와 포트폴리오

목 표	내 용
긍정적인 수학적 성향 (동기, 호기심, 인내, 도전감, 유연성, 책임감, 자신감)	• 수학에 대한 열의를 나타내는 일지 • 주기별 학습한 문제해결 자료, 수학자서전 • 가정학습 자료, 학생이 작성한 학습 계획표
수학적 이해의 성장 (개념발달, 문제해결능력, 의사소통능력, 수학의 구성, 반영적 사고력)	• 학기 초부터 일정한 시간을 둔 같은 항목에 대한 자료 수집 • 어떤 알고리즘이 타당한 이유 설명 • 문제 상황을 명확히 하는 그림, 표, 식 등 • 수학 프로젝트에 대한 사진 • 전략사용에 대한 자료 • 문제를 풀이한 노트
추론의 방법 (수와 연산, 도형 등)	• 탐구활동에 대한 보고서 • 통계처리 계획 및 처리 자료 • 열린 문제에 대한 반응 • 수학적 원리나 법칙에 대한 설명
수학적 연결성 (수학적 개념이나 성질 사이의 연결)	• 수학을 과학이나 사회 등의 다른 과목에 사용한 근거 자료 • 산술, 대수, 해석, 기하, 통계 사이의 관계성에 대한 보고 자료 • 수학적 예술 프로젝트
협력하는 능력	• 과제 해결 작성 표, 소집단 활동자료 • 그룹 활동에 대한 오디오 또는 비디오테이프
도구의 사용 (계산기, 컴퓨터의 사용, 조작자료의 사용)	• 컴퓨터를 이용한 통계처리 • 계산기를 이용한 자료 • 조작 자료의 사용을 표현한 그림, 또는 결과

(2) 우리나라 초등학교에서의 포트폴리오[1)]

학교마다 약간씩 차이는 있으나 학기 초에 과목별로 수행평가 문제 및 내용을 결재를 받아서 실시한다. 여기에는 과목별로 5~7개 정도의 내용이 선정되고 평가시기 및 평가방법 그리고 평가기준이 포함된다. 하지만 실제 평가는 다른 업무 및 행사관계로 평가시기를 잘

1) 우리나라 초등학교에서의 포트폴리오 평가 활용 실태는 교과서가 따로 있으므로 외국과 같은 구체적인 사례를 보여주는 자료를 구하기가 어려우며 아래에서는 수학교과에서의 몇 가지 실제 사례와 함께 전반적인 경향만 개략적으로 언급하였다. 아울러 이 절 이하의 내용은 최창우(2008)에서 가져온 것임을 밝혀둔다.

지키지 못하고 학기말에 주로 평가를 실시한다. 수업 중의 결과물은 파일에 차곡차곡 모아 두며 이것을 보고 평가계획과 관련 있는 평가는 대신하는 경우도 있다.

초등학교 대부분의 교실을 보면 파일꽂이나 책꽂이에 학생 수 만큼의 파일이 배열되어 있다. '사랑으로 함께 하는 ○○○ ', '꿈을 키워요', '보물들의 활동' 과 같이 교사가 만들어준 타이틀을 파일에서 흔히 볼 수 있다(최창우, 2008). 이것은 대부분의 학급에서 포트폴리오를 실시하고 있다는 증거이며, 내용 구성은 어떠하고, 구성을 위해 어떤 활동들을 하는지는 학교마다 조금씩 다르다. 우리나라의 경우 초등학교의 여러 과목 중에서 실제로 대부분의 교사가 포트폴리오 활동을 가장 하기 쉬운 과목으로 여기는 것은 미술과목으로 알려져 있다. 왜냐하면 미술은 그 시간에 만드는 작품의 제작과정을 기록하고, 완성된 작품을 폴더에 넣을 수 있기 때문이다. 하지만 제작 과정조차 기록하지 않고 완성 작품만을 모으는 식으로 운영되는 경우도 허다하다.

특히, 수학이라는 과목에서는 주로 공책을 활용하기 때문에 파일을 만들어 활동을 채워나가는 것은 다소 어색한 것으로 여기는 것이 우리나라 학교현장의 모습이다. 더구나 외국에서처럼 중점 요소를 정해 과목별로 나누어 포트폴리오를 한다는 것은 여간 손이 많이 가는 일이 아닐 수 없다. 그리고 학생들이 폴더를 다 준비한다는 것도 다소 부담이 되는 일이다. 그래서인지 주로 A3 파일과 A4 파일[2)]을 준비하여 A3 파일은 도화지로 활동해도 모을 수 있는 포트폴리오, A4 파일은 보통의 종이 크기의 활동 결과물을 모을 수 있는 활동철로 만들고 있다. 따라서 우리나라의 경우 평상시의 수업에서 보면 활동철에는 주로 수업시간에 활용했던 활동지, 평가지 등을 있는 그대로 철해놓는 것쯤으로 생각하는 것이 포트폴리오에 관한 일반적인 실상이다.

(3) 우리나라 초등학교에서 수학 포트폴리오의 내용물과 사례

- 단순한 계산만이 아닌 독창적인 과정을 보여주는 해결책
- 쪽지시험
- 수학을 사용하여 다른 교과학습에서 한 작업
- 교사로부터 받은 평가표
- 해답유무에 관계없이 학생이 만든 문제

---

2) A3 크기의 파일에는 주로 미술작품이나 큰 종이에 한 활동들을 모으고 A4 크기의 파일에는 학습지나 수업 중간에 쓰였던 보고서 등을 주로 철해놓는다. 그러나 교과서에 담겨 있는 내용만을 가르치고 부수적인 활동을 준비하지 않는 교사의 수업에서는 이와 같은 파일철도 거의 활용하지 않는다.

- 전개도, 측도와 같은 학생이 만든 결과물
- 자기반성 평가지
- 학생의 일기에서 발췌한 것
- 교사와 학생의 인터뷰에서 나온 메모
- 복잡한 문제에 대한 풀이과정과 그 결과(글, 도식, 그래프, 도표 등)
- 학생의 오답이나 실수를 교정한 시험지
- 자료나 모형을 조작하는 장면을 찍은 사진
- 수학적 개념이나 관련성에 대한 이해력을 보여주는 학생의 활동에 대한 교사기록

위와 같은 내용물들이 수학 포트폴리오에 들어갈 수 있으나 일선 학교현장에서 실제로 이렇게 실시되는 곳은 찾아보기 어려우며 다음에는 위의 여러 가지 항목 중 우리나라 학교현장의 실제 포트폴리오에 들어 있었던 몇 가지 사례들을 제시하였다.

① 신문을 활용한 대칭 모양 만들기 결과물

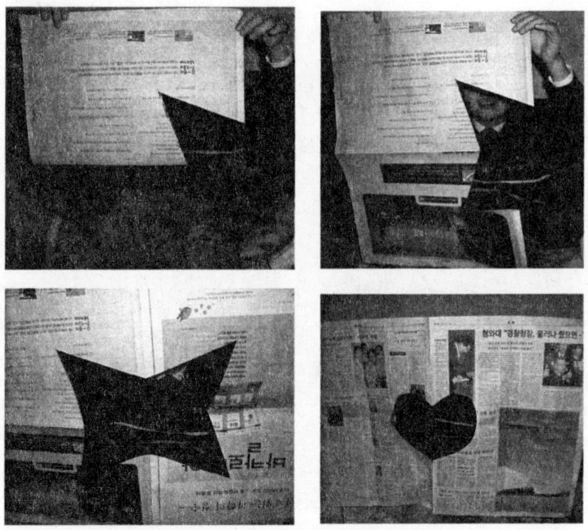

그림 9·2 학생이 만든 결과물

② 수학의 특정한 개념에 관한 쓰기

○○초등학교	학년 반 이름:
덧셈이란 무엇인가?	
덧셈이란 어떤 것이 여기 있는데 다시 어떤 것을 더 가져와서 한데 합치는 것이라고 생각한다. 예를 들어, 만약 나무에 비둘기가 3마리 앉아 있었는데 조금 있다가 보니까 5마리가 더 날아왔다. 그러므로 비둘기는 모두 8마리가 되었다. 이것을 식으로 나타내면 3+5=8이 된다. 조금 있다가 보니까 처음에 있던 3마리가 날아가고 없었다. 그래서 5마리가 남아 있었다. 이것으로 8에서 3을 덜어내면 5라는 것을 알 수 있다. … (이하 생략)	

그림 9·3 쓰기의 사례

③ 문제 만들기

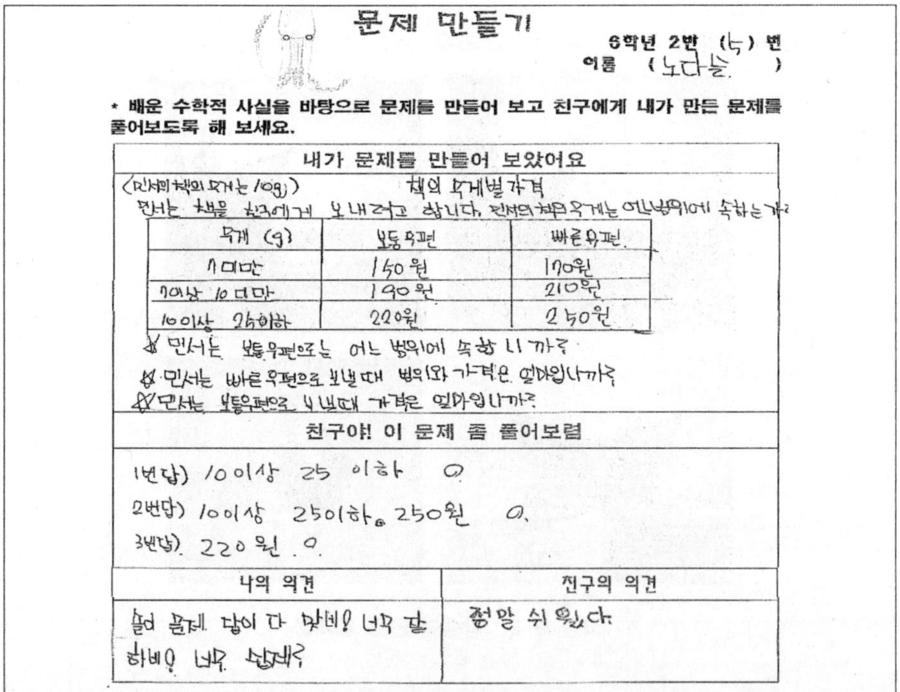

문제 만들기

6학년 2반 (5) 번
이름 (노다슬)

* 배운 수학적 사실을 바탕으로 문제를 만들어 보고 친구에게 내가 만든 문제를 풀어보도록 해 보세요.

내가 문제를 만들어 보았어요

(민서의 책의 무게는 10g) 책의 무게별 가격
민서는 책을 친구에게 보내려고 합니다. 민서의 책의 무게는 어느 범위에 속하는가?

무게 (g)	보통우편	빠른우편
7 미만	150원	170원
7이상 10 미만	190원	210원
10이상 25이하	220원	250원

① 민서는 보통우편으로는 어느 범위에 속합니까?
② 민서는 빠른우편으로 보낼 때 범위와 가격은 얼마입니까?
③ 민서는 보통우편으로 보낼 때 가격은 얼마입니까?

친구야! 이 문제 좀 풀어보렴

1번답) 10이상 25 이하 ○
2번답) 10이상 25이하. 250원 ○.
3번답) 220원 ○.

나의 의견	친구의 의견
솔이 문제 답이 다 맞네! 너무 잘 하네! 너무 쉽제?	정말 쉬웠다.

다슬이가 만든 문제를 솔이가 풀었다. 다슬이의 문제를 잘 읽고 해석하여 솔이가 풀고 나서 서로 자신의 의견을 적었다. 솔이도 다슬이도 모두 문제가 쉬웠다고 한다. 의사소통이 잘된 학습이었다.

그림 9·4 문제 만들기 결과물

④ 자기반성평가지

표 9·2 수학에 대한 나의 생각

<table>
<tr><td colspan="8">4학년 1반 19번 이름 손 ○ ○
날짜 2012. 4. 27</td></tr>
<tr><td colspan="4">가장 알맞은 곳에 ○표 하세요.</td><td>예</td><td colspan="2">보통</td><td>아니오</td></tr>
<tr><td colspan="4">1. 나는 수학 시간이 즐겁다.</td><td></td><td colspan="2">○</td><td></td></tr>
<tr><td colspan="4">2. 나는 짝 또는 모둠과 같이 수학 공부하는 것이 좋다.</td><td>○</td><td colspan="2"></td><td></td></tr>
<tr><td colspan="4">3. 나는 혼자 수학 공부하는 것이 좋다.</td><td></td><td colspan="2"></td><td>○</td></tr>
<tr><td colspan="4">4. 나는 수학 문제 풀기를 좋아한다.</td><td>○</td><td colspan="2"></td><td></td></tr>
<tr><td colspan="4">5. 나는 집에서 수학 숙제하는 것을 좋아한다.</td><td></td><td colspan="2">○</td><td></td></tr>
<tr><td colspan="8">6. 수학에서 내가 잘하는 것은? (계산)</td></tr>
<tr><td colspan="8">7. 내가 수학에서 가장 좋아하는 것은? (암산)</td></tr>
<tr><td colspan="8">8. 내가 수학에서 어려워하는 것은? (식 세우기)</td></tr>
<tr><td colspan="8">여러분이 속한다고 생각하는 곳에 ○표 하세요</td></tr>
<tr><td>①나는 수학을 아주 못한다( )</td><td>②나는 수학을 조금 못한다( )</td><td>③보통이다(○)</td><td colspan="3">④나는 수학을 잘한다( )</td><td colspan="2">④나는 수학을 아주 잘한다( )</td></tr>
</table>

(4) 현장교사들의 관점에서 본 포트폴리오

다음 내용은 대구교육대학교 대학원 계절제에 재학 중인 현장교사들이 초등학교에서 포트폴리오 실시와 관련한 과제에 대해 어떻게 생각하는지 쓴 것이다.

① 교사 A

초등수학의 포트폴리오는 선다형이나 단답형의 지필 고사만으로는 측정하기 어려운 학생들의 고차적인 사고능력과 적용능력에 대한 총체적 정보를 얻음으로써 균형 있는 평가를 하고, 이를 통해 수학 수업을 개선하고자 하는 데 그 목적이 있다. 즉, 학생이 무엇을 알고 있고, 그것을 바탕으로 무엇을 할 수 있는지를 자연스러운 상황에서 평가하며, 이를 통해 수업의 개선, 더 나아가서는 학생들의 수학적 수행능력을 개선하기 위한 것이다. 수학에서 중요한 수업 목표는 학생들이 강력한 문제해결자가 되도록 돕는 것이다. 즉, 핵심적인 개념을 발달시키고 이를 수학 내적·외적으로 적용하며, 수학적으로 추론하고, 수학의 언어를 효과적으로 사용하도록 돕는 것이다. 교사들은 수학과 포트폴리오를 통해서 문제해결에서 다양한 방법의 사용, 적절한 문맥에서 여러 개념의 효율적 사용, 언어, 그림, 도표 및 도해를 사용한 명확한 의사소통, 적절한 추론능력 및 적절한 도구의 사용 등 인지적 능력을 평가하는 데 사용할 수 있다. 그뿐만 아니라 개별 활동 및 소집단으로 활동하는 학생들의 능력, 인내심, 호기심, 창의성 등의 정의적 영역 등을 평가하는 데 사용할 수도 있다.

② 교사 B

우리 반 아이들은 각각 파일 통 안에 A3 크기의 파일 하나, A4 크기의 파일 하나 총 2개의 파일을 가지고 있다. 아이들의 사물함 위에 일렬로 배열되어 있는데 각 파일의 제목들은 학기 초에 아이들과 함께 정하였다. A3 크기의 파일에는 주로 미술작품이나 큰 종이에 한 활동들을 모으고 A4 크기의 파일에는 학습지나 수업 중간에 쓰였던 보고서 등이 들어간다. 솔직히 말해 우리 교실의 포트폴리오는 수업시간의 활동물 모음집 정도로 활용되고 있는 것이 사실이다.

교과서를 하나의 짜여진 교육과정이라고 보고 과목마다 파일철을 만들어서 수업에 쓰였던 것들을 수집하는 것을 포트폴리오라고 보느냐, 아니면 단지 수업 중간 중간 쓰였던 결과물 철이라고 보느냐의 시각차이다. 일선 초등학교에서 연간교육과정 계획이 매년 학기 초에 짜여지지만 수업시간에 어떤 것을 도입하는지는 담임의 재량에 따라 천차만별이라는 것이 나의 생각이다.

우리교실에서 활용하고 있는 두 크기의 파일철은 일반적인 교실에서 많이 볼 수 있는 경우지만 그 안에 어떤 내용이 들어가느냐는 교사들이 수업을 위해 어떤 활동을 준비했느냐의 답과 동일하다. 파일철을 사용하지 않는 반도 의외로 많이 볼 수 있다. 교과서에 담겨 있는 내용만을 가르치고 부수적인 활동을 준비하지 않는 교사가 반이라 생각된다. 너무 극단적인 결론인가?

이렇게 차이가 날 수 밖에 없는 가장 큰 이유는 국정교과서의 운영과 수업과 상관없는 업무, 이 두 가지라고 생각한다. 전국 학교의 연간교육과정 계획을 갖다놓으면 큰 틀은 모두 같다. 그렇다고 국정교과서에 대한 부정적인 시각을 가지는 것이 아니다. 단지 그 큰 틀 안에서 학교단위로, 동학년 단위로 협의하여 다양한 활동 위주의 교육과정을 짤 수 있는 기간이 만들어졌으면 한다. 아이들이 즐거워할 수 있는 일련의 활동을 구상하는 선생님들의 모임 분위기는 공문처리를 하며 '이걸 내가 왜 하나'라고 생각하는 분위기와는 아주 다를 것이라고 확신한다.

교사의 과중한 업무는 어디서나 쉽게 들을 수 있는 문제점이다. 연간교육과정 계획 또한 연구부장님과 동 학년에서 한 사람이 컴퓨터 프로그램을 이용해 짜야 하는 하나의 '업무'로 분류되고 있다.

교육과정을 짜는 것이 '업무'가 아니라 '전문적인 일'로 바뀌어 선생님들의 열정을 아이들에게 쏟아 부을 수 있는 환경이 되었으면 한다.

외국의 수업환경을 들으면 때로는 부럽고 씁쓸한 느낌이 많이 들지만 환경이 바뀌는 것을 기다리기 전에 활동위주의 교실에서 아이들이 느끼는 즐거움을 열심히 충족시켜주어야겠다는 다짐을 많이 하였다. 교구가 없음을 탓하지 말고 만들어 사용하거나 '이런 것이 있다'는 간접경험이라도 열심히 시켜주고, 보조교사가 없음을 탓하지 말고 내가 두 배로 움직여야겠다는 생각도 든다. "아이들은 교사하기 나름이다."라는 말을 떠올려본다.

우리나라는 국정 교과서가 따로 있으므로 외국과 같이 학기가 시작되기 전 이번 학기에 어떤 내용을 포트폴리오에 담을지 사전에 계획하지 않는다. 또한 수학교과의 경우 주로 공책 혹은 익힘책을 활용하기 때문에 별도의 파일을 만들지 않고 있다. 따라서 평상시의 수업에서 보면 활동철에는 주로 수업시간에 활용했던 활동지, 쪽지시험을 포함한 평가지 등을 있는 그대로 하나씩 모아두고 있는 것이 우리나라 학교현장의 모습이다.

(5) 뉴질랜드 초등학교에서의 포트폴리오

다음 사례들은 최근 뉴질랜드 오클랜드 시에 있는 코히아테라스초등학교(Kohia Terrace Primary School) Year 6[3]의 Term 1[4]과 도미니언로드초등학교(Dominion Road Primary School) Year 4의 Term 3에서 이루어진 학생들의 포트폴리오 실제사례를 우리나라 현장교사들이 이해하기 쉽게 적절히 주석을 달고 재구성한 것이며 주어진 목차의 구성[5]에 나타

---

3) Year 6은 우리나라의 5학년, Year 4는 우리나라의 3학년에 해당한다.

4) 뉴질랜드 초등학교는 1년을 크게 2학기로 나누는 것은 우리와 같으나 한 학기 안에 2개의 Term을 두어 1년을 총 4개의 Term으로 나누어 운영하고 있다. 초등학교는 1월 말경에 Term 1을 시작하여 4월 중순경에 Term 1이 끝나면서 약 2주간의 방학을 갖는다. 4월 말경에 Term 2를 시작하여 6월 말에서 7월 초에 1학기가 끝나면서 겨울방학을 갖는다. 겨울 방학은 우리처럼 길지 않으며 약 2주간이다. 7월 하순경에 다시 2학기인 Term 3를 시작하여 9월 하순경에 Term 3가 끝나면서 약 2주간의 방학을 갖는다. 10월 초순에 마지막 Term 4를 시작하여 12월 중순에 2학기가 완전히 종료된다. 여기서는 지면상 Term 1과 Term 3의 2개 사례만을 제시하였다.

5) 뉴질랜드는 우리와 달리 국정교과서가 따로 없으므로 주어진 목차의 구성은 교사가 학기가 시작되기 전 이번 학기에 다루고자 하는 내용을 감안하여 인터넷이나 각종 교재 등의 자료로부터 발췌하여 나름대로 구성한다.

난 주제에 따라 포트폴리오가 어떻게 세부적으로 수업 중에 이루어지고 있는지를 보여주고 있다.

가. 코히아테라스초등학교 Year 6의 Term 1의 목록

- 읽기
- 정보 찾기
- 듣기 시험
- 수학
- 방향 탐지 학습
- 알파벳 공부
- 수학암호 해독하기
- 사라진 글자 찾기
- 서적 탐구
- 총괄자기평가(summative self assessment)
- 미래에 대한 생각
- 시간표를 활용한 수학공부

나. Term 1의 목록에 따른 실제 사례

① 읽기

표 9·3 읽기 목록

첫 번째 학기의 나의 읽기 목록					
연번	대출일	반납일	제목	저자	읽기수준
1	5/2/10	11/2/10	Merimaid and chips	Mary Hoffman	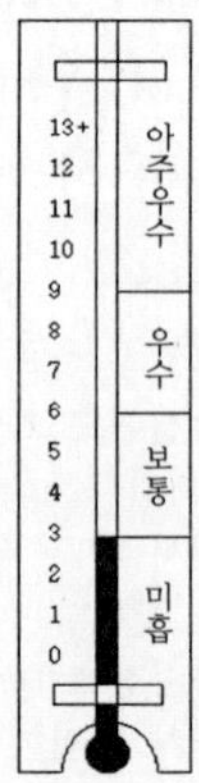
2	15/2/10	17/2/10	Ricky Ricotta's Giant Robot	Dav Pilkey	
3	18/2/10	24/2/10	Talent Showdown	Tracey West	
4	…	…	…	…	
5	…	…	…	…	

각 학기마다 위와 같은 양식에 따라 자신이 읽은 책을 기록하고 자기 스스로 읽기에 관한 수준을 나타내도록 하였다. 이것은 우리나라에서는 보기 드문 일종의 자기평가에 해당하는데, 이와 같이 수업에 자기평가를 도입함으로써 대안평가가 우리가 알고 있는 전통적인 평가와 어떤 점에서 다른지를 보여주고 있으며 학생들은 학습자이자 동시에 자기반성을 하는 평가자로 참여하고 있음을 알 수 있다.

② 정보 찾기

그림 9·5 그림에서 정보 찾기

㉠ 위의 그림을 보고 다음 중 알맞은 문장에 동그라미를 한 다음 그 이유를 적어보시오.

- 학교는 금세기(this century)에 설립되었다.
- 학교는 지난 세기(last century)에 설립되었다.

이유:

- 학교는 시골에 있다.
- 학교는 도시에 있다.

이유:

- 학생들은 모두 걸어서 학교에 간다.
- 학생들은 걸어서 학교에 가지 않는다.

이유:

㉡ 자음과 'y'로 끝나는 명사를 복수형으로 만들려면 'y'를 없애고 'ies'를 붙여준다. 예를 들면, 'country'의 경우 'countries'가 된다. 모음과 'y'로 끝나는 명사인 'kidney' 같은 경우는 간단히 's'만 첨가하여 'kidneys'가 된다. 다음 명사들을 복수형으로 만들어보시오.

- fly ______________　　• city ______________
- holiday ______________　　• diary ______________

위의 정보 찾기의 첫 번째 문제에서 보듯이 제시된 그림 속에서 정보를 찾아 학습자가 스스로 사고하여 문제를 해결하고 있음을 알 수 있다.

③ 수학

- 7, 8 그리고 9를 인수로 갖는 다음의 수 패턴을 완성해보시오.

×		5	0	7	3
7					
8					
9					

×	4	1	6	8	5
7					
8					
9					

- 다음이 참이 되게 <, > 혹은 =를 ○에 넣으시오.

① 6 × 8 ○ 5 × 9　　② 8 × 7 ○ 9 × 6

③ 8 × 0 ○ 7 × 0　　④ 7 × 8 ○ 8 × 6

- 빈칸에 올바른 연산기호를 넣어보시오.

① 6 □ 4 = 2　　② 8 □ 5 = 40

③ 8 □ 9 = 17　　④ 30 □ 6 = 5

- 다음 수 패턴을 완성해보시오.

1, 1, 2, 3, 5, 8, ____ , ____ , ____

1, 4, 2, 4, 3, 4, ____ , ____ , ____

- 곱셈에 관한 지식을 사용하여 빈칸을 채워보시오.

42 × 1 = 2 × ____

9 × 8 = ____ × 6

$10 \times$ ____ $= 4 \times 20$

$2 \times 12 = 4 \times$ ____

위의 내용은 우리나라의 수와 연산, 규칙성 영역에 해당하는 내용으로 Year 6은 우리나라의 5학년에 해당하지만 우리나라보다 다소 수준이 낮은 문제를 다루고 있다. 그러나 연산기호를 넣어보는 문제나 수 패턴을 완성하는 문제에서처럼 우리나라에서는 주로 식을 주고 답을 쓰는 문제나 숫자나 사물을 나열해놓고 패턴을 찾는 형태인데 반해 제시되는 문제 상황이 약간의 차이를 보인다. 우리나라에서는 수학이라면 아직도 대부분의 사람들이 생각하는 얼마나 빨리 틀리지 않고 답을 내는 데 목적이 있다기보다는 뉴질랜드에서는 전체적으로 볼 때 수업의 진행과정에서 학습자가 어떻게 참여하고 무엇을 해결할 수 있는 능력이 있는가에 초점을 맞춘 수업 환경임을 느낄 수 있었다.

④ 수학 속에 숨겨진 메시지 찾기

멜러니(Melanie)는 동굴의 벽면에 그려져 있는 다음과 같은 숫자코드를 발견했다.

0	16	18	24	30	32	35	36	40	42
A	B	E	F	H	I	L	M	N	O

45	48	49	54	56	64	72	81
P	R	S	T	U	W	Y	Z

이 숫자코드를 사용하여 다음 메시지를 읽어보시오.

4×8	6×4		9×8	6×7	7×8		
6×6	8×7	7×5	9×6	8×4	9×5	5×7	8×9
3×0		8×5	8×7	9×4	4×4	9×2	8×6
8×2	9×8		9×9	2×9	6×8	7×6	
6×9	5×6	6×3					
0×9	5×8	7×7	8×8	3×6	8×6		
8×8	8×4	7×5	5×7		2×8	9×2	
9×9	3×6	8×6	6×7				

이 소재는 우리나라에서 초등수학의 정규교육과정에서는 다루지 않고 있으나 영재 교육의 수학퍼즐 등에서 문자 또는 기호가 나타내는 암호 찾기 형태의 문제와 유사하다. 하지만 뉴질랜드의 초등수학에서는 이를 정규수업에서 취급하고 있었으며 단순히 곱셈을 하여 답을 찾는 데 그치는 것이 아니라 메시지를 읽어보도록 하여 학습자의 호기심을 불러일으키고 있다.

⑤ 시간표를 활용한 수학공부

다음 시간표를 보고 물음에 답해보시오.

표 9·4 앨런의 하루일과

앨런의 학교생활	
오전	
7:15	기상
8:00	등교
8:13	학교 도착
8:40	아침 조회
8:55	휴식
9:00	수업 시작
10:30	오전 휴식
10:45	수업
오후	
12:15	점심시간
1:15	수업 시작
2:15	오후 휴식
2:30	수업
3:30	하교
3:50	집에 도착
9:15	취침

- 점심시간은 _______ 분이다.
- 오전 휴식시간은 _______ 분이다.
- 아침 조회시간은 _______ 분 주어진다.
- 오후 수업은 총 _______ 시간이다.
- 오전 수업은 총 _______ 시간이다.

• 오후에 학교에서 집까지 가는 시간보다 아침에 집에서 학교까지 가는 시간이 _______ 분 덜 걸렸다.
• 그는 수업이 시작되기 _______ 분 전 학교에 도착했다.
• 시간표에서 세 번의 휴식시간은 총 _______ 분이다.
• 시간표에서 총 수업시간은 _______ 분이다.
• 앨런은 _______ 시간 동안 잠을 잤다.

우리나라의 현행 초등 수학 교과서에도 1학년에서 시각 읽기, 2학년에서 시각과 시간, 3학년에서 시간의 덧셈과 뺄셈 등을 다루고 있다. 이를테면, 1학년의 시각 읽기에서는 주로 몇 시와 몇 시 30분에 대한 시각을 지도하고 있으며 지도방법은 시계를 보고 시각을 말하거나 학습자가 시각을 모형시계에 나타내보는 활동을 통하여 지도하고 있다. 뉴질랜드의 포트폴리오에서는 몇 시와 몇 시 30분에 대한 시각은 물론이고 자연스런 하루의 일과를 보여주는 시간표를 활용한 시간의 개념에 초점이 맞춰져 있다. 우리나라에서는 저학년에서 이 내용을 다루는 데 반해 뉴질랜드는 우리의 5학년에 해당하는 Year 6에서 다루고 있다는 점에서 상당한 차이가 있다. 이는 우리나라에서는 국정교과서에 따라 체계적으로 지도되고 있지만 뉴질랜드는 교과서가 별도로 주어져 있지 않다는 점에 기인하는 것으로 여겨진다.

다. 도미니언로드초등학교 Year 4의 Term 3의 목록

• 포트폴리오 평가 및 포트폴리오 쓰기에 관하여
• 성취목표
• 개인 및 사회적인 기능 개발
• 학생들의 활동 사례
• 가정에서 학교로

라. Term 3의 목록에 따른 실제 사례

① 포트폴리오 평가 및 포트폴리오 쓰기

㉠ 포트폴리오의 목적

포트폴리오는 연중 학생들의 학습이 어떻게 이루어지고 있는지에 관한 정보를 교사, 학부모 및 학생들에게 제공하게 될 것이며 그 주된 목적은 다음과 같다.

• 학습의 평가에 학생들과 학부모 모두를 다 관여하게 한다.
• 일정기간 동안에 이루어지는 학생들의 학습목표, 태도, 기능발달 그리고 성취 목표 등을 기록하게 한다.
• 학습을 개선시킨다.

㉡ 포트폴리오 속에는 무엇이 들어가는가?

포트폴리오 속에는 선택된 7개의 필수적인 학습영역 가운데 학생들이 공부한 사례들이 포함될 것이다. 그 핵심적인 내용은 다음과 같다.

표 9·5 Term 3의 핵심내용

학습 영역	Term 3
영어	독해력 활동
영어	쓰기의 예
영어	받아쓰기 과제
영어	말하기
영어	시각적 언어
수학	통합학습
미술	시각적 그림의 예
사회	주제중심 학습의 예
체육	기능에 관한 자기평가 및 교사평가

학생들이 목표를 정해서 나중에 스스로 자신의 수행결과를 평가하도록 격려해 주어야 한다. 아울러 학생들의 목표도 이 포트폴리오 속에 포함되어야 한다.

㉢ 학생들의 학습활동 샘플들은 무엇을 보여주는가?

학생들의 학습활동 샘플들은 특정한 기간에 학생들이 이루어낸 증거를 보여주는 것이며 이 포트폴리오의 기간은 Term 3이다.

학생들의 모든 학습활동 샘플들은 날짜, 평가과제에 대한 설명, 학습결과에 대한 주석이 달려 있다. 또한 학생들을 평가하기 위해 교사가 사용한 준거는 등급별 평가척도(rating scale)로 기록되어야 한다. 과제에 대하여는 학생들의 작품 활동을 평가함에 있어서 교사의 일화적인 코멘트가 추가될 수도 있다.

㉣ 등급별 평가척도는 어떻게 이루어지는가?

학생들의 학습활동 샘플들은 학생들의 학습에 관한 특별한 정보를 제공해준다. 교사는 성취수준에 도달했는가에 관한 판단을 내리기 전에 모든 학생들의 작품을 객관적으로 검토해야 한다. 도미니언로드초등학교에서는 학습의 발달 성격을 반영하는 다음과 같은 평가척도를 사용하였다.

초보적 수준	보통 수준	목표 달성

㉤ 포트폴리오에 있는 정보는 어떻게 사용되는가?

이 포트폴리오는 매 학기마다 토론을 위해 각 가정의 부모에게 사전에 보내며 연말에는 학생들의 발달 정도에 따른 총괄평가와 함께 보낸다. 이 자료들은 학생들의 학업성취 및 가장 중요한 발달영역에 초점을 둔 학부모/교사/아동 간의 만남에서의 토론 자료로 활용할 수 있다. 학교에서는 가정에서 자녀와 함께 이 포트폴리오에 관해서 의견을 나누고 부모님의 의견을 써주기를 바란다. 이와 같은 일들은 학생과 함께 의견을 나눌 수 있는 귀중한 시간이 될 것이다.

이 포트폴리오로부터 얻은 정보는 표준화 검사 및 비형식적 평가의 결과와 함께 연중 교사가 학생 개개인의 요구를 확인하고 응하는 데 도움을 줄 것이다.

위와 같이 Term 3에서 이루어지는 포트폴리오의 목적, 어떤 내용이 들어가는지, 어떻게 평가되는지, 평가척도는 어떻게 등급을 매기는지, 포트폴리오가 완성되었을 때 어떻게 활용할 것인지에 대한 전반적인 안내를 하였으며 학습영역에서 수학은 우리나라에서 최근 강조되고 있는 통합교과적인 학습이 이루어지고 있음을 알 수 있다.

② 성취목표

각 교육과정 영역, 즉 영어, 과학, 테크놀로지, 사회, 체육 그리고 수학에서의 성취수준이 8개의 단계로 표시되어 있다.

모든 학습자의 학습발달 및 발달속도는 서로 다르다. 또한 같은 또래의 학생들이라고 해서 모든 교육과정을 초월하여 같은 성취수준을 보일 것이라고는 생각하지 않는다. [그림 9·6]은 학교에서의 성취수준과 학년 간의 일반적인 관계를 보여주고 있다.

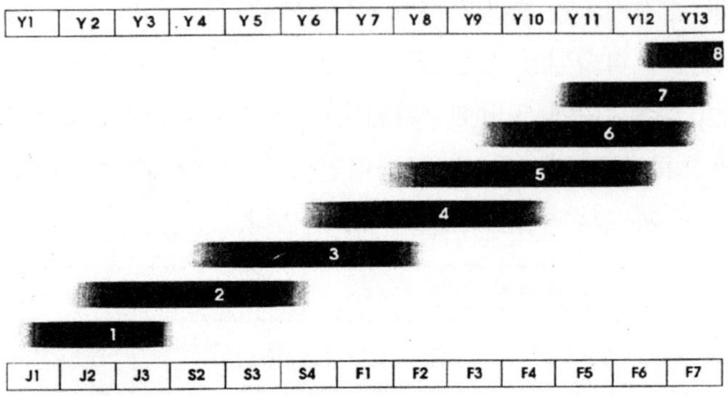

그림 9·6 뉴질랜드 초·중·고등학교에서의 학년과 각 수준 간의 관계[6)]

이 수준들이 그림에서 보면 마치 누가 빨리 뛰어 올라갈 수 있는가를 보여주는 사다리의 발판이나 계단처럼 보이지만 그런 의미는 아니다. 또한 새로운 단계로 나아가기 전에 모든 학생들이 통과해야 하는 허들처럼 설명할 수 있는 것도 물론 아니다. 단지 모든 학생들이 학습에서 이루는 성취 정도를 명쾌하게 학부모에게 설명할 수 있는 토대를 제공해주는 것으로, 성취수준이 수준별로 상당 부분 겹쳐 있고 학년별 연계성을 고려하고 있다. 뉴질랜드에서는 상대적으로 우리나라보다 학습 내용이 교육과정과 어떻게 연관되고 있는가를 상당히 중요시하고 있었으며 초등학교에서 중학교로 가면서 급격한 비약과 단절이 있는 한국의 성취수준과는 상당한 차이가 있음을 알 수 있다.

③ 학생들의 활동사례

㉠ 구술 평가(oral language assessment)

이름______________ 날짜________________

성취목표: 3수준

텍스트를 사용하여 말하기: 다양한 장르의 텍스트를 사용하여 이야기를 말하고, 암송하고, 큰소리로 읽고, 의미를 분명하게 제시하고 전달하기 등

6) [그림 9·6]에서 아래 줄의 학년표시인 J1, J2, …, F7은 뉴질랜드의 구 교육과정에서 사용되었고 지금은 위의 줄에 있는 Y1, Y2, …, Y13을 사용하고 있으며 가운데에 있는 8단계는 교육과정의 각 영역에서 언급하고 있는 수준(level)을 나타낸다(Ministry of Education, 2008, p. 17; 최창우, 2004 재인용).

표 9·6 구술평가 체크리스트

학습 결과	초보적 수준	보통 수준	목표 달성
준비한 말을 자신 있게 전달하기	✓		
적절한 톤과 속도를 사용하여 분명하게 말하기	✓		
청중을 끌어들이는 능력		✓	
편안한 자세로 청중과 눈을 마주치기	✓		
코멘트 처음 하는 것 치고는 아주 잘하였다. 계속 연습하고 경험을 쌓으면 자신감이 생길 것이다.			

㉡ 수학 평가

이름________________ 날짜________________

성취목표: 3수준

수(number):

수 계산과 어림 및 도형에 대한 탐구

표 9·7 수학평가 체크리스트

학습 결과	초보적 수준	보통 수준	목표 달성
임의의 범자연수에 대한 자릿값의 의미 설명하기	✓		
소수 둘째 자리까지 수의 자릿값의 의미 설명하기	✓		
분수 및 소수의 양과 관련되는 문제를 해결하기	✓		
현명한 어림하기			✓
도형들의 연관성 찾기		✓	
코멘트			

수학평가: 수(number)

1. 다음에서 숫자 6의 자리와 그 값은 무엇인지 쓰시오.
   ① 657　　② 458.26　　③ 677392

2. 다음 수들을 작은 것부터 큰 것까지 순서대로 놓아보시오.
   63.8　　68.3　　68.38　　67　　67.5

3. 다음 자릿값으로부터 만들 수 있는 소수 둘째 자리까지의 가장 큰 수를 만들어보시오.
   1, 3, 5, 7, 4, 2

4. 원영이는 400달러 하는 텔레비전 세트를 사려고 한다. 매주 6.50달러씩 1년 동안 저축한다면 얼마를 더 저축하여야 할까?

5. 학교에서 열리는 연주회에 입장할 수 있는 표가 1384장 팔렸다. 1272명의 사람들이 이미 도착해 있다면 얼마나 많은 사람들이 더 와야 할까?

6. 멀리뛰기 시합에서 재헌이는 3.39m, 용택이는 3.417m 그리고 상우는 3.5m를 뛰었다면 1등, 2등, 3등은 각각 누구인가?

7. 다음 각 분수들의 동치분수(equivalent fraction)를 쓰시오.
   ① 1/2　　② 1/8　　③ 5/8　　④ 3/4　　⑤ 1/3

8. 다음 분수를 소수로 고쳐보시오.
   ① 1/3　　② 2/5　　③ 50/100　　④ 7/10

9. 다음 소수를 분수로 고쳐보시오.
   ① 0.6　　② 0.75　　③ 0.9　　④ 0.80　　⑤ 0.25

10. 다음 중에 어느 것이 48×21에 가장 가까운 답인가?
    ① 100　　② 500　　③ 700　　④ 1000

11. 그림의 위쪽에 있는 두 도형들은 서로 연관성을 가지고 있다. 마찬가지로 아래쪽에 있는 도형들도 위쪽에 있는 도형과 연관성을 가지고 있다. 그 도형들을 찾아보시오.

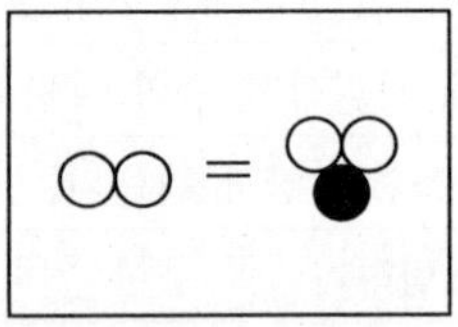

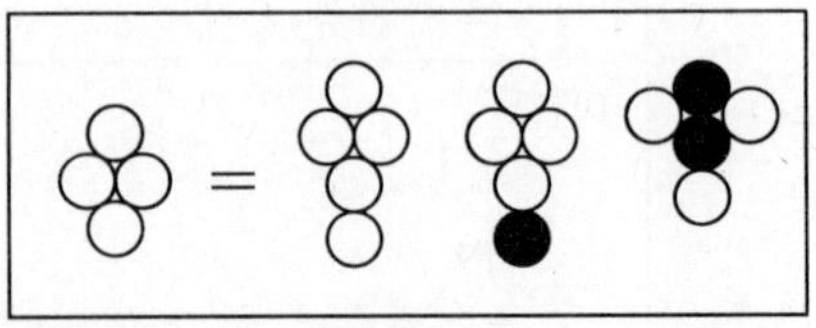

①　　②　　③

㉢ 자기반성 및 목표설정

표 9·8 학생들의 자기반성

내가 잘한 것은 ~이다.
내가 좀 더 노력해야 할 필요가 있는 것은 ~이다.
다음 학기 Term4 의 목표 1. 2.
학생 사인 ______________ 학부모 사인 ______________ 담임교사 사인 ______________

구술평가의 텍스트를 사용하여 말하기는 우리나라의 교실에서는 잘 볼 수 없는 좀 색다른 것으로 보인다. 그리고 수학평가에서 우리나라에서는 3학년에서 분모가 10인 여러 가지 분수를 활용하여 소수를 처음 도입하는데 뉴질랜드에서는 소수점 둘째 자리까지 수의 자릿값의 의미 설명하기, 소수를 분수로, 분수를 소수로 고치는 문제까지 다루고 있다. 그리고 뉴질랜드의 초등수학에서도 우리나라와 마찬가지로 어림을 실제 수업에서 강조하고 있음을 알 수 있다.

또한 포트폴리오의 각 활동사례에서 보듯이 교육과정의 수준을 분명히 명시해 놓고 있다는 점이 우리와는 다른 특이한 점이라 할 수 있다. 학기를 마칠 무렵에는 자기반성과 다음 학기에 대한 목표설정 등이 들어 있는 것을 눈여겨 보아야 할 것이다.

9.3.5 학습일지 평가

(1) 학습일지

우리나라 초등학교에서는 대부분의 수학수업 시간에 교사가 수업한 내용을 학생들은 공책에 필기한다. 학생들은 자신이 필기한 공책 내용을 바탕으로 집에서 복습도 하고, 시험 때가 되면 선생님이 필기해준 공책 내용을 중심으로 시험 준비를 한다. 학습일지도 공책 이상의 효과를 발휘한다. 학습일지(journal)란 학생들이 학습한 수학의 내용과 수학 또는 수학 학습에 대한 태도나 느낌 등을 솔직하게 기록한 것이며 더욱이 이로부터 자신의 사고 패턴을 발견하도록 도울 수 있는 기록이다.

자유롭게 쓰기처럼, 일지 쓰기 또한 개인적이며 수학을 발전시키는 활동이다. 잠재적인 아이디어를 표현할 때 맞춤법이나 문장 구조 등 문법적인 오류를 중요시하지 않는다면, 학생들은 교사에게 배우는 것보다 훨씬 강력하고 중요한 수학적 발전을 이룩하며 자신과의 브레인스토밍 기회도 얻는다. 최인숙(1988)은 초등학생을 대상으로 일지 쓰기를 한 그룹과 그렇지 않은 그룹 간에 학업성취와 수학적 태도에서 유의미한 차이가 있음을 확인하였으며, 일지 쓰기가 수학적 사고의 명료화와 개념의 이해에 도움을 준다고 하였다.

학습일지는 학생의 지식뿐만 아니라 학생의 사고 방법을 평가하는 데 사용될 수도 있다. 나아가서, 학습일지에 문제해결 능력을 평가하고 문제해결 전략 사용에 대한 반성을 기록함으로써 자기평가 자료로 사용할 수도 있다. 학습일지는 학생이 이해한 또는 이해하지 못한 수학적 개념들에 대하여, 또는 그들이 할 수 있는 기능과 할 수 없는 기능에 대하여 기록하게 함으로써 메타인지의 발달을 모니터링하는 데 사용될 수 있다.

(2) 학습일지 작성

수학적 의사소통 기능과 능력을 향상시키는 한 중요한 방법은 수학에 관한 글을 쓰게 하는 것이다. 많은 아동들이 국어나 사회 등 다른 교과에서 글을 쓰는 것에는 통상적으로 해왔던 것이기에 익숙하나 수학에 대해 글을 쓴다는 것은 다소 생소할 수 있다. 일지 쓰기는 주제와 학습목표에 따라 다양하게 활용할 수 있으나 수학학습일지 쓰기에 관해 교사들은 아동들에게 다음과 같은 사실들을 고려하여 지도하여야 한다.

① 문제를 해결한 방법이나 활동을 그대로 기록하게 한다.
② 그날 수학수업에 결석한 친구에게 자신이 공부한 내용에 관한 편지를 써보게 한다.
③ 자기보다 낮은 학년의 학생에게 문제를 해결하는 방법을 설명하는 글을 쓰게 해본다.
④ 학생이 기록해야 할 글의 윤곽이나 학생의 응답을 요구하는 질문을 미리 제시하는 방법이 있다. 이 방법의 구체적인 양식은 [표 9·9]와 같다.

표 9·9 학습일지의 모델

학습일지 번호: ____________ 학생 이름: ______________ 일시: _____________________ 오늘의 수학 주제는? 오늘 배운 것 중에서 가장 중요한 핵심 사항은 무엇인가? 어려운 문제나 이해가 잘 되지 않은 내용은 무엇인가? 더 공부할 필요가 있는 것은 무엇인가? 다음 수업을 위해 준비할 학습 내용과 준비물은 무엇인가?

(3) 학습일지 등급화

학습일지는 학생들의 흥미, 수학에 대한 태도의 변화 등에 관한 정보를 얻을 수 있다. 학생들은 일지 쓰기를 통하여 다른 방법으로는 교사에게 표현하기 어려운 개인적인 입장이나 자기의 관심을 글로 표현할 수 있다.

학습일지에 대한 등급화는 매우 주의 깊게 다루어져야 한다. 이를테면, 학습일지의 목적이 학생들의 태도나 느낌에 대해 글을 쓰게 한 것이라면, 수치로나 문자로 등급을 매기는 것보다는 문장으로 수준을 언급하는 것이 좋을 것이다. 문제해결 과정을 기록한 것일지라도 창의성을 상실하지 않도록 평가하는 것이 중요하다. 일지쓰기의 근본목적은 의사소통을 촉진하는 것이다.

수학과의 학습평가

교재연구문제

01 수학과 학습지도 과정에서 실시하는 평가의 결과는 어떻게 사용할 수 있는지에 대하여 설명해보시오.

02 우리나라 초등학교와 뉴질랜드 초등학교에서의 포트폴리오 평가는 어떤 점에서 차이가 있는지를 말해보시오.

03 현재 초등학교 현장에서 실시되고 있는 평가방법을 조사하여 보고, 본문에서 제시한 여러 가지 평가방법과 비교 분석해보시오.

04 관찰 및 면담법의 기록 방법에는 어떠한 것이 있으며 각각의 장단점은 무엇인지 말해보시오.

05 최근 들어 논의되고 있는 다양한 평가방법에 대해 알아보고, 이러한 평가방법을 우리나라의 현장에 적용하려고 할 때 예상되는 문제점으로는 어떤 것들이 있는지를 알아보시오.

06 분석적 채점 방법과 총괄적 채점 방법은 어떻게 서로 다르며 각각은 어떠한 장단점이 있는지 설명해보시오.

10 초등수학에서의 STEAM 교육

지금까지 수학교과에 대한 사람들의 인식은 주로 지식과 기능의 숙달, 즉 얼마나 많은 지식을 정확하게 틀리지 않고 학습하였는가 혹은 답을 내는가에 강조점을 두고 있었다 해도 과언이 아니다. 또한 학습자의 입장에서는 교과서의 내용을 배우면서도 이것을 왜 배우는지, 우리 실생활의 어디에 사용되는지, 계산에서의 순서는 왜 이렇게 해야 하는지, 이들 개념의 차이는 무엇인지, 이렇게 할 수 없는 이유는 무엇인지 등과 같은 많은 의문을 가질 수 있다. 만약 이와 같은 의문들을 학생들이 이해할 수 있도록 교사가 분명하게 지도하지 못한다면 학습의욕은 그만큼 줄어들 수밖에 없다.

이에 대한 대안[1)]으로 등장한 것이 융합인재교육이며 그 시작은 1990년대 초로 거슬러 올라가 지금까지의 세분화된 학문을 융합하여 서로 간의 경계를 무너뜨리고 융합하고자 하는 미국 과학교육에서의 STEM으로부터 출발하였다. 이러한 미국의 STEM 교육 정책의 영향으로 우리나라 교육과학기술부에서도 2011년에 초·중등교육을 위한 STEAM 교육 정책을 도입하게 되었다.

미국의 STEM 교육을 분석한 이효녕(2011)의 연구보고서에 따르면 우리나라에서는 STEAM 교육을 초등학교 3학년부터 실시하는 것이 중요하다고 하였으며 이를 위하여 교육과정에 STEAM 교과를 신설하여 과학 또는 실과 교과에서 주도적으로 STEAM 교육을 시키도록 권고하고 있다(김진수, 2012에서 재인용). 그러나 일선 현장에서 수학교과에서의 융합인재교육을 어떻게 실천할 것인지에 대한 이론이나 접근방법은 아직도 구체화되지 않은 상황이며 융합인재교육에 대한 논의 역시 범교과적인 차원의 일천한 수준에 머물러 있는 것이 사실이다.

따라서 이 장[2)]에서는 융합인재교육의 초등학교 적용방안 중 수학교과를 중심으로 교육과정 재구조화를 통한 융합 수학수업의 주제를 개발하고, 이를 실제 수학수업에 적용할 수 있는 방안을 알아본다.

---

1) 여기서 대안이라는 말 속에 함축된 의미는 지금까지의 교육이 지식과 개념을 위계에 따라 원리 및 개념 중심으로 진행되는 학교의 수학 수업이 왜 배우는지, 실생활 어디에 사용되는지에 대한 교육이 부족하다는 것이다. 다시 말해 실생활과 연계한 자연스러운 과정을 통해 학습한다면 학생들의 이와 같은 의문은 풀릴 것이다. 이는 곧 최근 창의적인 사고력과 문제해결능력을 키우는 것을 목표로 하는 우리나라의 수학교육 선진화 방안과 NCTM의 수학과 교수·학습의 과정규준 가운데 연결성과도 일맥상통한다고 볼 수 있다.

2) 이 장은 최창우·홍선주·홍중훈(2013)의 《교육과정 재구조화를 통한 융합인재교육(STEAM) 수학과 중심 수업주제개발 및 적용방안 모색》을 요약한 것이다.

10.1 융합인재교육

10.1.1 STEAM 교육의 의미

STEAM은 과학(Science), 기술(Technology), 공학(Engineering), 예술(Arts), 그리고 수학(Mathematics)의 각 첫머리 글자를 의미하는 것으로, 미래의 유능한 인재를 양성하기 위해서는 과학, 기술, 공학, 예술 및 수학을 융합한 형태의 교육이 이루어져야 한다는 것이다. 여기서 말하는 '융합'의 의미는 제7차 개정교육과정에서 제시한 '연결성', 또는 NCTM에서 제시한 과정규준의 '연결성'과 같은 의미로 해석할 수 있다. 따라서 STEAM 교사는 융합 접근 방법으로 다섯 과목을 역동적이며 연계된 형태로 가르치게 된다.

만일 STEAM 교육 아래에서 과학, 기술, 공학, 예술, 수학이 각각 분리되어 가르쳐지고 있다면 STEAM 교육은 새로운 개념이 아니다. STEAM 교육은 다섯 개의 과목 중에서 적어도 2개 이상의 과목을 융합하여 가르치는 것을 말한다(배종수, 2011). 이는 기존의 학문 분야라는 틀에서 완전히 탈피하여 모든 예술과 인문사회 학문영역을 과학·기술·공학의 시각과 관점에서 접목된 일종의 통합교육 방식이 실행되어야 한다는 뜻으로 해석할 수 있다.

결론적으로 STEAM 교육이란 과학, 기술, 공학, 예술, 수학의 과목 또는 내용을 통합하여 가르침으로써, 과학기술에 대한 학생들의 흥미와 이해력을 높이고 창의적 문제해결력을 기를 수 있는 융합교육이라고 말할 수 있다.

10.1.2 STEAM 교육의 필요성

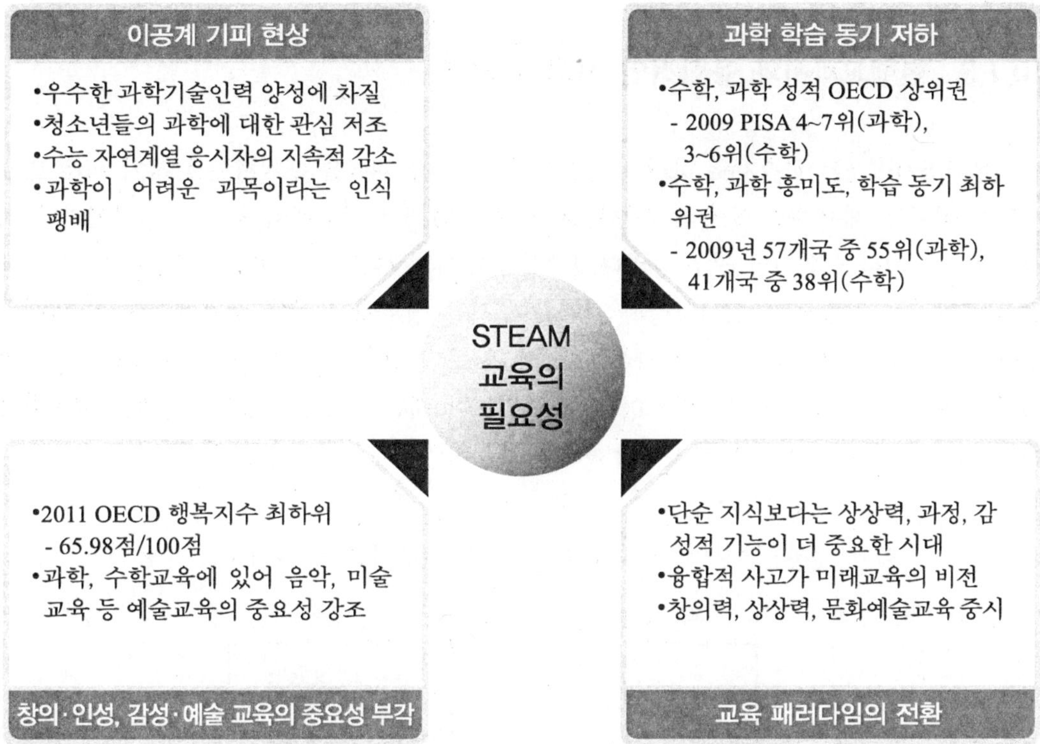

그림 10·1 STEAM 교육의 필요성(대구부설초등 융합인재교육 시범학교 운영보고서, 2011)

STEAM 교육의 필요성을 몇 가지 측면에서 [그림 10·1]과 같이 나타낼 수 있으나 지금까지의 관련 문헌이나 선행연구 등을 통해 다음과 같이 그 필요성을 요약할 수 있다.

① 21세기는 융합적 지식과 사고를 기반으로 해결해야 하는 문제들, 이를테면 지구온난화, 자원부족 등이 곳곳에 산재해 있다.
② 종합적인 문제해결력을 갖춘 인재양성을 필요로 한다.
③ 실생활과의 관련성을 더욱 높일 수 있고 학생들의 흥미를 끌 수 있는 수업이 절실히 요구된다.
④ 통합적이고 전체적으로 보는 능력을 배양하는 교육, 즉 나무와 숲을 함께 볼 수 있는 능력을 키우기 위해 필요하다.

⑤ 융합기술에서는 10년 전의 과학, 기술, 공학은 아무런 의미가 없는 지식이 될 수 있으므로 최신의 급변하는 융합기술 변화에 빠르게 대처하는 교육이 필요하다.

10.1.3 현행교과서와 융합적인 사고의 고찰

현행교과서에서는 학습자로 하여금 생활 속에서 수학 개념을 생각하도록 하기 위해 발생 가능한 상황을 제시하고 있으나, 대부분의 상황이 학생의 입장에서 보면 현실적이지 못하고 단편적이거나 인위적인 경우가 많다. [그림 10·2]는 4학년 2학기의 사각형과 다각형 단원에서 제시한 상황으로, 정사각형의 넓이를 구하는 상황에서 선물 상자와 달력의 넓이를 구하도록 하고 있다. 둘의 연관관계는 없으며, 선물의 경우는 실제 발생 가능하나 달력의 넓이는 선물 포장과도 관계가 없으며 넓이를 알아야 하는 필요성도 없다. 문제를 해결해야 하는 필요성에 대한 이해가 부족하며 한 차시의 도입문제 중 하나에 불과하다.

1 모양이 정사각형인 물건의 넓이를 구하시오.

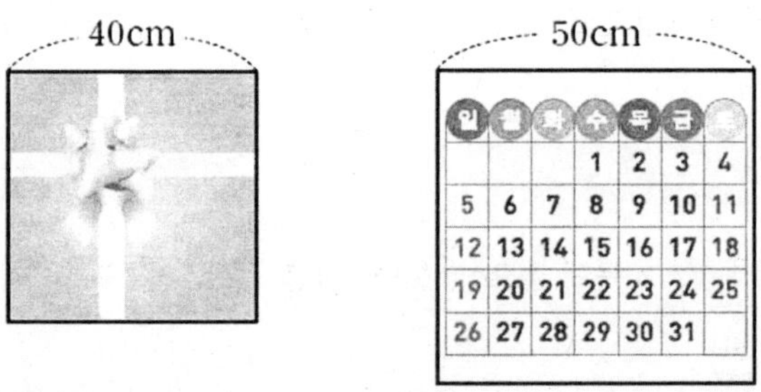

그림 10·2

또한 [그림 10·3]에 제시된 교과서의 도입과 전개를 보면 실제 학생들이 활동하고 그 과정 경험을 통해 학습하는 것이 아니라 단순히 문제를 푸는 활동으로 느껴지게 만들어 흥미를 가지기 어렵다. 도입부에서 제시되는 상황은 유목적적이고 이 목적은 수학활동을 통하여 효과적으로 해결하여야 한다.

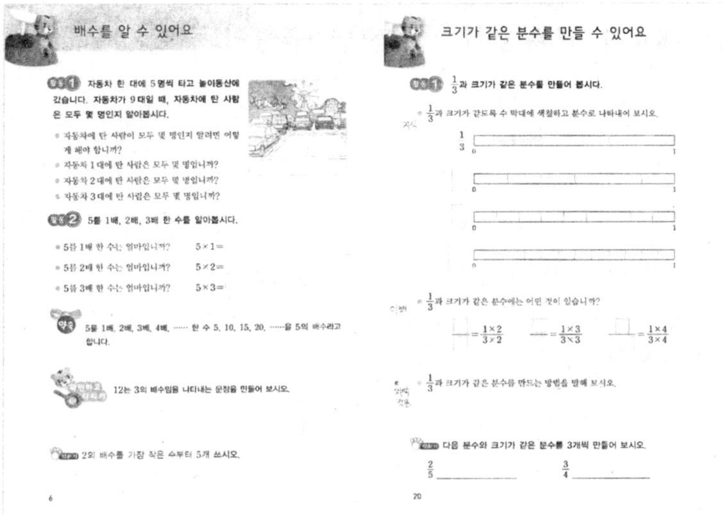

그림 10·3

비율그래프를 알아보는 활동 중, 학교 전체의 선호도를 실제 조사해보거나 조사한 결과에 따라 반 대항 운동 경기를 실시해보는 것이 있다. 교실에서 배운 수학적 사실을 실제적으로 쓰도록 하는 기회를 제공하는 것으로 이러한 방향은 2009 개정 교육과정 적용 교과서 개발과정에서 고려되고 있는 중요한 부분이다.

10.1.4 융합인재교육 교과중심 프로그램 개발절차

융합인재교육 교과중심 프로그램에는 반드시 정해진 것은 아니지만 주로 프로그램 개요, 주제 개요, 학습 목표, STEAM 과목 요소, STEAM 단계 요소, 프로그램 제작 의도, 차시별 계획 총괄표, 평가 계획, 차시별 교수·학습과정안, 교사용 참고자료 등이 들어갈 수 있으며 대체적으로 [그림 10·4]와 같은 절차를 거쳐 개발된다.

중심 교과 교육과정 분석 → 학습요소 선정 → STEAM 요소와 연계 → 교육과정 재편성 (주제, 학습 유형, 관련 교과선정) → 교수·학습 과정안 작성 → 수업 전개 → 수업 평가

그림 10·4 융합인재교육 교과중심 프로그램 개발절차

10.1.5 융합인재교육 교과중심 프로그램 구성 요소

① 프로그램 개요
- 주제명
- 적용 학년 및 시기
- 적용 모형: 주제중심형, 프로젝트형, 문제해결형
- 차시별 단계: 주제 확인 단계, 탐색 및 탐구활동 단계, 탐구결과 처리 단계
- 소주제 및 주요 내용
- 관련 교과: STEAM 관련 교과

② 주제 개요

③ 학습 목표
- 중심 교과 교육과정 목표 + 관련 교과 교육과정 목표
- 내용 목표 + 과정 목표로 제시

④ STEAM 과목 요소

⑤ STEAM 단계 요소
- 상황 제시[3)], 창의적 설계[4)], 감성적 체험[5)]

⑥ 프로그램 제작 의도

⑦ 차시별 계획 총괄표

⑧ 평가 계획

⑨ 차시별 교수·학습과정안

⑩ 교사용 참고자료

---

3) 학생들이 주어진 상황의 실생활 문제를 자기 문제로 인식하도록 동기부여 하기 위한 장치이다. 이는 교사 주도의 수업에서 학생 중심의 수업으로 전환하는 것을 의미하고, 학생들이 문제에 몰입하도록 해준다. 학생이 문제를 자기문제로 인식하고 학습주제에 관해 관련성을 확보하기 위해서는 수업을 시작할 때 훨씬 정교한 시나리오 제시나 발문이 필요하다.

4) 주어진 상황에서 문제를 해결하기 위하여 창의적으로 설계를 하는 과정을 의미한다. 실생활 문제에서 나타나는 여러 가지 제약 조건 속에서, 문제를 정의하고 최선의 해결책을 만들어나가는 과정이 바로 창의적 설계 과정이다. 설계 과정에는 여러 학문의 지식이 필요하고, 모둠 활동의 경우 구성원들 간의 협동이 문제해결에 중요한 열쇠를 제공할 수 있다. 창의적 설계는 학생들의 문제 정의 능력과 문제해결 능력을 증진시키는 데 그 목적이 있다.

5) 감성적 체험은 학생의 흥미와 동기부여를 위한 요소이다. 학습에 대한 성공을 경험하면, 새로운 문제에 도전할 수 있는 용기가 자라게 된다. 이를 통해 문제에 몰입하는 능력도 자란다. 활동에 대한 피드백과 성과에 대한 보상이나 격려를 통해 학생들의 감성적 체험을 강화할 수 있다.

10.1.6 STEAM 교육 체크리스트

기본적인 STEAM 교육의 개념과 핵심 요소만을 가지고 학교에서 운영되는 다양한 교육 프로그램이 STEAM 교육에 부합하는지를 판단하는 데는 어려움이 따른다. 이혜원(2012)은 보다 세부적으로 융합인재교육의 요소를 [표 10·1]과 같이 몇 가지 기준을 가지고 구분할 수 있다고 하였다.

표 10·1 STEAM 교육 체크리스트

<table>
<tr><th colspan="2">구 분</th><th>세부요소</th><th>설 명</th></tr>
<tr><td colspan="2">STEAM 교육 목적</td><td>융합인재양성</td><td>융합형 인재 양성 목적에 부합하는가?</td></tr>
<tr><td colspan="2" rowspan="3">STEAM 교육 개념</td><td>학생흥미증진</td><td>학생의 과학기술에 대한 흥미를 높이도록 설계되었는가?</td></tr>
<tr><td>실생활 연계</td><td>실생활 속의 과학기술과 연관된 주제인가?</td></tr>
<tr><td>융합적 사고력 배양</td><td>학생의 융합적 사고력을 배양하도록 프로그램이 설계되었는가?</td></tr>
<tr><td rowspan="14">STEAM 교육 활동 준거</td><td rowspan="2">상황 제시</td><td>상황 제시</td><td>전체 프로그램을 아우르는 상황을 제시하였는가?</td></tr>
<tr><td>자연스러운 융합</td><td>과학, 수학, 기술, 공학, 예술 교과가 자연스럽게 융합되도록 설계되었는가?</td></tr>
<tr><td rowspan="8">창의적 설계</td><td>학생 중심</td><td>교사 중심에서 벗어나 학생이 주도적으로 참여하는 학생 중심으로 프로그램이 설계되었는가?</td></tr>
<tr><td>아이디어 실현</td><td>프로그램에 학생이 자신의 아이디어와 발상을 반영할 수 있도록 설계되었는가?</td></tr>
<tr><td>자기 문제화</td><td>학습자가 학습 주제를 자기 문제로 인식하도록 수업이 구성되었는가?</td></tr>
<tr><td>학습 방법</td><td>개념을 교사가 직접 설명하지 않고 활동을 통해 학생이 깨우치도록 설계되었는가?</td></tr>
<tr><td>과정, 활동 중심</td><td>결과보다 과정이, 지식보다는 활동이 강조되었는가?</td></tr>
<tr><td>다양한 산출물</td><td>프로그램의 결과물이 모둠별 또는 개인별로 다르게 산출되도록 설계되었는가?</td></tr>
<tr><td>협력 학습</td><td>동료, 교사, 다양한 도구와의 협력 학습이 이루어질 수 있도록 설계되었는가?</td></tr>
<tr><td>Hands-on</td><td>학생들이 직접적인 체험(hands-on)을 통하여 열정을 가지고 참여할 수 있도록 하는가?</td></tr>
<tr><td rowspan="4">감성적 체험</td><td>성공의 경험</td><td>학습자가 성공을 경험하도록 설계되었는가?</td></tr>
<tr><td>새로운 도전 요소</td><td>연계된 활동에 새로운 도전을 하도록 설계되었는가?</td></tr>
<tr><td>자기평가</td><td>학습자가 스스로 활동을 평가할 수 있는 기회를 제공하였는가?</td></tr>
</table>

10.1.7 융합인재교육 수업유형

교과 내 수업형	교과 연계 수업형	교육과정 재구성 창의적 체험활동 방과후학교 활용형
하나의 중심 교과에 과학, 기술, 공학, 예술, 수학 요소 연계	주제 중심으로 관련된 여러 교과를 연계	주제 중심으로 전체 교육과정을 재구성하거나 별도의 프로그램 개발

그림 10·5 융합인재교육 수업유형

이를테면, 수학교과의 STEAM 교육 유형은 다음 그림과 같이 수학 교과 중심의 STEAM 자료이고 수학교사가 수학 수업에 적용할 수 있는 STEAM 프로그램이다. 수학교사는 수학 시간에 STEAM 수업을 통하여 과학, 기술, 공학, 예술의 내용을 연계하여 가르칠 수 있다.

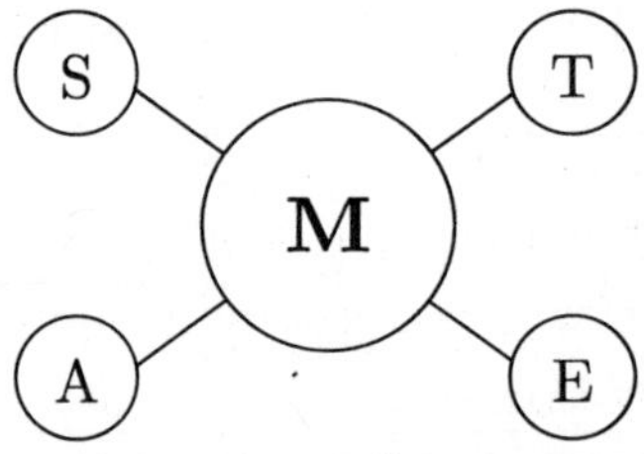

그림 10·6 수학과 중심 STEAM

10.1.8 외국의 STEAM 교육 동향과 우리나라 STEAM 교육의 배경

외국의 교육과정에서도 융합인재교육의 사례를 찾아볼 수 있는데, 미국과 영국의 STEM 교육, 싱가포르의 수학·과학 교육 강화, 이스라엘의 '모든 이를 위한 수학·과학·기술' 등이 기초과학을 강조한 융합교육과정이다(최지영·배종수, 2011).

학문적인 측면에서는 뇌과학, 심리학, 물리학을 융합하여 인지과학이라는 분야가 생겨났으며 나노 기술이 의학, 반도체 등 다양한 분야에서 연구되고 있다. 또한 인문학, 과학 등 서로 다른 학문의 특성을 융합하여 새로운 아이디어를 만들어내는 사람들도 있다. 이를테면, “나의 상상력은 IT기술과 인문학의 결합에 기초한다.”고 했던 스티브 잡스, “인문학이 없었다면 나도 없고 컴퓨터도 없었을 것이다.”라고 한 빌 게이츠 등이 모두 한 분야의 전문가이면서 동시에 다른 분야에도 폭넓은 식견을 갖춘 융합형 인재의 대표적인 인물이라고 할 수 있다.

우리나라에서는 2000년부터 적용되었던 제7차 교육과정부터 교육의 핵심으로 줄 곧 강조되어왔던 창의성 신장 등이 기본적으로 STEAM 교육과 연관되어 있다고 볼 수 있다. 따라서 교육과학기술부는 2010년 12월 17일 청와대에서 ‘2011년 업무계획보고’에서 창의적인 융합인재 양성을 위한 초·중등 STEAM 교육을 강화하겠다고 발표하였다. 그러나 미국의 STEM이 주로 기술 교육 중심에 뿌리를 두고 있다면 우리나라의 STEAM 교육은 주로 수학, 과학 등의 기초학문을 토대로 기술 공학의 연계성과 예술적 소양 함양을 목표로 한 융합형 교육에 초점을 두고 있다. 그리하여 궁극적으로는 학생들이 과학기술에 대한 융합 개념을 형성하는 것도 중요하지만, 낮은 과학 효능감과 자신감, 과학에 대한 흥미 등을 증진시킴으로써 과학학습에 대한 동기유발을 목적으로 설정하고 있다.

10.1.9 우리나라 초등학교와 관련한 STEAM 교육의 연구동향

우리나라 STEAM 교육 정책은 2011년에 도입되었으며 한국과학창의재단에서 주로 여러 가지 사업을 관리·수행하고 있다. 2011년 한 해 동안 국내에서 수행된 STEAM 연구(시범)학교는 총 16개교이고 그중 초등학교 8개교, 중학교 5개교, 고등학교 3개교이다. 이들 연구(시범)학교 가운데 초등학교의 연구주제들을 살펴본 결과, 대부분이 다음과 같은 내용들에 관심의 초점이 맞춰져 있었다.

① 융합인재교육 수업모델 및 적용방안 탐색
② 융합인재교육 프로그램 개발 및 적용
③ STEAM 교육 적용을 통한 창의적 문제해결력 신장
④ 융합인재교육을 통한 학습흥미도 향상
⑤ 융합인재교육을 위한 교육용 콘텐츠개발
⑥ 융합인재교육 자료개발
⑦ 융합인재교육 교육과정 개발

10.1.10 융합형 STEAM 교육과 초등수학교육의 연계를 위해 고려해야 할 점

융합형 STEAM 교육과 초등수학교육의 연계, 즉 주제선택이나 프로그램 개발 시에 고려해야 할 점은 다음과 같다(최지영·배종수, 2011).

① 교과의 기본 학습내용을 포함하고 있어야 하며 다음과 같이 학생들이 창의성을 발휘할 수 있는 흥미로운 소재[6]여야 한다.
- 분수수업에서 급식에 나오는 밥을 어림하여 학생 수만큼 등분해보기
- 소수를 배운 후 체육시간에 친구들이 달린 기록을 빠른 순서대로 늘어놓아 보는 것
- 개방형 문제
- 즉각적으로 답을 하는 문제가 아닌 오랫동안 고민해야 하는 문제

② 활발한 의사소통이 일어날 수 있는 수업 분위기가 조성되어야 한다.
- 학생과 학생
- 학생과 교사
- 교사의 효과적인 발문

③ 평가는 학생의 창의적인 생각을 점수화·서열화하기보다 학생의 변화과정을 관찰하는 방향으로 이루어져야 한다.
- 얼마만큼 정확하게 문제를 풀 수 있는지보다는 수업의 진행과정에서 학습자가 어떻게 참여하고 있는지와 무엇을 해결할 수 있는 능력이 있는지에 초점이 맞춰짐
- 교수·학습의 개선을 위한 피드백 자료로 활용

④ 기초·기본 교육이 소홀해지지 않도록 주의해야 한다.

6) 흥미롭고 도전적인 소재는 학생들의 동기를 유발하고 수업 참여를 높일 수 있다. 아리타 가츠마사라는 일본 아이치교육대학 교수는 초등학교 교사 시절 소재의 좋고 나쁨이 수업의 70%를 좌우한다고 하며 소재 개발을 위해 노력했다고 한다.

10.2 수학과 중심 융합수업

10.2.1 스토리텔링과 수학과의 만남

스토리텔링을 수학교육에 적용하는 것에 대한 연구는 초등에서 자주 활용되고 있으나 수학 역사와 관련되어 주로 활용되고 있다. 스토리텔링은 수업내용을 구체적 맥락과의 연관 속에서 파악할 수 있도록 할 때 학습자들에게 수업내용을 의미 있게 이해하도록 도움을 줄 수 있다. 또한 스토리텔링의 풍부한 맥락은 학습자의 감성과 상상력을 자극하여 학습에 흥미를 유발시키며 바람직한 태도를 형성하는 데 효과적이다. 더불어 언어적인 스토리텔링에서 멀티미디어적인 접근을 취한 디지털 스토리텔링은 학업성취도에도 효과적인 것으로 알려져 있다.

(1) 차시 학습문제 제시로서의 이야기

누구 땅이 더 넓을까? (평행사변형의 넓이 구하기)
민수와 언수는 친한 친구입니다. 두 사람은 고개를 하나 넘어 서로 다른 마을에 살고 있습니다. 두 사람 모두 농사를 짓는데, 대대로 내려오는 작은 자투리땅이 하나씩 있습니다. 민수네 밭은 언수네 마을에, 언수네 밭은 민수네 마을에 있었습니다. 별로 크지 않은 땅에 농사를 짓기 위해 고개를 넘어 다니는 일이 참 불편했습니다. 그런데 특이하게도 고개 넘어 서로 다른 마을에 있는 민수네 밭과 언수네 밭의 모양은 마치 평행사변형처럼 생겼습니다. 누구의 땅이 더 넓은지 어떻게 알 수 있을까요?

학교에서 알뜰 바자회를 열었습니다. 어머니 2명이 오셔서 도와주셨습니다. 진희는 친구들과 물건을 사려고 합니다. 책 200원짜리 5권, 신발 500원, 장난감 300원, 필통 400원짜리 4개, 연필 100원짜리 10개 등을 팔고 있었습니다. 알뜰 바자회에서 800원을 사용하려고 합니다. 진희가 살 수 있는 물건을 말해봅시다.

그림 10·7

(2) 수학 동화

수학 동화는 그림과 이야기 속에 수학적인 내용을 자연스럽게 접목시켜 학생들에게 수학적 기초를 다지고 수학적 사고력을 바탕으로 창의력, 논리력, 추리력, 문제해결 능력 등 종합적 사고 능력을 길러주기 위해 꾸며 쓴 것을 말한다. 실생활이 반영되거나 비슷한 맥락을 지닌 동화는 학생들에게 문제 상황과 그 속에서 해결책을 찾게 하기 때문에 수학을 더 친숙하게 느끼게 되며, 그 속에서 스스로 문제의식을 느끼고 해결할 수 있도록 하여 학습 효과를 높일 수 있다. 다음은 수학 동화의 예시로 학습내용을 변화시켜 다양한 학년에서 지도 가능하다.

자꾸자꾸 초인종이 울리네

- 엄마가 만들어주신 과자 12개를 샘과 빅토리아 둘이서 나누어 먹으려는데, 먹으려고 할 때마다 자꾸자꾸 초인종이 울리고 과자를 나누어 먹어야 할 친구들이 자꾸자꾸 늘어나며 어떻게 나눠 먹어야 할지 생각해보는 이야기
- 나눗셈, 약수 등

그림 10·8

(3) 멀티미디어 동화

과학·기술이 발달함에 따라 영화나 TV 등의 영상 매체, 게임, UCC, 블로그와 같은 멀티미디어 테크놀로지를 비롯하여 소셜미디어도 폭발적으로 성장하였다. 이러한 시대에 살고 있는 디지털 세대인 학생들은 재미를 중요시하고 재미없는 것을 참지 못하는 특성을 가지고 있다. 또한 지식과 정보의 양은 점차 늘어나서 모든 내용을 의미 있게 전달하는 것이 어려워지므로 교육(education)과 재미·오락(entertainment)이라는 두 마리 토끼를 함께 잡는 에듀테인먼트(edutainment)적 접근을 시도한다면 효과를 배가할 수 있다.

10.2.2 실과와 수학과의 만남

(1) 컴퓨터와 수학

3학년 1학기 '8. 길이와 시간'에 나오는 '1km 알아보기'를 할 때 실제 생활에서 1km를 체험하기에는 많은 어려움이 있다. 평소 많은 거리를 걸어보지만 그것이 얼마인지 생각하지 않고 걷기 마련이다. 학생들의 길이에 대한 양감을 실제 생활 속의 거리와 관련을 맺어주기 위하여 학교에서 1km쯤 되는 곳을 짐작하게 한 후 다음이나 네이버 지도를 이용하여 확인해보는 활동을 할 수 있다.

4학년 1학기 '3. 각도'의 경우 도형 속에서 각도를 재는 것에 그쳐 학생들이 흥미를 가지기 어렵고 생활과 동떨어져 있다고 느끼는 경우가 많다. 일상에서 '얼짱 각도'란 표현을 자주 쓰고 있는데 디지털 카메라, 휴대폰 등 간단한 카메라로 찍은 사진에서 각도를 재어보고, 가장 멋지게 나오는 각도를 찾아보는 활동을 할 수 있다. 생활 속에서 흔하게 볼 수 있는 사진들을 보고 사진 속 물건들의 각도를 재어볼 수도 있다.

(2) 계획적인 생활

6학년 1학기 수학의 '6. 비율그래프'와 실과의 '7. 생활자원과 소비'를 통합하여 '계획적인 생활'이라는 주제로 수업을 운영할 수 있다.

표 10·2 용돈 지출내역과 비율그래프

〈용돈 지출내역으로 비율그래프 그리기〉

날짜	받거나 사용한 돈의 내용	수입(원)	지출(원)	잔액(원)
4/1	지난달에 남은 돈	3,000		3,000
4/3	부모님께 용돈을 받음	5,000		8,000
4/5	저축을 함		2,000	6,000
4/7	가위와 공책을 구입함		1,000	5,000
4/10	심부름을 하고 용돈을 받음	1,000		6,000
4/13	친구 생일 선물을 구입함		5,000	1,000
4/17	심부름을 하고 용돈을 받음	2,000		3,000
4/20	종합장을 구입함		1,000	2,000
4/25	떡볶이를 사 먹음		1,000	1,000
합 계		11,000	10,000	1,000

표 10·2 용돈 지출내역과 비율그래프(계속)

1. 한 달 동안 지출한 금액으로 비율그래프를 그려보자.
2. 각 항목별 비율을 알아보자.
   - 저축을 한 돈의 비율= $\frac{2000}{10000} \times 100 = 20(\%)$
   - 생일 선물을 구입한 돈의 비율= $\frac{5000}{10000} \times 100 = 50(\%)$
   - 학용품을 산 돈의 비율= $\frac{2000}{10000} \times 100 = 20(\%)$
   - 간식을 사 먹은 돈의 비율= $\frac{1000}{10000} \times 100 = 10(\%)$

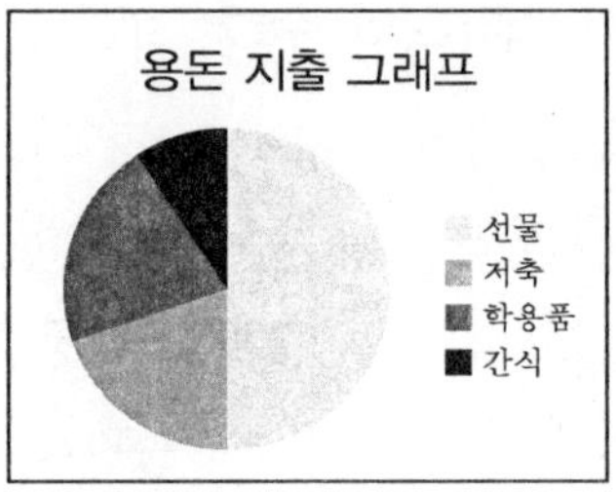

3. 한 달 지출 내역을 이용하여 비율그래프를 그려보자.

	선물	저축	학용품	간식
비율	50	20	20	10

10.2.3 미술과 수학과의 만남

(1) 삼각형의 세계

4학년 1학기 수학의 '3. 각도'와 '4. 삼각형', 미술의 '1. 형과 색'을 통합하여 '무늬 꾸미기'란 주제로 수업을 운영할 수 있다.

[수업의 주요 활동 내용]

① 색종이를 이용하여 직각삼각형 접기를 한다.
② 직각삼각형을 3개 만들어 서로 끼운다.
③ 정삼각형을 만든다.
④ 직각삼각형으로 만든 1개를 펼쳐서 직각삼각형을 만드는 과정에서 생겨나는 각을 재고 기록하며 종이접기 순서를 정리한다.
⑤ 다 만들어진 정삼각형에서 접힌 종이의 모습에서 이루어지는 각의 크기를 재고 알게 된 점 등을 정리한다.

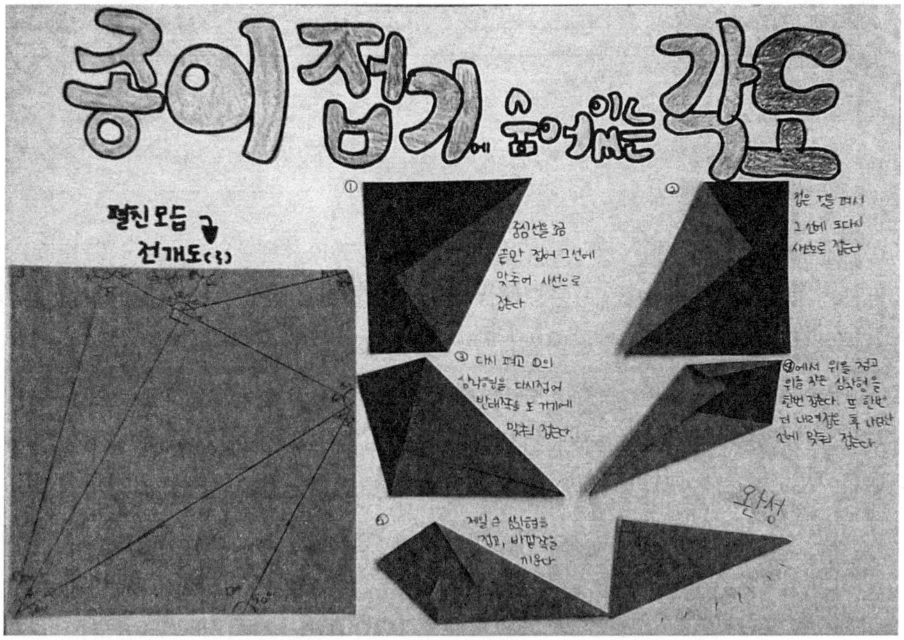

그림 10·9 종이접기에 숨어 있는 각도

(2) 무늬 꾸미기

3학년 1학기 수학의 '5. 평면도형의 이동', 4학년 1학기 수학의 '8. 규칙 찾기'와 미술의 '1. 형과 색'을 통합하여 '무늬 꾸미기'란 주제로 수업을 운영할 수 있다.

[수업의 주요 활동 내용]

① 색종이 2장을 준비하여 한 장을 16등분한다.

② $\frac{1}{16}$ 크기의 색종이를 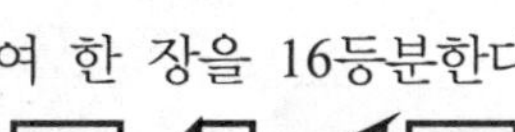의 형태로 접어서 나머지 1장의 색종이에 규칙적으로 붙이면서 무늬를 꾸민다.

③ 규칙을 꾸미기 위해 사용된 도형에서 밀기, 뒤집기, 돌리기 활동의 변화 관계를 설명한다.

④ 만들어진 무늬들의 규칙에서 공통점을 찾아 글로 나타낸다.

⑤ 무늬 꾸미기 작품들을 전시하고 감상한다.

그림 10·10 종이접기를 이용하여 기본 무늬를 밀기, 뒤집기, 돌리기를 활용한 무늬 꾸미기

(3) 시계 만들기

1학년 2학기 '5. 시계', 2학년 1학기 '7. 시간 알아보기'에서 시계 만들기, 1분 체험하기 활동을 통해 학생들에게 시간에 대한 흥미를 유발할 수 있다.

그림 10·11 시계 만들기 체험

(4) 체험으로서의 수학

5학년에서 큰 단위의 넓이를 학습할 때 학생들에게 실제 넓이의 양감을 길러주기 위하여

운동장으로 나가서 1a를 재게 한다. 물론 1㎡를 신문지 등을 이용하여 실제로 만들어보는 것도 좋다.

6학년에서 경우의 수를 공부할 때 실제로 동전 던지기 등을 하려고 하면, 굴러가는 소리가 나거나 주우러 가는 등 산만해지기 쉽다. 실제 체험을 하게 하면서 이러한 문제점을 해결하는 방법으로 투명한 음료수통 속에 동전이나 주사위를 넣고 흔들어서 확인하면 튀어나갈 염려 없이 활동을 할 수 있다.

그림 10·12 1ha는 얼마나 넓은 것일까?

그림 10·13 경우의 수를 알아보기

6학년에서 지름과 원주의 관계를 알아보는 학습에서 생활 주변의 원모양의 물건을 수집하여 각각의 지름과 원주를 구하여 다양한 사례에서 그 관계를 파악하는 귀납적 추론을 통해 원주율을 알아보는 수업을 할 수 있다.

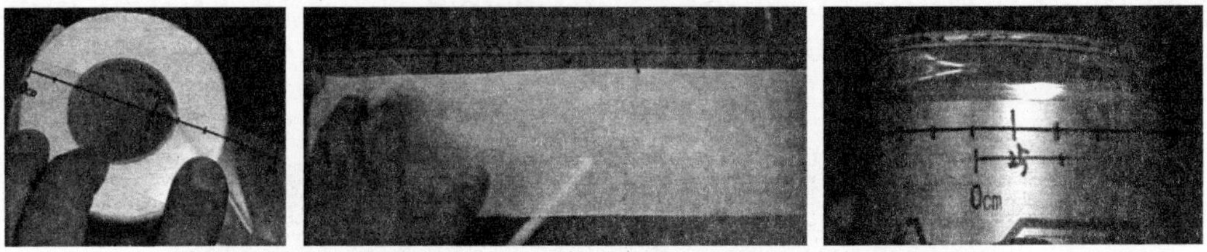

그림 10·14 지름과 원주의 관계 탐구

6학년에서 원의 넓이를 구하는 방법을 알아볼 때, 학생들이 기존에 학습한 사각형과 삼각형의 넓이를 구하는 방법을 활용하여 문제를 해결할 수 있도록 한다. 원을 피자모양으로 잘라서 어긋나게 놓아 직사각형 모양으로 만들어 직사각형의 넓이로 원의 넓이를 구하거나 반지름의 길이만큼 잘라서 펼쳐 삼각형 모양이 되도록 하여 삼각형의 넓이로 원의 넓이를 구할 수 있다.

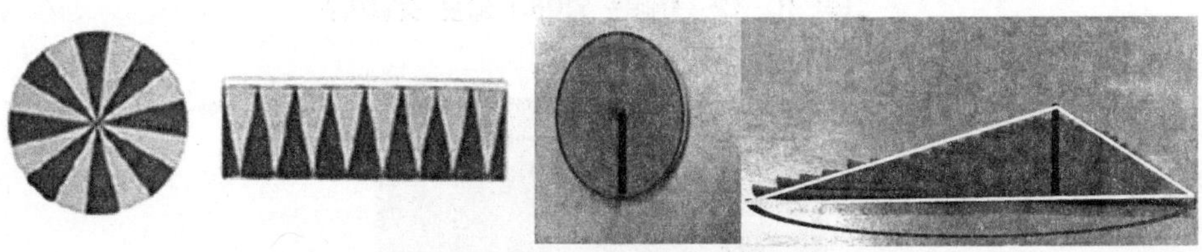

원의 넓이 = 삼각형의 넓이 = 밑변 × 높이 × $\frac{1}{2}$

원의 넓이 = 밑변(원주) × 높이(반지름) × $\frac{1}{2}$

= 지름 × 원주율 × 반지름 × $\frac{1}{2}$

= 반지름 × 반지름 × 원주율

그림 10·15 원의 넓이는 어떻게 알아보면 좋을까?

위에서 진술한 형태와 같은 체험을 한 학생들은 6학년 2학기가 되어 원기둥의 겉넓이를 구할 때 일반적으로 밑넓이의 2배와 옆넓이를 더하여 구하는데, 다음과 같이 직육면체의 넓이로 구하는 등 학생들이 창의적인 방법으로 문제를 해결하는 모습을 볼 수 있다.

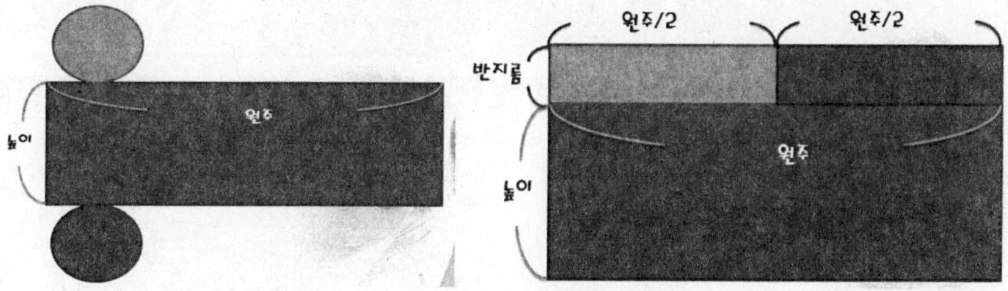

원기둥의 겉넓이 = 밑넓이 × 2 + 옆넓이
= 반지름 × 반지름 × 3.14 × 2 + 원주 × 높이
원기둥의 겉넓이 = 직사각형의 넓이
= 가로 × 세로
= (높이+반지름) × 원주

그림 10·16 원기둥의 겉넓이를 구하는 방법에는 어떤 것이 있을까?

2학년에서 나오는 '5. 분수'의 경우, 똑같이 나누었는지 확인하고 분수의 개념을 잡아가는 활동에서, 실제 생활 속 음식을 나누어야 하는 상황에서 실제로 음식을 나누어보기, 색종이로 잘라보기 등의 활동을 하고 그것을 겹쳐보아 알맞게 나누었는지 확인하도록 한다. 칼라점토 등을 이용하여 똑같이 등분해보고, 다시 뭉쳐서 다른 모양도 만들어보는 활동을 통해 지식으로서의 수학이 아니라 유희가 될 수 있는 수학, 그러면서 수학의 개념으로 토론을 할 수 있는 수학수업이 될 수 있다.

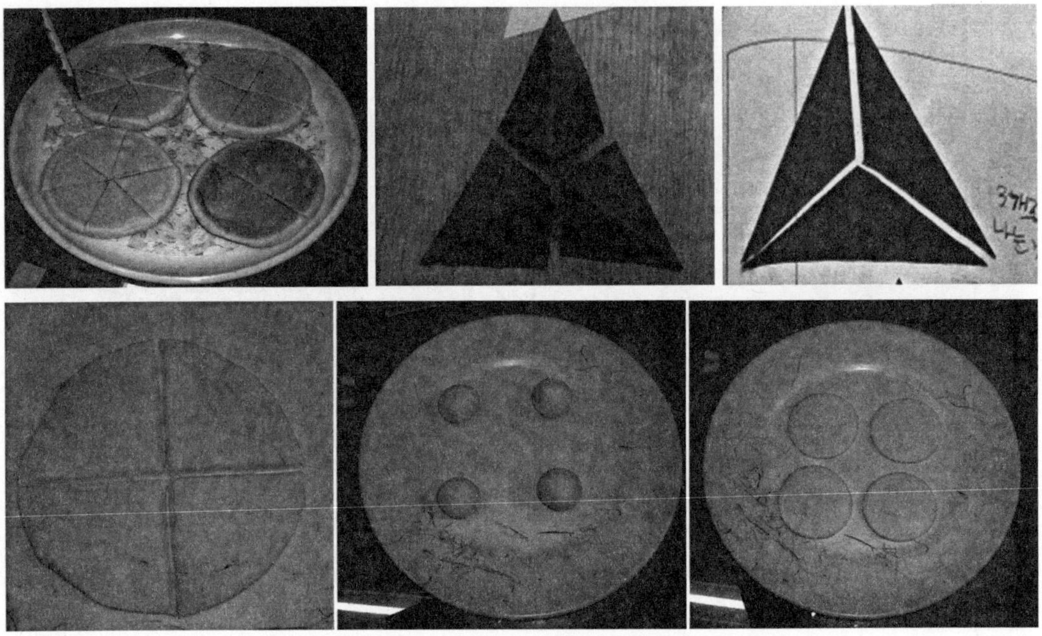

그림 10·17 똑같이 나누기

10.3 수학과 중심 융합수업 주제개발의 실제

수학과 중심 융합수업 주제를 개발하기 위하여 융합인재교육 수업모델은 2011년 대구교육대학교 대구부설초등학교의 연구주제인 '교육과정 재구조화를 통한 융합인재교육 수업모델 개발 및 적용 방안 탐색'에 따른 주제중심형 수업모델[7]과 차시생성형 수업모델[8]을 참고하였다.

7) STEAM 관련 교과를 중심으로 교육과정에 제시된 단원과는 별도로 새로운 주제 중심으로 교육과정을 재구조화하여 새로운 차시를 구성하여 지도하는 것을 의미한다(대구교육대학교 대구부설초등학교, 2011).

8) 교육과정 분석 후 기존의 단원 내에 STEAM 요소를 추출 후 차시 수업에 STEAM 요소를 삽입하거나 새로운 STEAM 차시를 생성하여 교육과정을 재구성하여 지도하는 것을 의미한다(대구교육대학교 대구부설초등학교, 2011)

[표 10·3]은 융합수업 주제 중에서 주제중심형 1단원(음식 속의 비 5차시)으로 그 내용은 6학년 1학기 수학의 '7. 비례식'과 '8. 연비와 비례 배분'을 실과의 '음식 만들기' 및 사회교과의 '세계의 문화를 중심으로'와 접목하여 '음식 속의 비'라는 대주제의 개발과정과 일부 차시에 나타난 수업사례이다.

표 10·3

대주제	학습주제	학반	학생	지도일시(장소)	지도 교사	적용 모형
음식 속의 비(3/5)	• 연비를 이용하여 준비물을 알아보자.	6-2	남 16 명 여 16 명 계 32 명	2012. 7. 19. 목요일 2교시 (6-2)	홍선주	문제 해결 학습

10.3.1 수업 주제 및 주제 선정 이유

1) 대주제: 음식 속의 비

2) 주제 선정 이유

우리 생활 속에 비와 비율이 이용되는 경우가 많다. 이 주제는 세 양의 관계를 비로 나타낸 연비를 이해하고, 두 비의 상호관계로부터 연비를 구하게 한다. 또 연비의 성질을 이해하고, 이를 이용하여 연비를 간단한 자연수의 비로 나타내게 하고 있다. 그리고 전체를 주어진 비로 나누는 비례배분을 이해하고, 연비를 비례배분 하는 방법을 알아 생활 속의 문제를 해결할 수 있도록 내용이 구성되어 있다. 6학년 실과 단원에서 '간단한 음식 만들기'에서 나오는 음식 준비물을 모둠단위로 나누어서 준비하려고 할 때, 연비를 이용하면 간단하게 구할 수 있다. 음식이란 주제는 세계 여러 나라의 대표 음식과 전파과정을 살펴보는 과정에서 사회문화에 대한 이해를 바탕으로 둘 수 있기 때문에 STEAM 주제로 적합하다.

10.3.2 STEAM 융합주제 추출

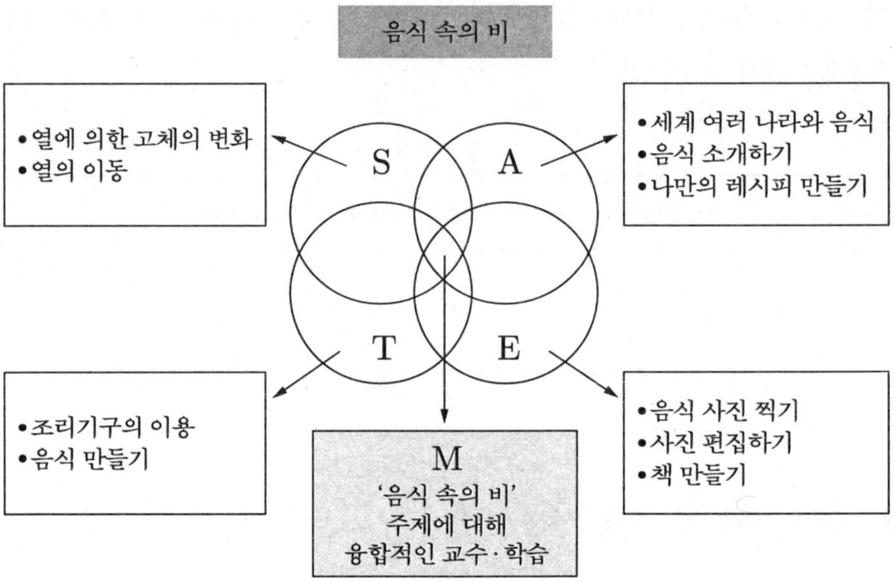

그림 10·18 융합 주제에 따른 영역별 활동 내용

10.3.3 교육과정 분석을 통한 관련 내용 추출

표 10·4 교육과정 분석을 통한 관련 내용 추출

학년	융합 주제	소주제	교과	단원	주요 학습활동
6	음식 속의 비	세계 여러 나라와 음식	사회	2-4. 음식으로 세계 만나기	음식과 문화의 관계 알아보기
					세계적인 음식의 전파 과정 알아보기
		음식 만들기	실과	1. 간단한 음식 만들기	음식 만드는 방법과 준비물 알아보기
		연비와 비례배분	수학	7. 연비와 비례배분	연비를 활용하여 준비물 알아보기
		음식 소개하기	국어 사회	2-4. 음식으로 세계 만나기	음식 만들기 과정 소개하는 글쓰기

10.3.4 주제의 지도계획

표 10·5 주제의 지도계획

차시	주 제	학습활동	STEAM 요소	창의성(☆) 인성(♡) 요소	학습 자료
1	세계 여러 나라와 음식	음식과 문화의 관계 알아보기 세계적인 음식과 전파 과정 알아보기	Ⓣ+Ⓔ+Ⓐ	☆유추성, 융통성 ♡탐구력, 이해	• 세계지도, 여러 가지 음식 사진, 문화전파 동영상 등
2	음식 만들기	음식 만드는 방법과 준비물 알아보기	Ⓣ+Ⓔ+Ⓐ	☆융통성, 정교성 ♡문제해결력, 탐구력	• 여러 가지 조리 기구, 음식 사진
3 (본시)	연비와 비례배분	연비의 성질을 알고 그것을 이용하여 준비물 알아보기	Ⓣ+Ⓐ+Ⓜ	☆융통성, 정교성 ♡이해, 탐구력	• 학습장, 여러 가지 음식 사진과 레시피
4	음식 만들기	준비물을 이용하여 음식 만들기	Ⓢ+Ⓣ+Ⓔ +Ⓐ	☆정교성, 유추성 ♡협동심, 문제해결력	• 여러 가지 조리 기구, 음식 준비물, 접시 등
5	음식 소개하기	음식 만들기 과정을 소개하는 글쓰기	Ⓢ+Ⓣ+Ⓔ +Ⓐ+Ⓜ	☆융통성, 정교성 ♡문제해결력, 탐구력	• 디지털사진기, 컴퓨터 프로그램

10.3.5 본시 교수·학습의 실제

1) 교수·학습안

표 10·6

학습 목표	교과	○연비의 성질을 알고, 주어진 연비를 간단한 자연수의 연비로 나타낼 수 있다.		
	창의	○여러 가지 음식 재료의 양을 연비의 성질을 이용하여 융통성 있게 구할 수 있다.		
	인성	○친구들과 서로 협력하여 의사를 존중하면서 문제해결과정에 적극적으로 참여한다.		
단계	학습 요항 (분)	교수 · 학습활동	ⓈⓉⒺⒶ Ⓜ	□자료 ※유의점 ⓟ평가 ☆창의성 ♡인성
탐색	카레밥의 문제	○ 1을 보고 문제상황 알아보기 • 1을 보며 구하고자 하는 것은 무엇인지 알아봅시다.	Ⓣ + Ⓐ	1사진PPT (카레밥, 여러 가지

	상황 알기	<카레밥 준비물> 밥 1공기, 카레가루 50g, 감자 1개, 양파 $\frac{1}{2}$개, 돼지고기 50g, 식용유 $\frac{1}{4}$작은 술 <문제 상황> 위 재료로는 1명이 맛있게 먹을 수 있는 양의 카레밥을 만들 수 있습니다. 우리 모둠 친구들 4명이 함께 나누어 먹으려고 합니다. 4명 또는 6명이 먹으려면 양을 얼마만큼 하여야 하는지 알아봅시다. • 구하려고 하는 것은 무엇입니까? - 4명, 6명이 먹으려면 재료 양을 얼마만큼 하여야 하는지 알아보는 것입니다. • 오늘 공부할 문제가 무엇인지 알아봅시다. ◎ 연비의 성질을 알고, 주어진 연비를 간단한 자연수의 연비로 나타내기	Ⓣ + Ⓐ + Ⓜ	재료) ☆민감성, 유창성 다양한 관점으로 관찰한 내용을 자유롭게 발표한다.
	학습문제 확인	○학습순서 알아보기 - [활동1] 해결방법 찾기 - [활동2] 해결 - [활동3] 다른 문제해결		
해결 방안 탐색	배운 내용을 바탕으로 해결방법 찾기	○ 배운 내용을 바탕으로 해결방법 찾기 • 문제를 해결하기 위하여 어떻게 하면 좋을까요? - 비의 성질과 같이 같은 수를 곱하여도 그 비는 같을 것이다. - 비의 성질을 이용하는 것과 같이 연비로 나타낸 후 비의 성질을 이용하여 구하면 될 것이다. - 간단한 문제를 만들어 해결한 후 이 문제를 해결한다.		☆융통성 1학기 때 배운 내용과 연관지어 다양하게 생각해볼 수 있도록 한다.
해결	간단한 문제로 해결 방법 알아보기	○ 연비에 대해 간단한 문제로 해결 방법 알아보기 • 2를 보고 주먹밥의 재료를 알아봅시다. 주먹밥을 만들려고 합니다. 1인분을 만들기 위해서는 밥 1공기, 볶음 깨 40g, 소금 10g이 필요합니다. 연비로 나타내고 4인분인 경우의 재료를 구해봅시다. • 1인분 재료로 4인분 재료를 알아보려면 어떻게 하면 좋을까요? - 1학기 때 배운 비의 성질을 이용한다. - 비는 각 항을 같은 수로 곱하거나 0이 아닌 같은 수로 나누어 간단한 자연수의 비로 나타낼 수 있다는 것을 이용한다.	Ⓣ + Ⓜ	2주먹밥의 재료 연비의 문제
	음식 재료를 연비로 나타내기	○ 재료의 연비를 간단한 자연수의 비로 나타내는 방법 알아보기 • 모둠별 토의를 통해 문제를 해결해봅시다. - 각 항에 같은 수를 곱한다.	Ⓐ + Ⓜ	

		- 1학기 때 배운 비의 성질에서처럼 각 항에 같은 수를 곱하여도 비의 값은 같다. - 밥 : 볶음 깨 : 소금 = 1 : 40 : 10 = 4 : 160 : 40 • ③의 문제를 보고 간단한 자연수의 비로 나타내어 봅시다. [미소, 선주, 진규 세 사람은 1시간 동안 만두를 만들었다. 미소는 20개, 선주는 35개, 진규는 15개를 만들었다. 세 사람이 만든 만두의 양을 간단한 자연수의 연비로 나타내려면 어떻게 해야 할까?] - 미소 : 선주 : 진규 = 20 : 35 : 15 = 4 : 7 : 3		③ 0이 아닌 같은 수로 나누어 간단한 자연수의 비로 나타내는 문제
검토	연비의 성질 알기	○ 연비의 성질 알기 • 두 연비의 문제를 해결하면서 알 수 있는 것은 무엇입니까? - 비의 성질과 같이 연비는 각 항을 같은 수로 곱하거나 0이 아닌 같은 수로 나누어 간단한 자연수의 비로 나타낼 수 있다. [연비는 각 항을 같은 수로 곱하여도 그 비가 같다. 연비는 0이 아닌 같은 수로 나누어도 그 비가 같다.]	Ⓐ + Ⓜ	
	연비의 성질을 이용하여 카레밥의 재료 알아보기	○ 4인분의 카레밥 재료 알아보기 • 밥, 카레가루, 감자, 양파, 돼지고기의 양을 연비로 나타내고 4인분의 재료 양을 알아봅시다. - $1 : 50 : 1 : \frac{1}{2} : 50 = 2 : 100 : 2 : 1 : 100 = 4 : 200 : 4 : 2 : 200$ • 카레밥을 만들기 위해 준비할 재료들을 역할별로 나누어봅시다. - 모둠 1번은 밥 4공기, 모둠 2번은 카레가루 200g과 감자 4개, 모둠 3번은 양파 2개와 조리 기구, 모둠 4번은 돼지고기 200g을 준비한다.	Ⓣ + Ⓐ + Ⓜ	
적용 발전	형성 평가	○ 형성평가 • ④의 문제를 풀어봅시다. - 연비의 성질을 이용하여 간단한 자연수의 비로 나타낸다.		④ 여러 가지 음식 레시피로 된 연비 문제
	알게 된 점	○ 학습활동 결과 알게 된 점 말하기 • 이 시간에 배운 내용에 대해 정리하여 봅시다. - 연비의 성질은 비의 성질과 같이 각 항에 같은 수를 곱하거나 같은 수를 나누어도 그 비가 같다. - 생활에서 음식의 양을 준비할 때 쓰일 수 있다. ○ 차시 예고 • 다음 시간에는 오늘 연비의 성질을 이용하여 구한 음식의 재료를 준비하여 음식을 만들어보겠습니다.		

2) 차시별 학습활동의 사례

본 주제의 1차시 사회 '2-4. 세계 여러 나라와 음식'의 경우 사회시간을 통해 여러 나라의 음식에 대해 알아본 후 카레를 주제로 하여 연비활동을 도입하였다. 먼저 카레가 어느 나라 음식인지, 세계로 전파된 계기, 그 나라에 대해 더 알고 싶은 내용을 살펴볼 수 있도록 하였다. 학생들은 사전 지식, 인터넷 자료와 음식관련 책자 등을 활용하여 쉽게 카레에 대해 조사, 발표하였다. 학생들의 음식에 대한 관심이 매우 크고 선호하는 음식의 종류도 매우 다양하여 주제를 하나로 한정하기가 매우 곤란하였는데 활동을 마친 후 굳이 카레 한 종류로 제한할 필요는 없다는 생각이 들었다. 오히려 여러 가지 음식을 통해 연비학습에 필요한 다양한 값과 사례를 접할 수 있고 그것을 공유하는 활동으로 정리를 하면 되기 때문이다. 학생들은 그 외 세계적인 음식인 이탈리아의 피자, 일본의 초밥 등에 대해서 조사해 보기를 원하기도 하였다. 카레의 나라 인도에 대해서 더 알고 싶은 내용으로 수학 강국, IT 강국인 점을 꼽아 그와 관련된 내용을 살펴보았고, 인도 특유의 건축 양식, 카레와 함께 먹는 음식 등에 대해 더 알아보기를 원하였다. 1차시에 활용한 학습지 및 학습활동의 대표적인 사례는 다음과 같다.

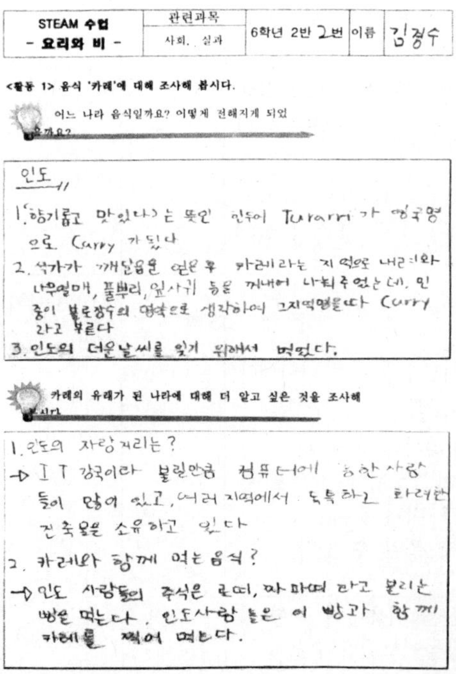
STEAM 수업 - 요리와 비 - | 관련과목: 사회, 실과 | 6학년 2반 2번 | 이름 김경수

<활동 1> 음식 '카레'에 대해 조사해 봅시다.

어느 나라 음식일까요? 어떻게 전해지게 되었을까요?

인도

카레의 유래가 된 나라에 대해 더 알고 싶은 것을 조사해 봅시다.

〈카레는 어느 나라 음식일까요?〉

인도음식이다. '향기롭고 맛있다'는 뜻인 힌두어 '커리'가 영국명으로 카레가 되었다. 석가가 깨달음을 얻은 후 카레라는 지역으로 내려와 나무열매, 풀뿌리, 잎사귀 등을 꺼내어 나눠주었는데, 민중이 불로장수의 명약으로 생각하여 그 지역명을 따 카레라고 부른 것이다. 인도의 더운 날씨를 잊기 위해 먹는다.

〈카레의 유래가 된 나라에 대해 알고 싶은 점을 조사해봅시다.〉

1. 인도의 자랑거리는 IT이다. IT 강국이라고 불릴 만큼 컴퓨터에 능숙한 사람들이 많고 여러 지역에서 독특하고 화려한 건축물을 소유하고 있다.
2. 카레와 함께 먹는 음식은 무엇일까? 인도 사람들의 주식은 로띠, 짜파여라고 불리는 빵이다. 인도사람들은 이 빵과 함께 카레를 찍어 먹는다.

그림 10·19 '음식 속의 비(1/5): 세계 여러 나라와 음식' 학습활동 결과

3차시 '연비의 성질을 알고, 주어진 연비를 간단한 자연수의 연비로 나타내기' 의 경우 연비로 나타내기, 연비의 성질을 이용하여 4, 6인분의 값을 구해보는 활동을 하도록 하였다. 도입에서 본 주제로 접근하기 위하여 '음식 만들기' 내용으로 시작하였으며, 연비의 성질을 알아보는 것은 일반적인 수학 수업과 같이 진행하였고, 연비를 활용하는 적용부분에서 실제 실과 '음식 만들기' 수업을 하기 위해 4명이 한 모둠일 경우의 준비물을 조사해보았다.

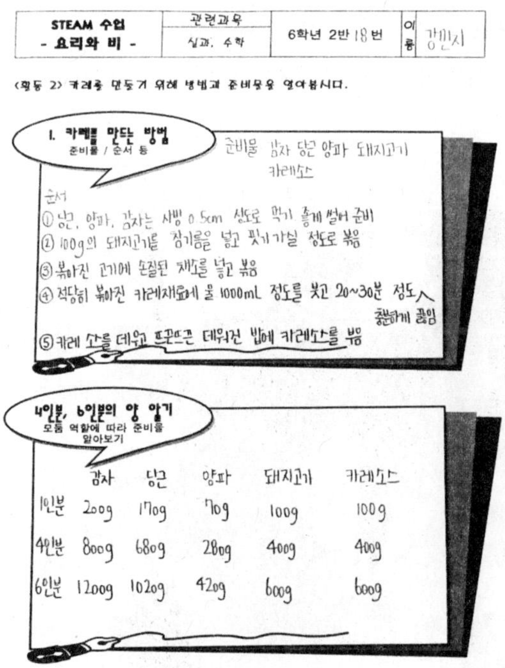

STEAM 수업 - 요리와 비 -	관련과목 실과, 수학	6학년 2반 18번	이름 강민시

(활동 2) 카레를 만들기 위해 방법과 준비물을 알아봅시다.

1. 카레를 만드는 방법 (준비물 / 순서 등)

준비물 감자 당근 양파 돼지고기 카레소스

순서
① 당근, 양파, 감자는 사방 0.5cm 정도로 먹기 좋게 썰어 준비
② 100g의 돼지고기를 참기름을 넣고 핏기가 실 정도로 볶음
③ 볶아진 고기에 손질된 채소를 넣고 볶음
④ 적당히 볶아진 카레재료에 물 1000mL 정도를 붓고 20~30분 정도 충분하게 끓임
⑤ 카레 소스를 데우고 뜨끈뜨끈 데워진 밥에 카레소스를 붓음

4인분, 6인분의 양 알기 (모둠 역할에 따라 준비물을 알아보기)

	감자	당근	양파	돼지고기	카레소스
1인분	200g	170g	70g	100g	100g
4인분	800g	680g	280g	400g	400g
6인분	1200g	1020g	420g	600g	600g

〈카레를 만드는 방법〉

준비물: 감자, 당근, 양파, 돼지고기, 카레소스

① 당근, 양파, 감자는 사방 0.5cm 정도로 먹기 좋게 썰어 준비한다.
② 100g의 돼지고기를 참기름을 넣고 핏기가 가실 정도로 볶는다.
③ 볶아진 고기에 손질된 채소를 넣어 볶는다.
④ 적당힌 볶아진 카레 재료에 물 1000mL 정도를 붓고 20~30분 정도 충분히 끓인다.
⑤ 카레 소스를 데우고 뜨끈뜨끈 데워진 밥에 카레 소스를 부어 먹는다.

〈4인분, 6인분일 때 재료의 양 알기〉

	감자	당근	양파	돼지고기	카레소스
1인분	200g	170g	70g	100g	100g
4인분	800g	680g	280g	400g	400g
6인분	1200g	1020g	420g	600g	600g

그림 10·20 '음식 속의 비(3/5): 연비와 비례배분' 학습활동 결과

[그림 10·21]은 4차시 실과 '음식 만들기' 모습이다. 실제 학생들은 연비를 이용하여 재료를 준비한 만큼 가지고 오지는 않았다. g단위로 판매하는 돼지고기의 경우는 그 양만큼 준비하였으나 감자, 당근, 양파 등의 야채를 준비할 때에는 어림을 이용하여 4인분에 나온 값보다 더 여유 있게 준비하는 모습을 보였다.

조리과정에서는 될 수 있으면 계획한 양을 지킬 수 있도록 저울을 사용하도록 하였다. 학생들은 이 과정을 다소 불편해하였고 카레소스 외에는 어림으로 재료를 준비하였다. 카레와 같은 대부분의 요리에서는 어림으로 요리를 하므로 저울을 이용한 계량이 큰 의미가 없

다는 것이 단점이라면 단점이었다. 따라서 활동을 마친 후에 우리 학교 급식실에서는 카레를 준비할 때 어떻게 할까라는 질문을 하였고 직접 영양사 선생님께 급식준비에 필요한 재료의 양을 어떻게 정하는지 알아보도록 하였다. 그제서야 학생들은 자신들이 사용했던 연비가 실제상황에서 사용됨을 깨달았다.

만약 정확한 비율을 따져서 필요한 재료의 양을 계산하고 저울을 이용한 계량이 필요한 음식을 만들려 한다면 카레 같은 일반요리보다는 쿠키 만들기가 확실히 효과적이라고 생각된다. 쿠키는 버터, 설탕의 비율을 정확하게 지켜야 하기 때문이다.

실제 연비를 이용하여 재료의 양을 조사해보니 막연히 준비하는 것보다 양을 조절하기 쉬웠고, 연비가 생활에서 어떻게 사용되는지 이해하는 데 도움이 되었다고 하였다.

그림 10·21 '음식 속의 비(4/5): 음식 만들기' 학습활동 모습

[그림 10·22]와 [그림 10·23]은 마지막 5차시 '음식 소개하기'에서 음식 만들기 과정을 소개하는 글쓰기와 함께 '음식 속의 비'라는 1단원의 수업을 마치고 학생들이 수업 후의 느낌과 생각을 글과 그림으로 표현한 사례이다.

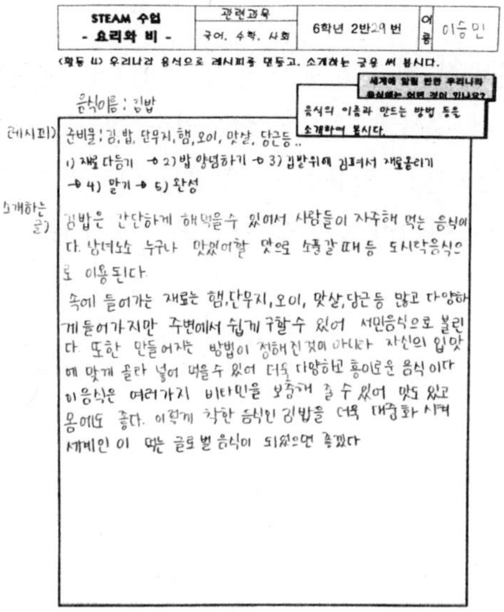

그림 10·22 음식 만들기 과정 소개하는 글쓰기

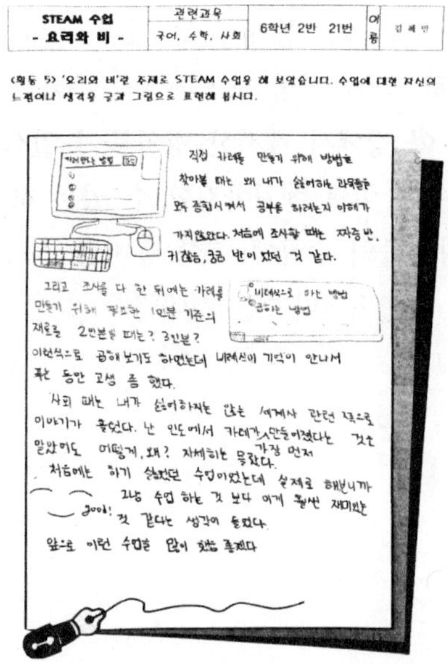

그림 10·23 수업 후의 느낌과 생각

융합인재교육이 학생들의 흥미를 유발시키고 수학적 개념끼리의 연결, 수학과 다른 교과와의 연결을 통해 살아 숨 쉬는 수업으로 구현될 수는 있으나 아직도 우리나라에서는 수학교과에서 융합인재교육의 실천을 위한 이론이나 접근방법이 명확히 구체화되어 있지 않은 상황이다.

우리나라의 학교현장에서 융합인재교육이 올바르게 실천되기 위해서는 교육환경, 교육과정, 교육정책, 현장에 직접 활용할 수 있는 자료 등의 여러 가지 현안들을 되짚어 보아야 할 것이다.

앞서 언급한 바와 같이 수학교과에서의 융합인재교육은 스토리텔링, 컴퓨터, 실과, 미술 등을 통합한 주제로 정규 수업시간에 실시하거나 창의적 체험활동, 특별활동, 재량활동 등을 활용하여 실시할 수 있을 것이다.

이 장에서는 융합인재교육이 현장학교에서 실제 수업으로 실현되기 위한 구체적인 실천방안의 하나로 교육과정을 분석하여 수학과를 중심으로 한 융합수업주제를 개발하였고, 개발한 수업주제의 적용을 통하여 각 차시에서의 학습 방법 및 그 결과 나타나는 수업의 실제 사례를 제시하였다.

따라서, 여기에 제시된 방안들은 2013년부터 적용되는 2009 개정 교육과정이 융합적 접근을 통해 수학에 흥미를 갖고 학습자의 사고력을 증진시키기 위해 다양한 방안을 모색하는 것과 그 맥을 함께 하고 있다고 할 수 있다.

앞으로 2009 개정 교육과정의 수학교과 내 융합적 접근 주제가 실제 수업으로 실현됨에 있어서 이 장에서 제시한 방안들이 일선 현장에서 수학과 중심 융합수업을 계획하는 모든 교사들에게 이를 벤치마킹할 수 있는 하나의 수업모델로 활용될 수 있기를 바라며 더욱 나아가 학생들의 수학에 대한 흥미를 진작시킬 뿐만 아니라 수학적 사고력을 향상시키는 방안으로 발전되어나가길 기대한다.

교재연구문제

01 우리나라의 STEAM 교육 정책은 어떻게 시작하게 되었는가?

02 초등수학에 다른 교과가 융합될 수 있는 예를 들어보시오.

03 STEM 및 STEAM 교육을 위한 수업 설계 모형을 조사해보시오.

04 통합교육과정과 교육과정 통합의 차이점은 무엇인지 말해보시오.

05 우리나라의 초등수학수업에서 STEAM 수업을 실시한 학교의 실제 예를 조사해보시오.

06 우리나라의 학자들이 주장하는 STEAM 교육의 정의에 대하여 조사해보시오.

참고문헌

강옥기(2000). 《수학과 학습지도와 평가론》, 경문사.

강완·백석윤(2001). 《초등수학교육론》, 동명사.

강지형·김수환·라병소·박성택·이의원·이정재·정은실(1999). 《초등수학교육》, 동명사.

고동욱(1996). 《수와 논리》, 한국방송통신대학교출판부.

교육인적자원부(2011). 초등학교 수학과 교육과정, 교육인적자원부 고시 제2011-361호.

구광조·오병승·류희찬 공역(1992). 《수학교육과정과 평가의 새로운 방향(*Curriculum and Evaluation Standards for School Mathematics*)》, 경문사.

김성준·김수환·신준식·이대현·이종영·임문규·정은실·최창우(2014). 《초등 수학교육론》, 동명사

김양희(2006). 《수학교육론 특강》, 경문사.

김응태·박한식·우정호(1984). 《수학교육학개론》, 서울대학교출판부.

김진수(1994). 〈국민학교 수학교육에서 계산기 이용에 관한 연구〉, 한국교원대학교 대학원, 석사학위 논문.

김진수(2012). 《STEAM교육론》, 서울 : 양서원

김판수·박성택(1996). 《초등수학교육》, 교우사.

대구교육대학교 대구부설초등학교(2011). 〈교육과정 재구조화를 통한 융합인재교육(STEAM)수업모델 개발 및 적용 방안 탐색〉, 대구광역시교육청 지정 융합인재교육 시범학교 운영 보고서.

대구교육대학교 대구부설초등학교(2013). 초등 1~2학년군 교과교육과정 적용을 위한 교실수업개선 워크숍.

문교부(1988). 《국민학교 교육과정 해설》, 대한교과서주식회사.

박경미(1996). 〈수학교육학의 학문적 정체성 탐구를 위한 소고〉, 1996년도 대한수학교육학회 추계 수학교육학 연구발표대회 논문집. 대한수학교육학회, pp. 327~346.

박교식(1995). 《초등수학교육학의 내용구성: 그 방향 설정을 위한 한 가지 제언, 초등 교과 교육학의 내용 구성 연구》, 인천교육대학교 초등교육연구소.

박성택·신택균·양인환·손용규·이정재(1993). 《수학교육》, 동명사.

박한식(1991). 《한국수학교육사》, 대한교과서주식회사.

배종수(2011). 〈초등학교 수학교육에서 STEAM을 어떻게 반영할 것인가?〉, 초등 수학 국정도서 연구·집필진 워크숍 자료집

백석윤·유병림·이용률(1994). 《국민학교 산수과교육학의 학문적 체제와 교원양성대학의 교수요목 개발 연구》, 한국교원대학교부설 교과교육 공동연구소.

신인선·류희찬 공역(1999). 《수학교사를 위한 프랙털 기하》, 경문사.

우정호(2000). 《수학 학습-지도 원리와 방법》, 서울: 서울대학교 출판부.

이돈희 외(1994). 《교과교육학 탐구》, 서울: 교육과학사.

이용률·성현경·정동권·박영배·박교식·강문봉·정은실·백석윤·유현주(1997). 《초등 수학교육론》, 경문사

이종희·김선희(2002). 《수학적 의사소통》, 교우사

이홍우(1999). 《지식의 구조와 교과》, 교육과학사

이혜원(2012). 5~6학년 교육과정 재편성 및 수업적용 사례, 융합인재교육(STEAM)기초과정 직무연수, 대구교육대학교 부설 교육연수원

이효녕(2011). 〈미국의 STEM교육 동향 및 실태 분석을 바탕으로 국내 초·중등 STEAM 교육의 방향 제안〉, 한국과학창의재단 보고서.

정문성(2003). 《협동학습의 이해와 실천》, 교육과학사.

조재영(1996). 〈수학 교수활동 과정에서 학생의 메타인지적 능력 신장 방안 탐색〉, 한국교원대학교 대학원 박사학위 논문.

최인숙(1998). 〈수학 학습 과정에서 일지 쓰기(journal writing)의 효과에 관한 연구〉, 이화여자대학교 석사학위논문.

최지영·배종수(2011). 〈융합형 STEAM 교육과 초등수학교육의 연계방안〉, 한국초등수학교육학회 연구발표대회.

최창우(2008). 〈뉴질랜드 초등학교의 포트폴리오 평가에 관한 사례연구〉, 대한수학교육학회지, 수학교육학연구, 18(1), pp. 63~80.

최창우·홍선주·홍중훈(2013). 《교육과정 재구조화를 통한 융합인재교육(STEAM) 수학과 중심 수업 주제개발 및 적용방안 모색》, 대구교육대학교 초등교육연구소.

황우형 역(2000). 《수학 학습심리학(*The Psychology of Learning Mathematics*)》, 사이언스북스.

황혜정·나귀수·최승현·박경미·임재훈·서동엽(2001). 《수학교육학신론》, 문음사.

Charles, R. I., & Lester, F. K.(1982). *Teaching Problem Solving-What, Why & How*. Palo Alto, C. A.: Dale Seymour Publicating.

Coburn, T. G.(1989). "*The role of computation in the changing mathematics curriculum*", NCTM, New directions for elementary school mathematics, pp. 2~5.

Copeland, R. W(1974). *How children learn mathematics: Teaching implications of Piaget's research* (2nd ed.). New York: Macmillian Publishing Co., Inc.

Dienes, Z. P.(1960). *Building Up Mathematics*. London: Hunchinson Educational.

Freudenthal, H(1978). *Weeding and Sowing*. D. Reidel Publishing Company.

Freudenthal, H(1981). *Major Problems of Mathematics Education*. Educational Studies in Mathematics, 12, pp. 33~150.

Johnson, D.W., & R.T.Johnson(1989). *Cooperative Learning in mathematics*. In P.R. Trafton(Ed.), 1989 yearbook: New directions for elementary school mathematics(pp. 234~245). Reston, VA:NCTM.

Kilpatrick, J(1987). *What Constructivism Might Be in Mathematical Education*, Proceedings of

PME-XI. pp. 3~27.

Lenchner, G.(1983). *Creative Problem Solving in School Mathematics*. Boston MA:Hougton Miffilin Co.

Leonard M. Kennedy · Steve Tipps, *Guiding Children's Learning of Mathematics*

National Council of Teachers of Mathematics(1989). *Curriculum and Evaluation Standards for School Mathematics*. Reston, VA: Author.

Reys, Robert E(1971). *Considerations for Teachers Using Manipulative Materials*. December 1971. Teacher-made Aids for Elementary School Mathematics. 1974. NCTM. pp. 5~12.

Shulman, L. S(1986). *Those who understand: Knowledge growth in teaching*. Educational Researcher, 15(2), 4~14.

Stenmark, J. K. *Assessment Alternatives in Mathematics*, Berkeley: University of California(1989).

찾아보기

ㅅ

ㅊ

ㅋ

ㅌ

ㅍ

예비교사와 현직교사를 위한

초등수학교육론

지은이 최창우
펴낸이 조경희
펴낸곳 경문사
펴낸날 2015년 9월 1일 1판 1쇄
등 록 1979년 11월 9일 제313-1979-23호
주 소 121-818, 서울특별시 마포구 와우산로 174
전 화 (02)332-2004 팩스 (02)336-5193
이메일 kyungmoon@kyungmoon.com

값 14,000원

ISBN 978-89-6105-929-9